中国金融科技发展概览
创新与应用前沿

（2021~2022）

AN OVERVIEW OF
CHINA FINTECH DEVELOPMENT
Frontier of Innovation and Application

(2021-2022)

陈　静 / 主编
中国金融科技发展概览编写组 / 编著

社会科学文献出版社
SOCIAL SCIENCES ACADEMIC PRESS (CHINA)

《中国金融科技发展概览：创新与应用前沿（2021~2022）》编委会

主　　编

陈　静　中国人民银行科技司原司长、CIC 金融科技与数字经济发展专家委员会顾问、中国互联网协会数字金融工作委员会专家委员会主任

联 席 主 编

杨　竑　中国人民银行科技司原巡视员、CIC 金融科技与数字经济发展专家委员会主任

张延川　中国通信学会副理事长兼秘书长

副 　主　 编（按姓氏笔画排序）

万　化　上海浦东发展银行信息科技部副总经理

王世辉　中国银行数字资产管理部总经理

王利强　中国农业银行研发中心高级专家

王荣海　中国银联技术开发中心副总经理

牛新庄　中国邮政储蓄银行首席信息官

邓俊毅　平安银行交易银行事业部技术总监

冯　丹　国家开发银行信息科技部资深专家

朱大磊　中国银行金融科技研究中心主管

杜　艳　深圳未来金融监管科技研究院执行院长

李肇宁　交通银行金融科技部总经理

杨国正　浙商银行金融科技部总经理

宋　彤　中国通信学会副秘书长

张晓东　中国建设银行金融科技部资深副经理

周天虹　招商银行信息技术部总经理

俞　枫　国泰君安证券首席信息官

徐志扬　中国工商银行金融科技部副总经理

高　峰　中国银行业协会首席信息官

董路君　中国保险行业协会常务理事、副会长

詹志辉　兴业数字金融服务（上海）股份有限公司总裁

统　稿　专　家（按姓氏笔画排序）

付晓岩　极客邦控股（北京）有限公司合伙人、副总裁，双数研究院院长，CIC 金融科技与数字经济发展专家委员会成员

赵成刚　中国银行业协会系统服务部主任

祝世虎　光大兴陇信托有限责任公司信息技术部副总经理、数据中心总经理，CIC 金融科技与数字经济发展专家委员会成员

编写组成员单位　中国通信学会

国家开发银行

中国工商银行股份有限公司

中国农业银行股份有限公司

中国银行股份有限公司

中国建设银行股份有限公司

交通银行股份有限公司

中国邮政储蓄银行股份有限公司

上海浦东发展银行股份有限公司

招商银行股份有限公司

平安银行股份有限公司

中国民生银行股份有限公司

浙商银行股份有限公司

中国银联股份有限公司

兴业数字金融服务（上海）股份有限公司

国泰君安证券股份有限公司

华泰证券股份有限公司

中国再保险（集团）股份有限公司

中国人寿保险（集团）公司

中铱数字科技有限公司

普华永道管理咨询（上海）有限公司

上海跬智信息技术有限公司

北京百度网讯科技有限公司

腾讯云计算（北京）有限责任公司

亚太未来金融研究院

编 写 组 成 员 （按姓氏拼音排序）

艾有为	白佳乐	白宗杰	曹旭涛	陈德锋
陈嘉俊	陈凯晖	陈曼如	陈 明	陈 鹏
陈闻郁	陈 曦	陈夏漾	陈云生	邓一哲
方亚超	冯云青	付 明	高林杰	高庆金
高宇航	宫春燕	苟志龙	郭汉利	郭志军
国 枫	韩 卿	何 鹏	侯 亮	胡 勇
黄步添	黄弘毅	黄 蓉	黄如春	黄 思
霍柯利	姜 江	金恩华	李洪伟	李 楠
林冠峰	刘 闯	刘大伟	刘元龙	陆 俊
陆徐骏	吕杉杉	马梯恩	倪泽辉	沈震宇
石文娟	苏 晨	孙 佳	孙政清	田 涛
汪 涛	王 彬	王 兵	王 晖	王建平
王连诚	王秋卉	王思遥	王 鑫	王颖卓
王 越	王韻霏	吴 误	向 莉	肖 伟
辛 莹	徐小梅	徐义通	徐 展	闫立志
杨荔浔	杨 涛	杨 洋	杨玉明	叶 涛
尹 熙	喻燕君	臧 铖	张丹枫	张家宇
张敬之	张梦涵	张文翰	张小龙	张育明
赵 惊	赵世辉	赵叶红	赵一薇	赵 赟
郑子洲	周 骏	周 礼	周 琪	朱 超

案例支持单位　中国人民银行

中国工商银行股份有限公司

中国农业银行股份有限公司

中国银行股份有限公司

中国建设银行股份有限公司

交通银行股份有限公司

中国邮政储蓄银行股份有限公司

上海浦东发展银行股份有限公司

招商银行股份有限公司

中国民生银行股份有限公司

平安银行股份有限公司

中国光大银行股份有限公司

浙商银行股份有限公司

中国银联股份有限公司

国泰君安证券股份有限公司

海通证券股份有限公司

华泰证券股份有限公司

中钞信用卡产业发展有限公司杭州区块链技术研究院

中国再保险（集团）股份有限公司

工银科技有限公司

建信金融科技有限责任公司

太平金融科技服务（上海）有限公司

银联商务股份有限公司

联通大数据有限公司

腾讯云计算（北京）有限责任公司

北京神州绿盟科技有限公司
北京源堡科技有限公司
上海跬智信息技术有限公司
深圳致星科技有限公司
杭州云象网络技术有限公司

主编简介

陈　静　毕业于清华大学，教授级高级工程师。现任中央网络安全和信息化委员会办公室专家咨询委员会顾问、中国互联网协会数字金融工作委员会专家委员会主任、金融科技创新联盟指导委员会主任、北京市信息化专家咨询委员会委员等。1993年前任中国科学院成都计算机应用研究所所长。1994年后任中国人民银行科技司副司长、司长，兼任全国银行信息化领导小组办公室主任等。2005年至2007年任中国人民银行参事。西南财经大学、对外经济贸易大学、西安交通大学等兼职教授。享受国务院政府特殊津贴专家。曾长期主持中国人民银行科技司工作。负责中国银行业信息化建设规划、标准化、信息安全保障等工作。主持并负责中国人民银行科技管理及信息化建设工作，重大工程主要包括全国及中国人民银行通信网络、中国现代化支付系统、监管及业务应用系统、办公自动化系统、信息安全保障、金卡工程及银行卡联网通用、筹建中国银联公司等。负责金融信息化国家科技攻关、国家中长期科技发展规划中金融科技发展及信息化的编制等工作。

联席主编简介

杨竑 1992 年加入中国人民银行，历任科技司计划处副处长、计划与标准化处副处长、科技管理处处长、副司长、巡视员。曾任第二届、第三届全国金融标准化技术委员会秘书长。担任国家科学技术奖励工作办公室专家、国家电子文件管理部际联席会议专家等职。现任中国金融学会金融科技专业委员会秘书长兼副主任委员、中国通信学会金融科技与数字经济发展专家委员会主任。长期从事金融科技管理和信息化建设工作。

张延川 教授级高级工程师，现任中国通信学会副理事长兼秘书长，兼任工业和信息化部通信科学技术委员会委员及应急通信专家咨询组副组长、国家森林防火指挥部森林防火专家组成员、工业和信息化部电信经济专家委员会委员、中国工程咨询协会专家、北京通信协会理事及会员，国务院政府特殊津贴获得者，中央国家机关青年五四奖章获得者。长期从事通信行业发展、规划研究，专注于国家应急通信等研究领域，多年来承担了国务院、科学技术部、工业和信息化部等的近百项研究项目，为国家在行业发展、应急管理、政策制定和决策咨询等方面做出了突出贡献。曾为原邮电部电信管理网专家组专家成员，国际电信联盟 SG4（TMN）、SG13（IP 及网络总体）、SSG（3G 及后 3G）中国专家代表。曾获原邮电部科技进步一等奖一项、三等奖两项，原信息产业部邮电科技进步二等奖一项、三等奖两项，中国工程咨询协会优秀工程咨询成果二等奖一项。

前　言

过去的一年，我国金融科技发展日新月异，人工智能、云计算、大数据、区块链、网络安全等新兴数字技术与实体经济及金融业的深度融合，推动我国数字经济快速发展，也深刻改变着我国金融业的服务业态和经营模式。

"十四五"规划指出，坚持创新在我国现代化建设全局中的核心地位，把科技自立自强作为国家发展的战略支撑。金融机构实现核心技术自主可控成为热点，以国家开发银行、中国工商银行、中国农业银行、中国银行、中国建设银行、交通银行、招商银行、平安银行、兴业银行、浦发银行等为代表的银行业金融机构以及国泰君安证券、华泰证券等其他各类金融机构，与科技企业共同努力，加快了关键应用系统自主可控的金融科技创新与金融业数字化转型。

中国人民银行发布《金融科技发展规划（2022—2025 年）》，提出要坚持"数字驱动、智慧为民、绿色低碳、公平普惠"的发展原则，以加强金融数据要素应用为基础，以深化金融供给侧结构性改革为目标，以加快金融机构数字化转型、强化金融科技审慎监管为主线，将数字元素注入金融服务全流程，将数字思维贯穿业务运营全过程，注重金融创新的科技驱动和数据赋能，推动我国金融科技从"立柱架梁"全面迈入"积厚成势"新阶段，力争到 2025 年实现整体水平与核心竞争力跨越式提升，这为我国金融科技未来发展指明了方向。

《中国金融科技发展概览》作为如实反映我国金融科技创新发展状况的

权威年度报告，旨在客观总结我国金融科技发展中的经验与得失，展望今后的发展趋势。自2016年首次出版发行以来，至今已连续出版四部，受到金融业以及社会各界广泛关注和好评。

《中国金融科技发展概览：创新与应用前沿（2021~2022）》是在中国通信学会、中国通信学会金融科技与数字经济发展专家委员会、中国互联网协会数字金融工作委员会、"科创中国"金融科技与数字经济发展高端智库及产业服务团共同组织协调下，在各主要金融机构与知名科技企业、研究机构大力支持下，由从事金融科技工作的一线管理层、专家和研究人员共同参与编写，完全收录第一手的金融科技应用和实践案例，是国内出版的一部较全面地反映过去一年来我国金融科技发展情况的著作，为政策制定者、金融与科技从业人员、研究人员提供了鲜活、翔实的第一手资料，具有较强的专业性、时效性和较高的参考价值。在此，我对所有支持、参与和为本报告做出贡献的各位领导、专家及社会科学文献出版社编辑同志，致以最诚挚的谢意！

未来，我们希望有更多的金融机构、科技企业及相关领导和专家，积极参与报告的编撰，使报告能够更加全面、准确、及时地反映我国金融科技的发展状况，为推动我国金融科技持续健康发展、共建优质金融科技生态做出显著的贡献！

中国人民银行科技司原司长

中国通信学会金融科技与数字经济发展专家委员会顾问

中国互联网协会数字金融工作委员会专家委员会主任

陈　静

目 录 ⤵

第一章　金融科技发展概况[*]

党的十九届五中全会明确提出，要加快构建以国内大循环为主体、国内国际双循环相互促进的新发展格局；发展数字经济，推进数字产业化和产业数字化，推动数字经济和实体经济深度融合，打造具有国际竞争力的数字产业集群。这既离不开金融对资源配置的引导优化，也离不开金融科技创新在服务数字经济方面的重要作用。2021 年是中国共产党建党 100 周年，是实施"十四五"规划、开启全面建设社会主义现代化国家新征程的第一年，党中央高度重视发展数字经济。2021 年 10 月，习近平总书记在中共中央政治局第三十四次集体学习时强调，要促进数字技术与实体经济深度融合，做强做优做大数字经济。这是党中央站在战略和全局的高度，科学把握发展规律，着眼实现高质量发展和建设社会主义现代化强国做出的重大战略决策。

数字经济正在成为重组全球要素资源、重塑全球经济结构、改变全球竞争格局的关键力量。对金融业而言，数字经济已经成为助力金融高质量发展的关键组成部分，同时对金融业发展提出了更高的要求。在新的发展阶段，金融科技是构建金融业新发展格局、打造高质量发展新引擎的现实需要，是更好支持实体经济发展、更好满足人民群众日益增长的美好生活需要的内在要求。金融机构应牢牢把握服务实体经济的根本，深刻了解产业体系演进趋势，增强数字链接能力，积极构建金融与产业、政府、社会紧密融合的格局，通过金融科技赋能实现金融服务向产业生态和企业上下游、前后端延伸，推动融资数字化、便利化，降低实体经济成本，推动数字经济和实体经

* 统稿：国家开发银行信息科技部石文娟；课题组成员：国家开发银行信息科技部艾有为，普华永道管理咨询（上海）有限公司王建平、霍柯利、宫春燕，中铱数字科技有限公司胡勇。

济融合发展。与此同时，金融机构应牢牢把握为人民群众提供金融服务的根本，通过金融科技新兴的数字技术和传统的金融服务相融合，在提高效率的同时降低成本，提升金融服务的场景丰富度，扩充金融服务的对象，为人民群众在日常的金融场景下提供新的产品和服务。

第一节　金融科技发展综述

随着人工智能、大数据、云计算等技术在金融行业的广泛应用，科技对于金融的驱动作用被不断强化，创新性的金融产品和服务层出不穷，金融科技应用场景不断扩大，日益融入经济社会发展各领域，金融科技已成为金融业发展的核心力量。金融作为实体经济的血脉，需要从经济活动的生产、分配、流通、消费各个环节出发，引导和优化资金流动与资源配置，提升金融供给对国内需求的适配性，支持实体经济创新发展，进而提高经济循环效率，成为构建新发展格局的重要驱动力量。一是通过金融科技推动金融机构数字化转型升级。用数字技术创新金融产品、重塑业务和服务流程，优化客户体验，实现线上线下信息互通共享、服务无缝衔接，打造高效融通的全渠道服务能力，拓展金融服务的边界，提高金融供给效率。二是通过金融科技加速产融结合。综合运用5G、物联网、大数据、云计算、区块链等新技术，收集、分析、处理和传递产业数据，通过人工智能算法，为产业提供智能、精准、高效的金融服务，促进产业链和供应链高质量发展。

金融科技的广泛应用延伸了金融服务范围，使金融服务引导金融资源流向真正需要它们的地方，使金融服务触达更广泛的人群，提升了金融服务的可获得性与公平性，也让金融服务变得触手可及，改善了客户体验，提升了客户满意度。金融服务成为一种随时、随地、随需的场景化服务，金融和场景无处不在地结合在一起。一是以人工智能（AI）、增强现实（AR）为代表的智能化服务技术，赋能传统金融产品创新，围绕客户在各类生产生活场景中的需求，引入场景化应用服务，提升对客户的服务黏性，打造"生活+金融"的场景金融服务。二是依托物联网、5G通信、区块链等创新型技术手段的发展和普及，金融服务不再局限于现有的物理网点，业务的效用和体验不再依附某个具体金融产品，而是通过开放服务能力将金融服务嵌入更多场景，为不同的客户群提供有针对性的服务。

一　移动金融积极推动普惠金融的发展

"普惠金融"的概念由联合国在 2005 年提出，具体为立足机会平等要求和商业可持续原则，以可负担的成本为有金融需求的社会各阶层和群体提供适当、有效的金融服务。随着移动互联网的快速发展，金融与科技深度融合，客户的行为习惯已发生根本性改变，金融服务诉求围绕线上、远程的场景化经济形态，也发生了根本性的改变。移动金融已形成了对传统金融服务的补白与替代，在普惠金融领域的服务与延伸甚至超过了传统金融服务。2020 年 11 月，国务院办公厅发布了《关于切实解决老年人运用智能技术困难实施方案的通知》（国办发〔2020〕45 号）。中国人民银行、中国银保监会与工业和信息化部等部委根据国办发〔2020〕45 号文件精神，进一步细化移动金融 App 改造方案，推动解决老年人等特殊群体跨越数字鸿沟问题，更好地共享信息化发展的成果。通过 2021 年的专项行动，适老化及无障碍改造取得了阶段性成效。主流金融机构已完成对 App 的改造，纷纷推出"大字版""老年版"等版本，并配套提供专属产品和服务，以更好地服务老年人及残障客群。移动金融在推动普惠金融发展的道路上越走越好，也越来越深入。

二　金融云计算已成为金融业的新型金融科技基础设施

过去一年，全球金融科技市场从疫情中逐步恢复，重新进入平稳增长态势。云计算技术在金融业的深度应用，使其成为金融业的新型金融科技基础设施。一方面云计算基于虚拟化和容器化的弹性管理资源能力有效降低了金融机构的 IT 成本，提升了金融系统架构的高可靠性、可扩展性以及自动化能力；另一方面作为大数据、人工智能、区块链等新兴技术的底座，云计算也为金融业的各类业务创新和发展提供了强大的支撑。随着技术复杂度和需求丰富度的不断提升，金融业务与科技的结合也将更加深入，超融合、分布式云、多云编排、异构云等云计算技术也将逐渐成为云计算对金融业的新支撑点，进一步解决原有金融业 IT 架构的高成本、难扩展、不灵活等一系列难题。

三　金融分布式架构助力金融业务创新

根据国家"十四五"规划和 2035 年远景目标纲要的战略部署，强化国家战略科技力量和加快数字化发展建设数字中国是我国今后一段时期内的主要发展目标之一。数字化社会以及数字化经济带来的环境变化对银行等金融机构服务能力提出了更高的要求，在数字时代，服务能力响应的及时性和稳健性，导致我们在架构上从过去的集中式向更灵活更具弹性的分布式转变。分布式架构解决了互联网生态和原有金融生态结构不同导致的架构需求上的差异问题，满足了金融机构在迅速发展中对算力的灵活性需求，为金融机构创新业务发展提供算力服务，提高了算力弹性。随着国产软硬件的逐步成熟和市场化以及科技行业独立自主科研能力的长足进步，金融行业对分布式架构及其技术做了大量的尝试和探索，各金融机构纷纷采用"开源+自研"的开放式架构，不断拓展周边生态；利用微服务实现应用的分层解耦，通过分布式数据库实现开放平台数据的弹性布局；利用缓存提升高频数据的处理能力；引入分布式事务解决跨平台、跨应用的事务最终一致性问题；等等。随着金融业从最初的互联网类应用的分布式改造到最近两年银行核心系统的下移，从少数应用微服务架构的尝试到企业级单元化多地多活架构的探索和落地，金融分布式架构正在向着产业数字化转型以及增强产业核心竞争力的方向稳步前进。

四　金融大数据激活数据要素潜能

随着政府颁布"十四五"规划，数字化转型再次迎来热议。现代金融体系的显著特征是数字化，数据作为生产要素的重要作用日益凸显，数据资产已成为商业银行利用科技手段赋能业务发展的崭新着力点。而数字化的基础是良好的数据质量，包括数据的完整、规范、一致和准确等，商业银行亟须通过金融数据治理来提升数据质量。近年来，国家陆续出台多部重大法律法规和多项政策指引给数据治理提出了更高的要求。做好金融数据治理，合法合规运用好数据，才能有效发挥数据资产价值，成功实施数字化转型，实现金融行业的创新发展。

金融数据治理是一套以数据资产为中心，以"提升数据可用性、质量及安全水平，进而实现数据资产价值最大化"为目标，多方协同的常态工作机制。具体实施方法包括"管控数据生命周期"与"夯实数据治理体系"双轮驱动、持续开展并落实数据治理工作。

近两年，商业银行坚持金融大数据治理与发展两手抓，坚持守正创新。在业务层面，大数据在金融领域应用成效显著，助力金融高效赋能实体经济，助力普惠金融扎实推进，为金融业高质量发展注入充沛活力；在技术层面，基于云原生的湖仓一体化趋势初显，数据深度挖掘引发图计算需求，数据安全进一步驱动隐私计算发展，智能化数据管理技术需求急迫。未来，商业银行将进一步提高数据治理水平，持续完善数据安全保障体系、提升数据安全技术水平、促进数据安全共享，以应对数据要素市场化带来的机遇与挑战。在保障安全和隐私的前提下，大数据技术结合人工智能、云计算等，将不断与金融深度融合，充分激活数据要素潜能，夯实金融创新发展基础，提升金融服务质效，更好地满足数字经济时代提出的新要求。

五 人工智能应用前景愈加清晰

金融智能是底层技术驱动的金融创新，本质上是通过技术手段来提升金融服务质量，技术能力已成为金融机构提升核心竞争力、赋能实体经济的关键。因此原创 AI 技术的重要性日益凸显，金融机构加速成立科技子公司，自建 AI 团队，并逐步自主研发、自主掌控原创技术，坚持技术自力更生，掌握核心技术产权，更好地去实现场景化适配。近年来，AI 的金融应用场景正逐步展开，尤其是在银行业，从支付结算到消费信贷、信用卡、财富管理，再到普惠金融、产业金融、智能营销、智能风控、智能运营等领域，金融科技正逐步重塑银行业务流程，变革银行商业模式。

总体来看，人工智能在金融领域的应用仍然面临诸多挑战。首先，金融领域的数据资源较为封闭，对多源异构数据的使用效率较低，多方安全计算等技术尚处于验证阶段，无法解决金融机构间存在的数据孤岛问题。其次，技术与业务的融合存在诸多问题，表现为业务人员相信媒体和厂商的夸大宣传，导致对人工智能技术的期望过高，同时不相信金融机构自研团队的能力，常常让人工智能技术无法很好地落地。最后，金融智能相关应用存在道德与监管风险，为了提升 AI 技术应用效果，部分金融机构可能过度使用个人隐私数据，导致用户隐私被泄露。面对上述诸多挑战，在多方安全计算、人工智能道德伦理、人工智能可解释性、用户隐私保护、人工智能安全性和公平性、人工智能的规模化应用等方面，金融机构需结合业务场景实际需要，紧跟技术发展前沿，不断提升自身人才队伍质量和规模，同时提升社会责任感，在合法、合理的范围内将人工智能技术更好地进行应用。

六 金融物联网持续赋能金融生态

2020 年，国家发展和改革委员会首次明确了"新基建"的范围，物联网被纳入"新基建"信息基础设施中。在"十四五"规划纲要中，物联网被纳入数字经济重点产业，物联网技术正式上升为国家战略。各地产业政策密集出台，对物联网技术的应用与发展进行了鼓励与引导，显示出了我国各级政府积极发展物联网技术与产业的决心。

金融物联网发展紧抓金融本质，从以打造智慧网点、智慧客服为主的服务机构自身数字化转型的模式，发展为通过升级风险控制手段、凭借创新金融服务切入实体产业场景的模式，躬身入局助力实体经济发展，支持产业数字化转型，服务国家战略。通过底层数据采集、数据分析处理、行业模型构建等环节，金融物联网帮助金融机构穿透与实体企业之间的信息不对称壁垒，形成信息流、商流、物流、资金流"四流合一"的业态体系，使银行敢贷、愿贷、能贷、会贷，输出全链条数字化金融服务，赋能实体企业。金融物联网已覆盖智慧制造、智慧物流、智慧农业、智慧能源、智慧园区等产业应用场景，赋能实体场景蓬勃发展，可谓万物互联携金融服务"飞入寻常百姓家"。

展望未来，发展更规范、统一的设备标准、数据标准、业务标准将有利于物联网产业健康发展。在物联网核心技术领域，关键技术国产化可以保障我国的信息安全整体在掌控之中。坚持金融服务实体经济之本，金融物联网将继续融合创新科技，引导资金和技术拓宽应用场景，促进实体经济与数字经济的融合。"小荷才露尖尖角"，金融物联网势必为乡村振兴、共同富裕等国家战略贡献更大力量。

七　金融区块链发展持续加速

2018 年，中央经济工作会议提出"新基建"理念。2019 年 10 月 24 日，中共中央政治局就区块链技术发展现状和趋势进行第十八次集体学习。习近平总书记在主持学习时，强调探索"区块链"在民生领域的运用，要把区块链作为核心技术自主创新的重要突破口，加快推动区块链技术和产业创新发展。目前，我国已明确将"数据作为生产要素之一"纳入国民经济要素市场化配置，实现产业、金融、科技界的互动，以技术创新推动产业资产数据化，让金融更好地服务于实体经济。

区块链去中心化、无须事先信任、基于代码运行和自治性等特征改变了传统金融的信任模式，为金融问题的解决提供了新的方案。

区块链技术应用已延伸到数字金融、物联网、智能制造、供应链管理、数字资产交易等多个领域。国内外诸多大型金融机构已在快速谋篇布局和抢占赛道之中。中国金融业也一直在区块链金融方向不停地探索，2019 年末以来，中国人民银行在深圳、苏州、雄安、成都及 2022 年北京冬奥会等试点场景开展数字人民币试点测试，以检验其理论可靠性、系统稳定性、功能可用性、流程便捷性、场景适用性和风险可控性。2021 年 7 月的试点基本涵盖长三角、珠三角、京津冀、中部、西部、东北、西北等不同地区，有利于试验评估数字人民币在我国不同区域的应用前景。《中国数字人民币的研发进展白皮书》显示，截至 2021 年 6 月 30 日，数字人民币试点场景已超132 万个，覆盖生活缴费、餐饮服务、交通出行、购物消费、政务服务等领域。开立个人钱包2087万余个、对公钱包351万余个，累计交易笔数7075万余笔，金额约345亿元。在地方政府的积极参与支持下，一些地区开展了数字人民币红包活动，实现了不同场景的真实用户试点测试和分批次大规模集中测试，验证了数字人民币业务技术设计及系统稳定性、产品易用性和场景适用性，增进了社会公众对数字人民币设计理念的理解。

尽管区块链在支付、征信、保理、贸易融资、供应链金融、证券交易等金融细分领域实现了一定程度的应用，但在技术成熟度、治理机制和基础设施等方面仍存在缺陷。这使得区块链的应用价值难以完全发挥，大规模推广仍存在一定困难和潜在风险，如何克服这些局限是区块链进一步实现金融应用价值的关键。

八　网络安全成为重要议题

2021年，以5G、物联网、卫星互联网等为代表的通信网络基础设施，以人工智能、云计算、区块链等为代表的新技术基础设施，在金融行业出现了更多成熟化的应用，这些新型基础设施建设加快了我国金融行业的网络重构以及数字化转型，但是新型基础设施带来的安全问题也对金融领域的网络安全建设提出了严峻挑战。

技术是一把"双刃剑"，一方面可以造福社会、造福人民，另一方面也可以被一些人用来损害社会公共利益和民众利益。从世界范围看，网络安全威胁和风险日益突出，并日益向政治、经济、文化、社会、生态、国防等领域传导渗透。

2021年，我国网络安全相关法规、条例的发布使网络安全法治体系在《中华人民共和国网络安全法》基础上被进一步完善。2021年7月出台了《关键信息基础设施安全保护条例》，为开展关键信息基础设施安全保护工作提供了基本遵循。同年，我国先后发布了《中华人民共和国数据安全法》《中华人民共和国个人信息保护法》，以立法的方式强调数据安全和个人信息保护。随着这些法规、条例的实施，我国持续加大网络执法力度，依法查处各类违法违规行为，取得明显成效。

金融网络安全是国家网络安全的重要组成部分，关系到国家经济金融稳定和人民群众切身利益。面对新形势、新技术、新业务，切实有效地构筑坚实的金融网络安全防线，任重道远。

九 金融科技监管进一步加强

过去一年，全球金融科技市场从疫情中逐步恢复，重新进入平稳增长态势。随着技术复杂度和需求丰富度的不断提升，金融科技产业生态合作进入了更高水平阶段：一方面，云计算、大数据、人工智能等技术不断演进，金融科技技术体系也随之变得更加复杂；另一方面，金融业务与科技的结合更加紧密，金融用户需求向个性化和差异化方向不断升级。由于监管落后于创新的步伐，互联网金融公司存在部分监管真空现象，同时互联网金融公司在发展过程中也产生了一些新问题有待规范和整改。2020年11月2日，在香港金融科技周"数字经济中的央行角色"主题会议上，央行行长易纲提到一项重点命题，"如何在技术带来的便利与风险中让金融服务更安全"。同年11月12~15日，以"重建全球信任"为主题的第11届财新峰会上，原中国银行业监督管理委员会主席尚福林表示，"不管是传统的金融业态，还是新兴金融业态，都应遵循金融业的一些基本规律。提高市场效率，同时还要防范风险"。从近期召开的会议上可以看出，未来一段时间国家将重点关注金融科技创新领域的监管，严格规范金融科技公司，防范新兴金融业潜在风险。"五大新发展理念"的第一项就是创新，创新是引领发展的第一动力。我们逐渐认识到，好的创新需要拥抱监管，过度创新反而带来金融市场泥沙俱下和金融体系不稳定。金融科技公司应主动适应监管大环境的变化，配合监管，积极规范自身经营行为，防范风险事件发生。

目前，我国针对金融科技领域的现代化监管理念逐渐成熟，摆脱了传统的监管理念僵化问题，但理论转化为现实有一定难度，现代化监管体系的构建仍是一大难题，需要进一步的探索。

监管科技应在以下几个方面进行提升。

第一，应用范畴从过去主要为监管、合规与风控提供支持和服务，扩大到为各项国家战略的贯彻实施提供服务，如促进碳达峰碳中和、中小企业发展、乡村振兴、自贸区建设等。在监管科技框架与体系下设计产品与服务，预先将政策要求与落实反馈机制植入业务实现和技术方案，将更有利于各项国家战略的统筹实施，也能够及时准确掌握政策落地的实际情况。

第二，参与主体从监管机构和从业机构延展到金融服务获得方、技术供应方以及公共服务机构等，进一步推动市场各参与主体的协同发展。比如，监管机构需要通过监管科技掌握从业机构运行的真实情况，相关数据将不仅通过从业机构直接获取，还会在保护隐私和商业秘密的前提下，合理使用公共服务机构、金融服务获得方的验证数据；与此同时，技术供应方也应为金融从业机构提供植入监管科技基因的技术产品，如可监控的机器人流程自动化（RPA）、可审计的人工智能和可追溯的隐私增强计算等。

第三，新时代的监管科技具备可交互、可认定、可分级、可审计等特点。可交互是指监管机构、从业机构、金融服务获得机构以及社会公共服务提供机构等相关各方的系统数据具有统一的定义并可转换为一致的格式，在业务系统中支持集中式或分布式的计算、统计与人工智能建模。可认定是指应用系统对数据真实性、系统安全性以及隐私保护的等级进行自动认定。可分级是指应用系统可以根据不同用户的责权利对系统和数据设定不同的访问权、使用权和处置权。可审计是指整个系统处理和数据流向均需留痕，不可毁坏和篡改。

第二节　金融科技发展主要特点

一　数据经济加速发展，数字化转型提速升级

2022 年 1 月，国务院印发《"十四五"数字经济发展规划》，强调"到 2025 年，数字经济核心产业增加值占 GDP 比重达到 10%"，同时提出"展望 2035 年，中国力争形成统一公平、竞争有序、成熟完备的数字经济现代

市场体系，数字经济发展水平位居世界前列"。近年来，我国数字经济发展较快，金融科技助力支付、保险等金融服务无缝嵌入交通、医疗健康等城市生活服务中，推动城市治理数字化程度不断提高。同时，随着数字经济加快发展，企业数字化、产业互联网、数字城市治理等数字经济领域积累了大量的数据，推动金融科技在提升金融服务质量、防范金融风险等方面发挥更大的作用。根据2021年全球数字经济大会的数据，我国数字经济规模已经连续多年位居世界第二。特别是新冠肺炎疫情期间，数字技术、数字经济在支持抗击新冠肺炎疫情、恢复生产生活方面发挥了重要作用。

2021年12月，中国人民银行印发《金融科技发展规划（2022—2025年）》，2022年1月中国银保监会印发《关于银行业保险业数字化转型的指导意见》，对金融机构到2025年实现数字化转型提出了明确的指导意见，为金融业数字化转型指明了方向。顺应数字经济发展趋势，以数字化转型深化金融科技创新，强化数据赋能，不断提升客户体验，重塑金融服务模式，打造具有中国金融特色的金融科技生态，已成为金融业的共同选择。金融机构已将数字化转型确定为业务战略之一，设计符合自身业务定位和特点的数字化发展模式。

中国工商银行坚持金融为"体"、科技为"用"，立足新发展阶段，贯彻新发展理念，率先开启数字化2.0新征程，围绕"数字生态、数字资产、数字技术、数字基建、数字基因"五维布局，加快推动经营模式和治理模式的数字化变革，打造与现代经济体系相适应的"数字工行（D-ICBC）"，服务以国内大循环为主体、国内国际双循环相互促进的新发展格局。中国农业银行强调2021年是其数字化转型战略"全面再造阶段"的起步之年，提出建设"薄前台、厚中台、强后台"的数字化云平台"iABC"战略，着力打造完备的金融科技支撑与创新体系，积极拥抱新理念、新技术，赋能各项业务高质量发展；发布《中国农业银行金融科技创新年度报告（2021）》，全景式展现中国农业银行2021年金融科技创新实践成果与创新能力，旨在在创新领域探索新思路，共享创新技术应用新方法，形成创新驱动发展新局面。中国银行顺应金融科技发展趋势，强化顶层设计，根据集团"十四五"

规划全面数字化转型战略要求，制定《中国银行"十四五"金融科技规划》，围绕"夯实基础支撑、赋能业务发展、布局未来能力"主线，以数据为驱动、金融科技为手段，推动集团营销、产品、渠道、运营、服务、风控、管理等领域重塑再造，打造"数字中银"；深化大数据、云计算、人工智能、区块链、5G 移动通信等科技技术运用，发布《金融场景生态建设行业发展白皮书》，聚焦跨境、教育、体育、银发四大战略级场景，打造面向未来的数字化银行、开放银行。中国建设银行将金融科技战略升级为"TOP+2.0"，聚焦核心底层技术"ABCDMIX"（A 即人工智能；B 即区块链；C 即云计算；D 即大数据；M 即移动互联；I 即物联网；X 即现在还没有商用的一些前沿技术，如 5G 和量子计算等）进行平台化、组件化，以云服务为主要交付方式，实现技术基础能力的快速供给，打造复用、敏捷、协同的技术能力，构建技术与数据双轮驱动的金融科技基础能力。

根据各银行 2020 年年报披露的数据，我国大中型银行科技投入力度加大，同比增长 37%。金融科技投入增量更是创下历史新高，其中工行、建行的投入规模均超过了 200 亿元，工行、农行、中行等金融科技投入增幅超过了 40%。

二 信息技术应用创新不断，金融科技自主能力稳步提升

习近平总书记在 2018 年的两院院士大会上强调，"关键核心技术是要不来、买不来、讨不来的。只有把关键核心技术掌握在自己手中，才能从根本上保障国家经济安全、国防安全和其他安全"。我国"十四五"规划也明确提出，要"坚持创新在我国现代化建设全局中的核心地位，把科技自立自强作为国家发展的战略支撑"。

国际环境的变化给金融科技创新的发展带来了挑战：技术独立自主要求愈加迫切，金融抗风险能力要求愈加重要。金融领域的关键信息基础设施是经济社会运行的重要组成部分，金融业务高度依赖金融网络和信息系统，其正常运行和安全保护的状况直接关系到国家金融安全和广大人民群众的切实利益。金融机构和金融科技企业须更加重视技术自主掌控能力以应对外部挑

战和行业整体竞争压力，摆脱核心技术受制于人的局面，确保金融机构服务安全，落实国家信息安全的战略性要求。一方面，聚焦科技自主创新能力建设，强化技术攻关，加强对关键信息基础设施所需关键部件、平台应用、生态发展的支撑，不断提升相关领域的自主能力。另一方面，严格落实网络安全审查要求，积极开展架构转型、基础设施建设、产品应用的探索和实践，建立健全相关组织机制和支撑体系，探索与其他金融机构、金融科技企业的合作共赢新模式，提升金融科技软实力。

金融业积极贯彻落实科技自立自强的要求，做出有益尝试，探索出一条切实可行的金融行业关键应用系统自主可控的科技创新之路。中国工商银行面向未来深入推进 IT 架构转型，构建了全分布式的技术体系、去核心化的能力体系和智能可靠的安全体系，实现了银行信息系统的代际跃升。中国农业银行将云计算、大数据、人工智能、区块链、分布式等金融科技能力沉降为安全可控、高效共享的标准化平台，以平台化解决技术与应用的复杂性问题，全力开展分布式核心系统建设，进一步提升高效稳定的运维能力，解决海量数据处理和业务运营的安全性、稳定性、连续性问题。中国银行聚焦核心银行未来服务能力，通过采用分布式体系架构，基于微服务设计理念，以海外分布式核心银行系统建设为契机，推动银行核心 IT 架构由集中到分布的转型，提升了敏捷反应、快速交付的能力。中国建设银行实现了多技术栈融合运行、分布式部署，完成了分布式核心系统架构转型，渐进式实现了核心系统在多技术栈下的平稳切换，促进了国产技术创新与产业生态发展。

三 新技术应用带来新风险，监管体系更加全面系统

2020 年 11 月，中国银保监会首席律师刘福寿在国务院政策例行吹风会上表示，中国银保监会将完善风险全覆盖的监管框架，增强监管的穿透性、统一性和权威性，按照金融科技的金融属性，把所有的金融活动纳入统一的监管范围。2019~2020 年，中国人民银行加速推进金融科技创新监管试点工作，为我国金融科技监管与发展提供了有益经验。

金融科技的创新发展，特别是金融科技新技术的使用带来了一些新的风

险。我国金融监管部门将进一步加强顶层设计，完善相应的法律法规体系，促进金融科技进入更加有序发展的新时代。坚持促进创新与防范风险相结合的原则，加快出台符合国情、与国际接轨的金融科技伦理制度规则，健全多方参与、协同共治的金融科技伦理治理体系，建立金融科技伦理审查、信息披露等常态化工作机制，提前预防、有效化解金融科技伦理风险；建立对模型和算法风险的全面管理框架，制定管理制度，对模型数据进行交叉验证和定期评估，加强压力测试，定期评估模型的可解释性和可审计性，防止算法歧视。

随着我国金融科技发展规划继续稳步落地，监管科技应用框架及数字化监管能力有望加速构建，风险态势的自动化、智能化感知分析能力将不断增强，金融科技创新监管试点不断深入将带来创新的试错、容错和风险监控机制的持续完善。创新成果将更加多元，创新与监管的平衡机制将更加有效。

四 推动数字技术适老化，提高金融无障碍服务水平

科技创新深刻改变了社会生产方式和治理体系，也增强了百姓对信息技术的依赖。疫情期间，老年人不会用手机购物、健康码困局等现象引发热议，提醒我们数字鸿沟问题不容忽视。从群体差异来看，年轻人对于数字创新的适应能力更强，更易快速学习和使用移动支付、预约出行、网络订餐等数字技术应用。而老年、文化程度较低、残障等群体受传统观念、学习能力等自身条件制约，成为数字经济时代的"弱势群体"。

"十四五"规划纲要明确指出"推动养老事业和养老产业协同发展""发展银发经济"，为养老金融的高质量发展指明了前进方向，提供了根本遵循。2020 年 11 月，国务院办公厅印发《关于切实解决老年人运用智能技术困难的实施方案》，指出"要着力解决老年人、残疾人等特殊群体在使用互联网等智能技术时遇到的困难，推动充分兼顾老年人、残疾人需求的信息化社会建设"。积极应对人口老龄化，已成为新时代、新发展阶段的工作重点。增强老年人的获得感、幸福感和安全感，受到全社会高度关注，要确保老年人充分融入社会生产生活，平等享受社会发展福祉。

金融机构在数字化转型的过程中，要充分利用金融科技赋能，提供能够满足老年群体日常需求的更有温度的适老化金融服务，向老年人提供优质的适老化金融服务，助力破除数字鸿沟。金融机构应秉承"科技+关爱"的理念，努力打造更有温度的为老服务。一是应注重用户体验，增加老年人使用的友好性。二是丰富金融产品供给，优化在线金融产品购买的适配性。三是汇聚老年生活高频场景，提升智能应用使用的便利性。四是整合优质养老服务和信息，发挥智能应用平台的资源共享性。金融机构应履行社会责任，充分运用金融科技展现金融业的担当，创新适合老年全体的金融服务，满足老年人多层次、多样化、高品质的物质和精神文化生活，弥合老年人数字鸿沟，让老年人切实感受到金融科技发展带来的生活便利，帮助老年人共享改革发展成果，助推银发经济可持续发展。

第三节　金融科技发展趋势

一　金融科技监管体系化，金融机构进入规范有序发展期

随着大数据、云计算、区块链、5G 等技术的兴起，新兴科技在金融领域的创新应用越发成熟，各行各业的数字化转型进行得如火如荼。近年来，金融科技发展迅速，催生出一批领跑全球的金融科技头部机构，加速金融行业与科技应用的融合，然而，部分金融科技公司的不当逐利行为使系统性风险隐现，加强金融科技监管的需求日益明显。

自 2019 年央行公布首轮金融科技发展规划《金融科技（FinTech）发展规划（2019—2021 年）》，我国初步搭建了金融科技监管的框架。2020 年互联网贷款、网络小贷等监管办法的相继出台，以及 2021 年针对金融科技的细分领域的监管性文件的出台，如《征信业务管理办法（征求意见稿）》《关于进一步规范商业银行互联网贷款业务的通知》《关于进一步防范和处置虚拟货币交易炒作风险的通知》《人工智能算法金融应用评价规范》，丰富了我国金融科技监管体系。2022 年初，中国银保监会办公厅发布的《关

于银行业保险业数字化转型的指导意见》，以及 2021 年 12 月中国人民银行印发的《金融科技发展规划（2022—2025 年）》，进一步完善了我国金融科技监管的顶层框架及详细设计。

上述监管文件构建了多层立体的金融科技发展体系，从金融科技治理、数据能力建设、新型基础设施建设等多个角度为我国金融科技指明了未来五年甚至更长期的发展方向。金融科技治理方面，通过"制度+技术"双轮驱动营造良性数字生态。制度层面上，优化体系顶层设计，形成数字化理念，强化金融科技伦理建设，完善金融科技治理体系。技术层面上，充分运用金融科技创新监管工具，积极构建"监管沙箱"创新监管机制，对金融科技创新行为进行全生命周期管理，高效识别与防范系统性金融风险，形成全方位、穿透式的金融科技治理体系。数据能力建设方面，将金融数据升级为"生产要素"，彰显了国家对数据的重视，金融机构应制定企业级数据战略与发展规划，建立涵盖数据全生命周期的数据治理体系，在保障数据隐私安全的前提下，推进金融数据规范化流通和共享，从而实现以数据为核心的金融产品创新与多场景综合赋能。新型基础设施建设方面，加大数据中心建设力度与降低数据中心能耗并重，构建以新型数据中心为核心的智能算力生态体系，着力打造布局科学、安全可靠的金融网络，筑牢数字化转型与创新发展的"数字基座"，赋能数字经济的绿色可持续发展。

二　市场需求发生转变，金融科技助力高质量发展

金融与科技大体呈现相互促进、融合发展的规律与态势，历次重大科技革命都对金融业产生了影响。随着金融业的快速发展，金融机构面临跨业、跨界、跨境的多重竞争压力，传统盈利模式受到巨大挑战。主动利用科技手段来创新业务模式、提升服务水平、增强获客能力成为金融机构在新一轮科技革命下的关键和难点。

在传统模式下，金融服务主要是通过金融机构线下网点获取，需要与客户面对面交互完成服务传递。近年来，随着数字技术的不断迭代创新，金融服务逐步完成从线下到线上的迁移。当下，疫情对商业世界的冲击尚未平

息，在全面封锁、居家隔离、远程办公等零接触生活模式向常态化发展的过程中，用户对金融服务提出了更高要求。零售客户已难以满足于基本的线上支付、储蓄和理财等服务，希望金融服务可更便利、更全面、更易得。在此背景下，金融机构纷纷投入零售业务数字再塑的工程中，探索利用人工智能、大数据、云平台等新兴技术，以客户旅程为周期，全效赋能获客、活客及留客的业务经营需求。

此外，随着国家加速推进产业转型升级、经济双循环、供给侧改革等战略性举措落地实施，稳定产业金融成为我国经济发展的重要基石。在数字中国战略方针指引下，产业数字金融是我国现代金融在服务产业需求端的全新发展方向。金融机构纷纷开启数字化转型的探索，积极发展智慧科技，融入产业数字金融生态，构建"去中心化"的全新服务模式，实现产业金融布局。客户对金融服务能力提出的更高要求，加速了金融机构对物联网、区块链、云计算、大数据等新兴技术的探索步伐，使金融机构主动构建金融服务平台，努力提升创新金融服务能力。

整体来看，在政策、疫情、市场结构等多重因素的驱使下，金融机构正深化其数字化变革。5G、人工智能、大数据、物联网、云计算等新技术在金融服务中的应用广度及深度将进一步提升。

三　金融科技创新发展，推动金融机构向开放、数智、绿色发展

人工智能、区块链、云计算、大数据、移动互联、物联网、5G、虚拟现实等新兴技术逐步成熟并与诸多应用场景相结合，使数字化时代的金融服务更加触手可及、更加丰富多元，同时深化了金融机构对渠道转型、生态开放的创新探索。在开放方面，为满足用户对方便快捷、无处不在的金融服务的需求，越来越多的金融机构积极与各平台合作，将自身产品、服务等嵌入合作方平台，从而将金融服务融入各方场景，使用户在场景中获得个性化、专业性的金融服务。在满足客户差异化需求的基础上，金融机构借助流量互联、共筑生态的模式，进一步实现了客户经营经验的沉淀，增强了自流量转化能力。近年来，越来越多的金融机构借助金融科技工具，将自身信息化建

设由单点上的应用推向平台化、中台化的建设模式，积极研发应用接口，以更加包容和开放的理念提供金融服务。

在数据赋能智慧发展方面，数据已经成为数字化时代的重要生产要素之一，其价值将反哺生产、渠道、销售、运营全场景，推动金融机构向更智能的阶段迈进。对金融机构而言，海量数据的价值在很大程度上体现在客户营销与经营的任务中。基于历史数据和海量外部的用户行为数据，金融机构可刻画更精准的用户画像，使得个性化、定制化的金融服务成为可能，扩大了覆盖的客户范围。随着大数据与人工智能等技术的日益成熟，数据要素潜能被进一步激活，数据的应用广度被进一步拓宽，实现了从客户经营赋能到风险的智能量化、业务的精细管理。这不仅使得用户能够随时随地获取所需的金融服务、提升个性化体验，也降低了金融机构的人工服务成本以及风险评估成本。

在绿色发展方面，ESG（E 代表环境、S 代表社会、G 代表公司治理）理念起源于社会责任意识，虽然在我国起步较晚，但其可持续发展的核心思想与我国长期以来推动的可持续发展战略不谋而合，成为落实新发展理念、推动经济高质量发展的重要抓手。中国作为负责任的大国，自主提出力争 2030 年碳达峰、2060 年碳中和的目标。碳达峰和碳中和战略是顺应全球低碳发展大势、助推中国经济走向高质量发展道路的战略之举。2021年国务院《政府工作报告》和"十四五"规划纲要等重要文件，对碳达峰、碳中和工作提出了具体要求。顺应全球可持续发展潮流，我国金融机构逐渐参与到 ESG 相关建设中，同步开启了对绿色数字技术应用的新探索。在风险防控上，金融机构探索利用金融科技提升环境风险识别能力，实现对绿色信贷、绿色债券投向的跟踪，以有效降低"洗绿"风险。在赋能绿色业务方面，金融机构也开启了尝试。一方面，金融机构通过环境风险建模及智能定价能力提升，提升绿色金融业务的营销与定价能力。另一方面，金融机构积极建立绿色项目评级数据库和评级模型，以实现绿色业务流程管理的升级。

数字技术的迭代升级、持续创新是我国金融机构在数字化时代保持活力的重要保障。未来，在新兴技术的加持下，金融机构将持续在开放多元、数据赋能、绿色发展等领域阔步前行。

四　金融科技自立自强，全面推进核心技术自主可控

近年来，信息泄露事件层出不穷，国际形势风云变幻，"实现高水平科技自立自强"早已成为国家发展的重要战略支撑，推进信息技术应用创新对金融行业而言更是关乎金融安全的重要举措。随着金融机构信息安全意识的提升，云计算技术的成熟，开放银行模式的推广，大数据、人工智能等技术催生的智能投顾、智能风控等的应用，金融机构将数字技术与金融产品、服务结合，并应用和融合到日常业务流程中。在数字化时代，金融机构的信息系统已成为金融机构的核心竞争力，对金融基础设施设备的持续投入、实现核心技术自主可控以及对相关专业人才的布局，对金融机构至关重要。

一方面，金融科技创新应用促进金融机构基础设施设备的转型升级。我国金融基础设施设备产业链逐步完善，已形成包括底层基础硬件和终端外设、中间层基础软件到上层核心应用软件，以及企业信息化建设中必不可少的网络安全和云平台等的完整产业链，并形成集咨询、研发、监理、评估等为一体的广泛应用于金融行业的综合解决方案。金融机构在进行基础设施设备升级改造时，需综合考虑前瞻性、可扩展性、稳定性等多维度因素，牢牢把控对提供方的资质与能力的审核，确保实现核心技术自主研发、安全可控。

另一方面，金融科技专业人才的吸纳与培养也是推进金融机构科技独立自主的必经之路。金融机构数字化转型过程中，所需技术及产品的升级迭代离不开专业人才的支撑。技术人员不仅要熟悉业务，还要精于互联网、大数据、云计算、人工智能等新兴领域的知识。为提前做好技术人才储备，金融机构正逐步从自身内部加紧培养金融科技人才，同时从外界吸收相关领域的专家，既打造金融科技人才梯度，又增强员工的技术能力培养，从而提升自主研发能力，持续支撑数字化转型。

参考文献

《2021 银行业金融科技布局大揭秘!》，腾讯网，2021 年 8 月 29 日，https：//new. qq. com/rain/a/20210829A081MR00。

蔡钊：《打通金融科技创新双循环 助推数字化转型》，《金融电子化》2021 年第 3 期。

《发展我国数字经济的科学指引》，新华网，2022 年 1 月 24 日，http：//www. xin-huanet. com/politics/20220124/4266ac5efa754288085319513965367/c. html。

傅坚等：《基于多技术栈的银行核心系统建设——在保证安全生产前提下稳步推进分布式架构转型》，《金融电子化》2022 年第 6 期。

《各银行大手笔"下注"金融科技 去年总投入 2078 亿元》，百家号，2021 年 4 月 30 日，https：//baijiahao. baidu. com/s？id=1698420128938125600&wfr=spider&for=pc。

《何平：金融科技要适应数字经济发展的全新要求》，百家号，2021 年 11 月 11 日，https：//baijiahao. baidu. com/s？id=1716128849497961094&wfr=spider&for=pc。

《核心技术崛起：中国金融信创产业发展报告（2021）》，零壹财经网，2022 年 3 月 11 日，https：//www. 01caijing. com/finds/report/details/316659. htm。

《聚焦绿色数据中心，达实技术助力数据中心绿色节能》，同花顺财经网，2022 年 1 月 24 日，http：//stock. 10jqka. com. cn/20220124/c636281565. shtml。

李伟：《提升金融科技守正创新水平 加快推动数字化转型》，《金融电子化》2020 年第 12 期。

吕仲涛：《以金融科技赋能开启数字化转型新篇章——工商银行数字化转型的探索与实践》，《中国金融电脑》2021 年第 S1 期。

马雁：《大型银行数字化转型的新内涵与新路径》，《中国银行业》2021 年第 11 期。

曲家文：《深化金融科技赋能 开创高质量发展新局面》，《金融电子化》2021 年第 6 期。

全荣炫、李永忠、赵征：《壮志凌云——中信银行凌云工程巡礼》，《金融电子化》2022 年第 6 期。

《网络安全〈关键信息基础设施安全保护条例〉专家解读（四）》，澎湃网，2021 年 10 月 13 日，https：//www. thepaper. cn/newsDetail_ forward_ 14887430。

修永春：《数字化时代的新场景新生态》，《金融电子化》2021 年第 6 期。

徐瀚：《数字金融新征程 农行科技谱新篇》，《金融电子化》2021 年第 6 期。

《原创图解 | 一图读懂〈网络安全审查办法〉》，中国网信网，2020 年 9 月 13 日，ht-tp：//www. cac. gov. cn/2020-09/13/c_ 1601560597588001. htm。

张艺卉、陈进：《新基建背景下商业银行高质量发展的对比分析》，《金融电子化》2021 年第 6 期。

中国银行上海分行：《智能应用软件适老化如何改出温度——基于中国银行 APP 适老化改造的经验》，《金融电子化》2022 年第 6 期。

中国互联网金融协会金融科技发展与研究专委会、瞭望智库：《中国商业银行数字化转型调查研究报》，中国互联网金融协会，2019。

《中国农业银行金融科技创新年度报告（2021）》，中国电子银行网，2022 年 1 月，https：//www. cebnet. com. cn/upload/resources/file/2022/05/18/192944. pdf。

中国人民银行：《金融科技发展规划（2022—2025 年）》，2021 年 12 月。

《中国银保监会有关部门负责人就〈关于银行业保险业数字化转型的指导意见〉答记者问》，中国政府网，2022 年 1 月 27 日，http：//www. gov. cn/zhengce/2022－01/27/content_ 5670681. htm。

《中国银行党委书记董事长刘连舸：加快数字化转型打造面向未来的数字化银行》，百家号，2022 年 4 月 17 日，https：//baijiahao. baidu. com/s？id = 1730317792507742886 &wfr = spider&for = pc。

《中国农业银行股份有限公司 2021 年度报告》，https：//www. abchina. com/cn/AboutABC/investor_ relations/report/am/202204/P020220427564984310980. pdf。

《中国工商银行股份有限公司 2021 年度报告》，http：//v. icbc. com. cn/userfiles/Resources/ICBCLTD/download/2022/1ndbg_ A. pdf。

《中国建设银行股份有限公司 2021 年年度报告》，http：//www. ccb. com/cn/investor/20220329_ 1648566213/20220329225810029232. pdf。

《中国银行股份有限公司 2021 年年度报告》，https：//www. boc. cn/investor/ir3/202203/t20220329_ 20935120. html。

《中国银行：六方面做好风险防控，持续推进数字化转型》，百家号，2022 年 3 月30 日，https：//baijiahao. baidu. com/s？id=1728706438142167931&wfr=spider&for=pc。

中国银行业协会行业发展研究委员会编《2021 年度中国银行业发展报告》，中国金融出版社，2022。

钟艳辉：《创新探索，转型发展——中国银行海外分布式核心银行项目》，《金融电子化》2022 年第 6 期。

《助力碳达峰与碳中和目标》，澎湃网，2021 年 4 月 1 日，https：//m. thepaper. cn/baijiahao_ 12006897。

第二章 移动金融[*]

第一节 移动金融发展概况

一 移动金融2021年关键词

随着移动互联网的快速发展，金融与科技深度融合，客户的行为习惯已发生根本性改变，金融服务诉求围绕线上、远程的场景化经济形态，也发生了根本性改变，以传统网点为核心的金融业务经营模式面临巨大挑战。同时，全球新冠肺炎疫情的持续蔓延，客观上促进了"在线场景化经济"的发展，刺激了对移动金融的旺盛需求。

2021年，移动金融继续蓬勃发展，同时也有区别于以往的显著特点。本章首先试图通过3个关键词——普惠金融、数字人民币、数实融合，对2021年移动金融的发展特点进行简要回顾。

（一）普惠金融：移动金融积极推进普惠金融的发展

中国人民银行在《金融科技发展规划（2022—2025年）》中指出，要坚持"数字驱动、智慧为民、绿色低碳、公平普惠"的发展原则。在数字化大潮中，每一个群体都不应该被忘记。数字化转型要以人民为中心，不断提升服务的温度，增加人民的幸福感。移动金融发展需兼顾公平和普惠，持续扩大服务的受众面，增加人民的获得感。

数字普惠下的公平发展，应强化技术驱动，消除数字鸿沟。2020年11月，国务院办公厅发布了《关于切实解决老年人运用智能技术困难实施方

---

[*] 统稿：中国农业银行股份有限公司科技与产品管理局刘大伟；课题组成员：中国农业银行股份有限公司王利强、李楠、尹熙、国枫、王兵、吕杉杉、叶涛、赵惊、倪泽辉、吴误。

案的通知》（国办发〔2020〕45 号）。中国人民银行、中国银保监会与工业和信息化部等部委根据国办文件精神，进一步细化移动金融 App 改造方案，推动解决老年人等特殊群体跨越数字鸿沟问题，更好地共享信息化发展的成果。通过 2021 年的专项行动，适老化及无障碍改造取得了阶段性成效。主流金融机构已完成对 App 的改造，纷纷推出"大字版""老年版"等版本，并配套提供专属产品和服务，以更好地服务"银发"及残障客群。

共同富裕下的普惠发展，应推进乡村振兴，服务实体经济。2021 年 2 月 21 日，"中央一号文件"《中共中央 国务院关于全面推进乡村振兴加快农业农村现代化的意见》发布，提出在"十四五"的开局之年，全面推进乡村振兴，加快农业农村现代化的步伐，让广大农民过上更加美好的生活。中国农业银行、中国建设银行等积极响应国家号召，针对县域乡村客户的金融需求，在手机银行推出"乡村版"，上线惠农理财、贷款等"三农"专属产品，助力乡村振兴。中国农业银行还推出了手机银行维语版、藏语版等特色版本，进一步提升了服务少数民族地区客户的能力。

（二）数字人民币：便捷、安全、普惠、高效的新零售支付基础设施

随着网络技术和数字经济蓬勃发展，社会公众对新零售支付的便捷性、安全性、普惠性和隐私性等需求日益增高。现金功能和使用环境发生深刻变化，移动支付高速发展推动了数字经济新模式和新业态的快速切换。数字人民币的出现，成功阻击了其他虚拟数字资产的威胁，维护了国家主权货币和金融秩序，降低了货币流通成本，提升了新零售支付质量和效率。

数字人民币是人民币的数字化，为消费者提供了一种新的货币形态选择，具备点对点支付、减少中间环节、降低风险和费用等特点。数字人民币支付场景更加广泛，降低了对网络环境的依赖，且依托离线能力可支持多种支付工具，如人与人、人与机器、机器与机器之间（ETC 收费、物联网等）的货币转移。服务更多人的普惠金融，对符合监管条件的小额支付，可以像现金一样，允许进行匿名支付，从而能够满足金融基础设施薄弱的边缘农村地区和弱势群体的基本金融服务需求。

2019 年 12 月，数字人民币在深圳、苏州、雄安、成都启动第一期试点

工作，着重开展线上支付试点，统筹考虑数字人民币与移动掌上银行、网上银行、开放银行、远程银行等线上渠道的协同联动，将数字人民币业务快速融入电子银行体系统筹建设中，打通钱包与账户的自动流通渠道，提升线上用户快速便捷支付和无感兑换体验。

2021年7月16日，央行发布《中国数字人民币的研发进展白皮书》，标志着我国数字人民币的发展进入新阶段。数字人民币作为便捷、安全、普惠、高效的新零售支付基础设施，引领、规范数字经济支付模式，提升普惠金融发展水平，提高货币发行和支付运行效率。利用数字人民币兼具账户和价值的特征，可以打造更安全高效的数字人民币准账户"碰一碰"转账等产品，引领、规范个人收款码和特约商户聚合码等条码支付场景，有效阻止支付机构随意伪造支付场景，阻断不法分子转移违法犯罪资金，提升支付受理终端及相关业务的风险管理水平，保障社会公众利益。

随着数字人民币新体验架构的上架和北京冬奥会面客，数字人民币基础零售功能不断完善，解决传统支付领域痛点、难点问题的创新场景快速发展。例如，积极探索数字人民币移动端SIM卡、智能设备等硬件钱包产品，打造基于近程非接和远程物联网、互联网、局域网的线上与线下离线支付工具，提供具备"支付身份+其他非支付身份"的多功能硬件钱包产品，降低对银行系统和各种App的依赖，满足非移动端的老人孩子、外籍人士、助农扶贫、抢险救灾等便捷、定向和无感支付，实现万物互联，提升多身份协同联动能力。充分运用智能合约可编程、约定支付等优势，加强端侧、云侧智能合约平台建设，打造住房资金监管、农产品定向收购、助农补贴发放等资金追溯和定向支付场景，有效解决行业资金追溯难、农户资金易被挪用克扣、资金使用情况难以监督等实际问题，撬动政府合作机会，提升"三农"服务能力。如中国农业银行在成都宝山村，打造数字人民币服务乡村振兴的封闭场景，为乡村市场提供可复制的应用模式。一是人员全覆盖：从村委会到村集体、商户，再到村民、集团员工、游客，基本实现数字人民币全参与。二是功能全应用：在全村共计72个场景，加载数币支付结算、准账户硬钱包等，涵盖村民生活、企业生产、游客消费、公共事业等多个领域。三是生态全闭环：通过集团及村委工资代发、定向红包等，从源头引入数字人民币，解决"钱从哪儿来"的问题；打通门票、酒店、商超支付受理，通过对接天府通 App 开通公交医疗一体化支付等，解决"钱到哪儿去"的问题，基本实现资金闭环。

（三）数实融合：开启移动金融发展新征程

5G、AIoT（人工智能物联网）、AR/VR（增强现实/虚拟现实）等新技术的发展和应用，催生了"元宇宙""全真互联网"等概念，揭示了可能的数实融合趋势。虽然这些新概念对移动金融未来的影响尚不明朗，但物理与数字世界双向、深度融合的进程已开启。2021 年作为"元宇宙"概念提出的元年，已开启了移动金融发展新征程。

2021 年，《中华人民共和国国民经济和社会发展第十四个五年规划和 2035 年远景目标纲要》将虚拟现实和增强现实产业、5G 等基础设施建设列为数字经济重点产业，发展虚拟现实整体行业解决方案等。国家层面在对新型现代产业体系的发展指明方向的同时，为移动金融的发展指明了方向。

今天，我们不能给出"元宇宙"确切的愿景或答案，但"元宇宙"传达的不只是 AR/VR 这种"虚拟技术"，还揭示了数实融合的发展趋势。这种趋势是物理与数字世界的双向、深度融合，包括数字与实体经济融合、数字与社会生活融合、数字与现实身份融合等。

数实融合的大门正在缓缓打开，如何提供沉浸式的金融服务需要很长时间去探索。

二　金融科技发展驱动移动金融转型升级

（一）边缘计算支持移动金融端上智能化

根据《"十四五"智能制造发展规划》的目标，到 2025 年规模以上制造业企业基本普及数字化，重点行业骨干企业初步实现智能转型，智能制造装备国内市场满足率超 70%。一组来自国际数据公司（IDC）的数据显示：2025 年全球物联网终端连接数将增长至 1000 亿台，超过 70% 的数据和应用将在边缘产生和处理。随着物联网的兴起，终端设备的数量以势不可挡的速度持续增长，这给当前主流的云计算模式带来了巨大压力。云计算（中央计算）模式下存在的高延迟、网络不稳定和低带宽等问题，成为新时代的痛点。在此背景下，能够就近提供智能服务的边缘计算成为热门技术，将与云计算协同提供更加高效的计算能力，为各行业数字化转型提供更加高效、智能、安全的支撑服务。

边缘计算有3个显著的特点。①低延迟，计算能力部署在设备侧附近，设备请求实时响应；②低带宽运行，工作迁移至更接近用户或是数据采集终端的地方，尤其是当边缘节点服务减少了向中枢发送大量数据处理的请求时，能够降低站点带宽限制所带来的影响；③隐私保护，数据本地采集、本地分析、本地处理，有效减少了数据暴露在公共网络的机会，保护了数据隐私。

在传统银行网点向智慧网点的转型过程中，边缘计算与5G、云计算、人工智能等技术深度融合，爆发巨大的创新潜力，催生新型服务模式和金融产品，全面提升服务水平。

在智慧网点建设中，基于边缘计算的人工智能物联网是一个重要的技术方向，即基于"终端—边缘节点—云端"三层链路，将智能推理从云端下沉到边缘节点。其中，摄像头、互动大屏等终端设备负责感知和采集用户行为及周围环境的数据，边缘节点基于云端下发的模型对用户和环境变化进行推理、决策，云端则进行复杂的模型训练和持续优化。基于上述闭环，可实现客户身份识别、流量监控、用户行为分析、轨迹跟踪、热点区域分析、网点设备智能管控、抵质押物全流程跟踪、金库智慧化管理等创新应用。对于进入网点的客户，可通过智能摄像头识别客户身份，在边缘节点可智能推测客户偏好，实时推送至客户经理，实现智能引导、个性化产品或服务的精准推荐，有效提升服务质量和客户体验。

基于上述基础技术的框架，可被扩展应用到银行风控、运营、营销、安防等方方面面的智能化。目前各大商业银行正在积极探索边缘计算、物联网、人工智能等技术在智慧银行建设中的落地实践。例如，中国农业银行在客户身份识别、客流统计等方面进行了创新探索，大大提升了网点营运水平、优化了客户体验；中国工商银行基于"金融+科技+生态"的思路推出新一代智慧体验网点，致力于打造"一点触达、全面响应"的场景化、社交化服务体验及高效合规的智慧化业务体验；中国建设银行基于人工智能和物联网等技术推出了网点智能识别体系，在智慧运营和营销方面取得了创新突破；招商银行则通过打造智慧巡检引擎建立了全方位、全天候、立体化的智慧银行安全防范体系，实现了更加智能、便捷、安全的金融安防服务。

在数字化转型的时代背景下，智慧网点的未来已来，边缘计算作为其中的基础技术必将发挥重要的助力作用。银行业应牢牢抓住这一机遇，加强边缘计算的研究及其与人工智能、大数据等的融合应用，打造坚实的基础技术平台，探索其在营销、运营、风控、安保等领域的扩展应用，共同推动银行业踏上数字化转型的新征程。

（二）轻量级应用已成为存量时代的流量深耕利器

截至 2021 年 1 月，QuestMobile 最新数据显示，中国移动互联网用户规模已达 11.74 亿，2021 年 5 月增速首次出现负增长（月活跃用户数同比下降 0.1%），在流量红利枯竭背景下，以各平台小程序为代表的轻量级应用保持良好发展势头，成为存量时代的流量深耕利器。过亿用户的头部平台中，六成已经布局轻量级应用。在轻量级应用的流量加持下，更多应用突破亿级以上用户规模，除此之外，多场景下的生态流量发挥渠道优势，流量获取增速表现亮眼，带动整体应用规模的提升，个别应用场景下，轻量级应用的流量增速已经超越了主 App。

自从 2017 年微信推出首个轻量级应用——微信小程序以来，轻量级应用引起了流量竞争者的高度关注，各大互联网巨头、手机厂商不约而同地认识到轻量级应用的巨大潜力，积极推出各自的轻量级应用，支付宝、百度纷纷布局自己的小程序生态，各大手机厂商也联合打造快应用平台。经过四年的飞速发展，尤其是新冠肺炎疫情出现之后，轻量级应用规模呈现爆发式增长，这离不开轻量级应用的四个特点。一是场景碎片化。对于低频场景市场的碎片化需求，轻量级应用可以替代 App，成为接触新用户的前置场景，降低用户使用产品的成本和企业获客成本。二是平台赋能。通过多个平台开放自身用户与生态，轻量级应用在场景下提供运营工具，帮助完成客户的获取、留存与变现。三是沉淀私域用户。基于人际关系、人地关系，再加上平台的品牌效应、信用背书和流量规模，企业获客成本降低，沉淀属于自己的品牌私域用户。四是连接线下。线下店铺、交通、休闲娱乐与新型智能场景结合，将线下触点数字化。

基于上述精准切中要害的特点，轻量级应用具有多渠道、驱动应用整体增长、业务探索、高效运营、数字化升级等众多价值。①多渠道价值，保持增长的应用中，轻量级应用展现出多渠道价值优势，尤其是在本地生活、购物及出行领域，其已经成为重要的流量渠道；②驱动应用整体增长，轻量级应用对于流量的获取更加高效，应用整体复合增长率表现强势，驱动应用整体增长；③业务探索，轻量级应用为探索开展新业务提供更多途径，整体推进业务发展；④高效运营，多产品布局的轻量级应用，能实现更多元用户群体的覆盖，也为主 App 带来更高效的运营场景；⑤数字化升级，轻量级应用已成为流量运营的重要工具，可助推多领域加速数字化升级。

《QuestMobile 中国移动互联网 2021 年度大报告》数据显示，2021 年 1 月，微信拥有 9.84 亿用户、支付宝拥有 7.70 亿用户、百度拥有 5.56 亿用户，其对应小程序数量分别为 300 多万个、200 多万个、40 多万个；同时快应用也已经实现 10 亿多覆盖设备数、5 亿多月活跃用户数、40 亿多月打开次数，在全球超过 170 个国家或者地区上线。

随着轻量级应用生态的逐步建立，现有的互联网金融服务模式和格局也在发生改变。四大银行分别在资讯、服务、功能性产品等领域，推出小程序，通过小程序做好大金融场景下的微服务。农行在业界率先推出农行微服务小程序，专注于新用户转化，并支持网点预约、实时取号、信用卡申请、我的礼券、无感支付、生活缴费等服务；工行发布的工行服务小程序支持银行网点和自助银行 LBS 信息查询和定位、业务预约办理、账户信息查询等服务；建行上线的建行微银行小程序提供网点查询、实时取号、预约开户、预约取款等服务；中行推出的中行微服务小程序提供排队取号、周边 ATM、周边商户等网点服务，以及贷款申请、额度评估等贷款服务。

以金融科技为核心竞争力的大型商业银行，将互联网思维植入手机银行的设计,力争将手机银行打造成为超级应用(Super App),并快速构建基于手机银行的金融小程序生态。工行手机银行通过工行微应用提供环球通、工行北京等小程序,建立开放共享和无界银行两个生态;建行手机银行通过建行微应用提供云宠物、网点导航、党建层层叠、手机充值等小程序,建设开放共享新兴平台;招行手机银行布局招行小程序,先后引入顺丰快递、高德打车、沃尔玛在内的 130 余家合作机构,涵盖生活便民、出行、政务、民生、商超等生活服务场景。

银行应用金融科技不断提升其移动端金融服务能力,通过小程序拓展产品和服务的应用范围、支持外部合作场景、支持分行本地化业务快速接入,使得小程序开放能力越来越强,小程序应用场景越来越丰富,用户体验越来越好,"不分地域、不分夜昼、一机在手、服务尽有"的银行服务理想正在变成现实。

随着 5G 等基础设施的建成和投入使用,同样具有轻量级应用特点的 5G 消息慢慢呈现在互联网场景生态中。5G 消息的本质是富媒体通信套件项目,在 5G 移动互联网环境下,电信运营商提供的短信业务将全面升级为富媒体消息业务,包含语音、图片、视频、动画、表情、位置等多媒体形式的信息。5G 消息由电信运营商直接发布并管理,用户无须下载 App。因此,5G 消息也被看作轻量级应用的"后起之秀"。

2020 年 4 月,中国电信、中国移动、中国联通携手 11 家合作伙伴共同发布《5G 消息白皮书》。2020 年 12 月,《5G 消息 总体技术要求》《5G 消息 终端测试方法》等一系列细化标准报批,互通互测工作全面启动,众多领域的商业应用探索广泛开展,国内运营商短信业务向 5G 消息升级,实现文字、图片、音频、视频、位置等信息的有效融合,快捷实现商务、支付等信息与交易服务。5G 消息应用发布伊始,国有大行、股份制银行、城商行、农商行都在积极布局 5G 消息技术应用,以此发展更加简易、便捷、安全的数字金融业务。北京银行早在 5G 消息应用发布同月便官宣开始研发搭建 5G 消息平台。随后中国工商银行联合中国移动发布《5G 时代银行创新白皮书》,其中多处提及基于 5G 消息平台的金融业务的发展设想,并于 2020

12月面向部分客户试点推出5G消息服务，涵盖投资理财、办卡、贷款、缴费、智能客服、网点预约等20余项应用场景。进入2021年，中国农业银行、中国建设银行、交通银行、平安银行、中国民生银行等着手布局5G消息相关银行业务。同时公开信息显示，中信银行、河北银行、上海农商行等也开始5G消息平台相关基础设施招投标工作，或已开始平台建设。值得一提的是，随着数字人民币试点工作在各省区市不断推广落地，一些银行开始在5G消息平台上线数字人民币钱包等应用。2020年9月，中国银行联合中国联通测试上线5G消息数字人民币交话费、商城购物等功能；同时中国工商银行联合中国移动共同发布了基于5G消息的数字人民币钱包。

银行开展5G消息的优势主要有：富媒体消息对丰富营销手段、提高银行客户转化率有一定帮助；客户从此无须下载App也可进行业务办理，便于银行提高获客效率；5G消息采取加密方式传输使用更安全，5G快速传输的特点也可以为其带来巨大的发展空间。因此，未来银行业有可能是5G消息应用最广泛的行业之一。后续，5G消息想要在银行业全面商用，还需要解决运营商互联互通、5G消息运营模式、制定金融行业应用标准、推进产业链成熟等多个方面的问题，仍需要行业各方协同共建。随着5G消息的不断商用和普及，未来C端及B端企业用户需求将打开5G消息的更大的市场空间，带来行业景气度不断提升。5G消息有望成为5G应用最先普及场景，进程有望超预期。

随着移动互联网增量红利的逐渐退去，用户对App的兴趣正在呈现下降的趋势。后App时代悄然而至，手机银行App也出现了增长乏力的情况，开发和推广成本不断攀升，应用逐渐轻量化。未来借助人工智能、大数据、5G的赋能，轻量级应用与场景融合会进一步加深，App将出现更多的一体化、数字化和生态化运营平台，给用户带来更优质的使用体验，做到用户需要时即在，真正实现服务的无处不在和无感而在。

三　数字银行建设成为银行转型的焦点

数字经济时代，线下金融业务收缩，第三方支付完胜了流程复杂的网上银行，移动支付 App 取代了银行卡成为线下支付的主要工具，推动了银行离柜交易的大幅度提升。2020 年，我国银行业平均离柜率已经高达90.88%，金融服务对网络已经高度依赖。特别是新冠肺炎疫情突袭而至后，"非接触银行"服务加速了银行数字化转型。为适应数字经济市场环境变化，银行数字化转型已进入战略加速期。银行数字化转型的核心就是金融服务的开放化和智能化，银行通过开放金融服务和构建金融生态的能力，利用新技术将金融产品和服务无缝融入数字经济发展的各个环节，建设生态圈银行，全方位打造场景金融。

（一）开放银行建设为银行数字化转型加速提供了平台基础

国内开放银行发展主要由科技发展及市场变化驱动。以人工智能、云计算、区块链、大数据等为代表的技术进步，催生了一批金融新业态，产品和服务交付模式的变化正不断倒逼传统行业转型升级，转变客户需求，金融业内外部竞争加剧。银行因其业务相对低频的特点，无法在流量上比肩各类高频互联网应用，所以很难凭借银行业务本身来打造生态、获取流量，再转化为金融价值。为了打破获客瓶颈，银行业开始通过开放银行策略来推动传统金融转型升级，借助互联网资源进行线上获客与活客，从而提升金融产品和服务输出能力、增强金融服务实体经济能力、加强自身品牌建设。开放银行的建设主要依赖对银行产品、渠道、流程、系统，甚至是内部治理、组织架构、管理框架的全面数字化改造，是银行数字化转型的更高阶段。依托开放银行平台，商业银行整合内部资源，以数字化的形式对外输出标准化的产品、服务，以多种技术手段（如 API、SDK、H5）延伸数字化产品分销渠道，以大数据推荐、在线互动、远景协同的方式赋能数字化营销，引入多元服务提供商共建场景生态，实现跨界服务融合，为用户提供融入生产生活的场景化服务，数字化程度和能力有了极大提升。

（二）全面构建场景生态拓宽了银行业服务半径

在互联网金融的冲击下，银行围绕线上流量及流量的价值，纷纷着手场景布局，内建平台，外接流量，通过"走出去+引进来"融入场景生态，外拓服务。一方面"走出去"，通过开放银行支撑、提供技术服务等将自身金融服务输出到合作方平台。例如，中国农业银行聚焦政务民生、消费零售和产业链三大类场景，加强场景金融服务建设。在不断扩展开放银行平台产品集合的基础上，坚持"以场景带产品，以产品促场景"，创新金融产品和服务模式，实现产品开放与场景应用的有效衔接。通过自建、共建、他建三种模式，支持系统化敏捷化打造开放银行行业应用，逐步构建起智慧政务、智慧城市、智慧医疗、智慧校园等场景生态体系。另一方面"引进来"，在手机银行App打造"场景生态"入口，通过建设高频场景吸引流量，增加自身App获客、活客、留客的能力。例如，中国银行最新发布的手机银行App 7.0版本，就引入了衣、食、行、娱、学等方面的优质合作商户，贴合青年群体经济用户消费行为，为其提供在线购物、美食外卖、交通出行、影音娱乐等场景生态服务，并引导用户绿色、健康消费，筹建绿色出行专区、上线垃圾分类游戏等"共享"场景，宣传适度节约的低碳生活新理念。

（三）新技术应用助推线上线下金融业务深入融合

例如，中国农业银行依托"开放标签跳转App"技术在业内首创了"微信'掌银收银台'"业务，实现了微信与App的联动，解决了微信到手机银行（掌银）需要通过浏览器和"应用宝"等多步操作的难题，全面打造了"微信+掌银""前店后厂"业务新模式，实现了微信公众号、小程序到农行掌银功能模块的一键跳转。微信公众号、小程序上或微信好友分享的产品或服务，可通过"微信'掌银收银台'"一键直达掌银购买或支付。

四　移动金融监管体系及安全技术逐步完善

（一）移动金融监管制度规范

2019年9月，中国人民银行发布《移动金融客户端应用软件安全管理规范》，拉开了移动金融App强监管的大幕。随后《个人金融信息保护技术规范》《网上银行系统信息安全通用规范》等规范的出台给行业画定了后续发展的底线。

同时，中国互联网金融协会（以下简称"互金协会"）为方便广大金融消费者查询、下载并使用安全可信的金融客户端软件，上线了移动金融可信公共服务平台（Mobile Finance Trusted Public Service，MFTPS）。在互金协会移动金融客户端应用软件备案平台完成备案的客户端软件都将同步在移动金融可信公共服务平台予以发布。至此，移动金融 App 监管体系已经初步成型。

根据《移动金融客户端应用软件安全管理规范》和《金融科技（FinTech）发展规划（2019—2021 年）》，2019 年 12 月，互金协会召开金融业移动金融客户端应用软件备案管理工作试点启动会议，开启了备受瞩目的客户端软件备案试点工作。今后，金融 App 测评、认证、备案将是其上市的必经之路。备案主要在 App 相对静态时进行检测，关注的更多是 App 自身的组件、代码、数据。备案工作主要通过互金协会专门建设的移动金融客户端应用软件备案平台完成。

在中国信息通信研究院发布的《数字金融 App 安全观测报告（2020年）》中，报告团队对 25392 款金融行业 App 进行扫描，共计检测出1861160 条漏洞记录，涉及 63 种漏洞类型，其中有 21 种高危漏洞；共有22884 款 App 存在不同程度的安全漏洞，占比由 2019 年的 73.23% 提升至90.12%，且高、中、低各等级安全漏洞占比均有明显提升。在当前这个App 版本快速迭代、安全攻击手段日益多样、风险漏洞不断出现的时代，光有备案不能满足用户的安全需求，因此实时监测就得显得十分重要。目前移动金融客户端应用软件备案平台使用的是金融科技应用风险监控平台，该平台具有风险监控、备案情况监测、个人信息保护监测、钓鱼仿冒监测、舆情信息监测、投诉举报监测等多种功能。

我国的金融科技起步较早，移动金融业务飞速发展的同时，凸显了一些问题，包括支付机构渗透金融领域，提供保险、小额信贷、基金等多种金融产品，提高了金融风险跨产品、跨市场传染的可能性；大型金融科技公司"赢者通吃"的属性可能会引发市场垄断、降低创新效率等。监管部门也在努力平衡鼓励发展和防范风险的关系。一是坚持金融活动全部纳入金融监管，金融业务必须持牌经营；同时要求支付回归本源，断开支付工具和其他金融产品的不当连接。二是强化反垄断，出台《关于平台经济领域的反垄断指南》，推动大型互联网平台企业开放封闭场景，充分保障消费者支付选择权。三是落实审慎监管要求，完善公司治理，确保公司合规开展互联网存贷款、保险、基金等业务。

随着数字经济日益成为国际竞争的制高点，数据安全治理、数据安全保护立法也成为大国竞争和争夺数字经济领先地位的重要标志。从全球范围看，近年来，数据安全形势日益严峻，损害个人隐私，攫取、破坏和滥用数据资源现象时有发生，严重危害社会公共利益乃至国家安全。许多国家都认识到数据安全的重要性，逐步开始实施相关法律，加大数据安全治理力度。同时，数据安全保护等方面的国际合作也在不断加强。

为此，我国于 2021 年 9 月 1 日正式实施了《中华人民共和国数据安全法》（以下简称《数据安全法》），这是中国实施数据安全监督和管理的一部基础法律，其根本目的就是要提升国家数据安全的保障能力和数字经济的治理能力。《数据安全法》与已实施的《中华人民共和国网络安全法》《中华人民共和国密码法》及之后实施的《中华人民共和国个人信息保护法》相辅相成，共同构成了中国数据安全的法律保障体系，成为数字经济持续健康发展的坚实"防火墙"。

《中华人民共和国个人信息保护法》自 2021 年 11 月 1 日起施行，对金融行业，尤其是移动金融领域，有着很大的影响。不言而喻，金融和数据密不可分，数据安全与信息保护的意义在移动金融领域尤为凸显。在这一背景下，提升个人金融信息保护能力已成为迫在眉睫的任务。当前，基于个人信息保护的一些基本理念，金融机构已经在进行整改和调整。在具体金融科技方面，个人信息保护可以通过数据库安全的技术手段实现核心数据加密存储，通过数据库防火墙实现批量数据防泄漏，也可以通过数据脱敏实现批量个人数据的匿名化，通过数字水印实现溯源处理，提升金融机构个人信息保护能力。

（二）移动金融安全技术创新

随着移动互联网和智能手机行业的快速发展，移动金融成为互联网金融最具成长力的组成部分。同时，其涉及的系统和信息的安全问题越来越突出。一方面，手机等移动智能设备已深入人们工作、学习、生活的方方面面，其业务应用越来越多地涉及商业秘密和个人隐私等敏感信息。另一方面，包括移动支付在内的移动金融涉及互联网服务端和移动用户终端之间的信息互联，需要传统互联网安全的防护，银行在推进移动金融的同时，更需要加强信息安全的防护和建设。

当前网络上针对移动端的攻击时有发生，为了确保业务安全，网络安全技术取得了快速的发展，成为保护移动金融发展的重要屏障，相关安全创新应运而生。

1. 创新的云安全平台

通过网络提供云框架结构的 IaaS（基础设施即服务）、PaaS（平台即服务）及 SaaS（软件即服务）的专业搭建开放式创新云计算平台的平台工具，实现安全防护，可以有效保护云用户的信息安全。

云计算本身的安全取决于传统信息安全技术。云安全技术包括云基础设施安全、数据安全、认证和访问管理安全以及审计合规性等。面对云安全，如何构建和管理"安全云"环境是最重要的。管理云计算中复杂的虚拟化环境，实现多类型安全设备的日志管理和事件分析，部署虚拟化环境下的安全策略，完成安全策略自动分发、动态调整等都是对云安全平台创新的需求。

传统信息安全技术需要适应云计算的虚拟化、资源共享等特点。采取技术创新，从被动转向真正的主动防御，成为云安全平台新的发展方向。

2. 检测响应、主动防御的安全模式

目前，信息安全形势日趋复杂，网络攻击事件频频发生，越来越多政企客户的安全观念开始转变，并逐渐认识到对网络攻击的防御要由被动走向主动，尤其是安全建设、整改要以设想边界失效、PC 终端沦陷等威胁为前提。

咨询公司 Gartner 认为检测响应不仅是指终端，整个检测响应项目还包含：面向日志的检测与响应、面向端点的检测与响应、面向网络的检测与响应、面向欺骗的检测与响应、面向运营的检测与响应。由此，政企客户将逐步进入以检测响应为主的主动防御安全模式。网络安全产品将通过统一的威胁检测框架，帮助客户进行多维度、多位置和更加全面的检测，进而实现对威胁的自动响应和统一编排。

网络安全防御体系更加需要对未知的威胁具有检测、预警、快速响应和处置等主动防御的能力。因此，安全态势感知技术才会应运而生。它不仅能够为客户提供全局式、整体化的安全体系，还能为客户构建起"可评估、可预测、可感应、可管控"的"安全大脑"。

第二节　移动金融创新应用案例

一　中国农业银行"移动开发平台"助力线上经营发展

注重数字经济，构建生态平台，金融竞争的主战场已转至移动端，"移动引领"战略逐渐成为金融行业的主旋律。"农行掌银 App"是中国农业银行推出的一款移动金融应用程序，不仅承担着银行线上流量入口的重任，还是数字化核心能力的展示窗口。中国农业银行提出"建设新一代智能掌上银行"的战略，紧随最新技术动向，将农行掌银作为"数字化转型"的重要内容和主要战场，这对掌银的应用性能、研发模式、生态建设等提出了更高的要求。中国农业银行聚焦提升用户体验和建设手机银行新生态，积极探索移动端新技术，推动银行业务变革和用户体验升级。

（一）待解决的问题

随着掌银交易量的不断攀升，适应移动端快速发展的业务成为其面临的新挑战，需要从研发效率、用户体验、安全、移动端生态体系拓展建设、新技术探索等移动端技术体系的核心领域全面提升，而中国农业银行掌银系统旧有研发平台的问题逐渐凸显。

技术架构亟待优化。旺盛的移动端业务需求要求银行投入大量研发力量，但旧平台不支持多团队并行开发，这严重制约移动应用整体研发效率的提升；客户端存在交易速度慢、卡顿、卡死等现象，背后的原因是旧平台不支持离线加载，每次使用都需要从服务端加载整个页面内容的数据，导致客户端运行效率低，网络通信效率低，整体交易速度慢，客户体验差。

研发配套需要完善。旧平台缺少自动化测试工具，缺少兼容性测试、稳定性测试、性能测试等测试工具，导致客户端 App 完全依靠手动测试来保障质量，效率低且保障率低；不支持自动构建，需要手写代码集成、手动构建，效率低易出错；不支持增量发布，每次构建都必须全量构建，时间长，成本高。

运维能力有待加强。旧平台发布策略不灵活，不能按照地域、操作系统、机型等多种维度控制灰度发布范围，不能充分验证发布环境；不支持原生功能热更新，手机原生平台的问题只能通过发布新版 App 的方式修复，时效性低；问题分析诊断能力欠缺，缺乏全面、实时的监控分析和问题诊断。

新技术发展乏力。旧平台使用 Lua、Erlang 等非主流开发语言，学习资料少，学习成本高，组建开发团队困难；旧平台框架也因为长时间没有较大规模的更新，而跟不上日新月异的移动互联网技术发展，不能继续支撑新业务的需求。

（二）解决方案

为解决上述问题，同时避免平台升级期间影响业务发展、降低平台整体切换带来的运行风险，中国农业银行在业内首创"先框架融合，再分批迁移"的实施方案，攻坚克难实现了新旧框架的完美融合，保证了在全部业务正常运行的前提下，基于新框架分批次迁移业务。

新平台是中国农业银行基于蚂蚁金融云 mPaaS 平台搭建，前后端实施应用解耦，前端从传统应用升级为微应用，服务端基于太行平台构建分布式服务。新平台提供移动网关、发布服务、数据同步、消息推送、监控分析、微应用管控等多项服务，为软件研发、测试、投产、运营全生命周期提供了强大的技术支撑，有力地支撑了中国农业银行亿级客户体量的掌银生态，为掌银等移动 App 提供全流程解决方案，打造智能化银行系统。

新平台主要具备以下几个特点。

1. 用户体验标准化

先进的技术架构。农行采用业内领先技术构建了安全、稳定、快速、弹性的移动应用平台，支持多个业务团队并行共建掌银生态，促进掌银研发从工具型向业务支持型转变，从单体应用向模块化、智能化、容器化转变，运营目标从对客交易移动化、互联网化向支持智能化运营、支持业务创新转变。

开发组件深度定制。新平台采用深度定制的 Web 容器，可确保新版 App 运行更稳定、更流畅，并且安全性也强于系统原生容器；研发团队基于农行用户体验标准打造掌银组件库，提供了 70 多个 UI 构件、200 多个客户端组件以及众多服务端组件，并提供了统一的开发规范，新业务功能可在页面构建和流程串接方面实现"积木式"组装，极大地提升了业务功能的研发效率。

极致性能优化。新平台采用启动流程按需加装所用组件、线程流水线作业、统一线程池管理等手段重构客户端框架；通过按需加载、延迟加载、动态降级等手段进行线程治理；采用热启动、白名单、进程唤醒、代理等方法对进程加固保活。另外，新平台在基础模块调优、系统机制利用方面实现了技术突破，在内存、存储、流量、电量、性能等五大方面均有实质性改善。

2. 产品上线敏捷化

一平台多频道协作模式。新平台的研发模式由单一团队研发进阶为一平台多业务频道并行研发，按照不同业务频道可将掌银功能分为存款频道、贷款频道、投资理财频道、信用卡频道、转账支付频道等，每个频道由独立的团队负责研发，最终由平台团队负责平台建设和各频道协同；多个业务团队基于统一的 UMAP 平台进行应用发布和管理，基于统一的管理中心进行应用创建和权限管控，基于统一的开发框架和公共组件进行产品研发。

具备敏捷交付能力。基于新平台的掌银系统成功通过 DevOps 能力成熟度模型三级评估，需求交付周期为 8 天，单元测试覆盖率超过 80%，接口测试覆盖率为 100%，构建修复时间为 5 分钟，构建时长为 5 分钟，千行代码 Bug 率为 4%，投产频率 4~8 次/月；需求、开发、测试、部署、运维全流程具备敏捷研发模式下的自动化持续交付能力。

支持小程序生态。小程序是一种全新的开放模式，它运行在基于农行新平台框架的客户端上，无须下载和安装，可以被便捷地获取和传播，可提供更优的用户体验。新平台通过 UMAP 框架可以将小程序生态内的数千个生活场景相关服务集成进掌银 App，为用户提供多样化的基于各种生活场景的便捷服务。

3. 运营模式智能化

智能化运营模式。新平台以"领域分工、团队协作"的指导思想实现专业化、一体化业务运营，支持不同技术和业务团队负责运营掌银不同频道；支持在统一规范、统一流程、统一对客营销、统一产品服务的基础上，结合农行数字化转型优势，为客户提供一致且好用的掌银服务。

个性化服务能力。新平台在丰富客户画像信息、细化客群划分标准之后，按照地域、机型、网络等多维度发布和更新微应用，通过选择合适的用户触点、触达方式，在合适的时机触达特定客群，为不同的客群提供差异化服务，提升"千人千面"个性化服务能力。

精准化移动分析。新平台依托移动分析能力，通过客户端埋点实时采集 App 数据，通过分析客户端流量、性能质量和用户行为等多种指标，帮助业务运营人员利用数据进行产品运营、推广方案的决策，制定面向不同客群的培养方案和激励策略，建立健全精准经营模型，达到通过数据知道业务的目标。

（三）案例应用实践及效果

中国农业银行全新的开发平台提供移动研发全流程技术支撑，能够大幅提升研发效能，缩减需求响应时间，节省人力成本，满足快速迭代需要，保障业务功能快速上线。新平台的技术架构能力已能对标先进互联网公司，可支撑业务未来发展，具有灵活扩展业务功能，能够满足用户多样化需求。

升级新平台之后，农业银行掌银的交易量与月活跃用户数都有较大增长。截至 2021 年 8 月底，掌银日均交易量由 1.8 亿笔增长为 4.23 亿笔，同比增长 135%，日均交易量飞速攀升；掌银月活跃用户由 6451 万增长为 1.32 亿，同比增长 105%，增长速度同业领先；同时带动金融产品交易量增加，推动资产管理规模提升至 6.71 万亿元。

依托升级后的新平台，中国农业银行准确把握数字化社会"一部手机走天下"的历史进程，全面顺应金融服务数字化、移动化、开放化、智能化的发展要求，履行大行责任，体现大行担当，维护金融秩序稳定。

二 中国农业银行"微信'掌银收银台'"助力线上经营发展

随着移动互联网的飞速发展，银行传统的"产品经营模式"已经过时，数字经济成为新业态和主趋势，"引流量、建平台"的互联网商业模式逐渐成为主流，移动端 App 成为各家商业化平台建设的主要阵地，同业竞争日益激烈。但平台化的战略重点是经营市场和客户流量，而金融服务低频的特性导致金融行业采用此战略不占优势，平台化建设始终无法突破流量瓶颈，银行业 App 的流量与头部 App 无法等量齐观。

目前微信活跃用户超过 12 亿，庞大的客户群体和流量资源已成为"兵家必争之地"，商业银行纷纷上线了各自的微银行，为客户提供方便快捷的金融服务，但微信与各家掌银 App 之间联动不畅，存在客户流失率高的问题。中国农业银行积极探索解决途径，在业内首创"微信'掌银收银台'"解决方案，实现微信公众号、小程序，"一步直达"掌银 App，为微信客户提供了一种全新、快捷的支付方式，实现了农行产品营销和支付的交易闭环，显著提升了客户"所见即可购"的使用体验。

（一）待解决的问题

为了实现"农行服务无处不在"的战略目标，中国农业银行长期践行"走出去""引进来"的策略。一方面尽可能多地在互联网渠道投放产品，另一方面采用多种策略引导客户回流掌银。然而在流量日渐枯竭、竞争愈加红海化的时代，酒香也怕巷子深，掌银内再好的宣传和优惠活动，掌银之外的客户也无法得知，中国农业银行面临获客和活客的流量瓶颈。

为了顺应线上获客活客的大趋势，中国农业银行紧抓拥有 12 亿客户的微信生态圈，投入大量资源建设微银行，目前微银行已经成为农行线上营销、获客的重要渠道，对农行掌银发挥着重要的引流作用，进一步提升了掌银主渠道的经营能力。微银行的建设初衷是"通过产品、服务的输出实现客户引流"，但实际建设过程却并不顺利。

微银行页面主要为 H5 形式，与 App 相比较安全性较低，重要交易在微信投放引发的安全风险需要审慎评估；同时，农行掌银已基本实现了行内产品的全覆盖，基于建设成本、第三方平台安全性等，微银行目前尚未实现产品全覆盖。如果微银行能快捷地调起掌银中的特定功能，则可直接联动并复用掌银的功能，从而可避免重复建设，降低风险。因此，将重要的客户和交易从微信渠道引导到掌银中提供安全有效服务是最明智的策略。

然而受制于微信平台与第三方 App 的联动方式，微信渠道与掌银之间存在收银堵点，给产品输出和系统建设带来困难，线上获客活客效果严重打折。客户从微信跳转至掌银需要通过浏览器和腾讯"应用宝"等四步操作，链路长、体验差，微信客户无法一键直达农行掌银，客户流失率高达98.2%，导致陷入"只开花不结果"的困境，社交营销与产品购买的"最后一公里"始终无法打通。除此之外，由于缺少客户行为反馈数据的收集途径，微银行无法为各应用和营销活动提供数据驱动的优化。

（二）解决方案

"微信'掌银收银台'"是农行科技与产品管理局提出的解决方案，该方案依托腾讯最新提供的开放标签能力，结合农行掌银已经具备的功能入口，实现了微信内 H5 页面一键直达掌银对应功能页面的目标。一举将掌银的入口开放到互联网渠道，实现了掌银生态的开放化。

从技术层面来看，传统引流模式大多基于手机操作系统自带的DeepLink 技术，这是一种通过 URI 链接到 App 内特定位置的跳转技术，不但能通过网页、其他 App 等打开目标 App，还能达到利用传递标识跳转至不同页面的效果，随着手机系统的迭代发展，在此基础上又衍生了UniversalLink、AppLink 等新技术，它们解决了安全性和兼容性的问题，是当前最常用的调起 App 的技术。微信基于手机操作系统的 Link 技术，推出开放标签能力，支持微信内 H5 页面跳转 App，农行随即与微信展开合作，将"微信'掌银收银台'"方案开发上线，面向全农行应用输出"一键跳转掌银"的基础服务能力。该解决方案具备以下三个核心优势。

快：一键调起掌银，省去了浏览器中转或主界面切换等烦琐步骤，将传统的 3~4 步点击操作压缩到 1 步。

易：分行人员无须了解 URL Scheme、应用宝等机密规则，只需在运管平台按照引导录入掌银功能菜单即可完成配置，生成跳转链接，对没有技术背景的业务人员非常友好。

达：支持掌银具体功能的直达，将掌银层级菜单扁平化，缩短了客户在掌银中的操作路径；同时支持微信小程序功能的一键直达，实现了 App 和小程序的兼容。

具备了"快""易""达"三个特点的"微信'掌银收银台'"解决方案也因此被称为快 e 达平台。在快 e 达平台建设过程中，研发团队创造性地将腾讯的限制转化为平台数据统计、安全管控的扎口，主要包括：①业务管控，总、分行各应用均在运管平台进行申请，由总行审核批复后可接入快 e 达平台实现跳转；②安全管控，总、分行系统调起掌银时，均需先跳转至快 e 达平台的公共组件，由公共组件进行产品有效性确认、安全校验、参数加密和解密，防止掌银敏感信息泄露；③数据统计，快 e 达平台的公共组件对曝光量、引流量进行统一记录，将分散在各分行、支行的数据汇总，形成全行级掌银分享视图，帮助指导掌银生态体系建设，实现产品优化。

快 e 达平台在达成了"微信'掌银收银台'"解决方案之后，又进行了多项优化。

第一，短信渠道覆盖。除了微信渠道，快 e 达平台继续向着全渠道服务覆盖的目标建设。最初的快 e 达平台只支持微信跳转，短信无法跳转。研发中心基于手机操作系统的 Link 技术实现了短信内拉起掌银 App 的能力，并将其封装在快 e 达平台中，完成了短信渠道的覆盖。最初短信渠道中的跳转链接很长，展示效果差且外观像钓鱼短信，不仅点击率低而且增加了下发短信的成本。研发中心使用当下新兴的短链技术对此进行优化，形成了短信渠道的最佳展示效果。

第二，第三方 App 渠道覆盖。因为无法确保所有的第三方 App 都能通过 Link 技术调起掌银 App，研发中心提出了 Link 链接和口令同时提供的双保险策略，如果 Link 链接无法调起掌银 App，可提示用户使用已经复制到剪贴板中的口令主动去掌银 App 中自动跳转对应页面。至此研发中心通用性解决了全量外部渠道的调起服务覆盖问题，农行客户享受到了线上全渠道快捷进入农行掌银 App 的服务。

第三，自主定制个性化皮肤。快 e 达平台在微信中的跳转确认页面支持皮肤定制，使用 iframe 标签可以很轻松嵌入一个指定的图片，不同分行、合作商可根据自身活动需要定制不同的推荐图片，避免了千篇一律的呈现效果，让分行和合作商参与到营销活动获客效果的正向反馈循环中。

第四，建立分享奖励机制。快 e 达平台可以识别并记录对营销活动进行转发分享的微信用户，可根据分享的引流效果给予奖励，提升分享者的积极性。重要的推广活动，可借助奖励机制，带来更大的引流扩散效果。

第五，建立数据反馈中心。快 e 达平台通过对用户行为进行埋点记录，获得活动曝光量、跳转量、引流量、下载量和新用户注册量。根据这些数据，可以得到单个营销产品对掌银的贡献度，有利于形成不断优化的正向反馈循环。

（三）案例应用实践及效果

"微信'掌银收银台'"成功解决了困扰银行业多年的微信与掌银间联动不畅、存在收银堵点的问题，在推广测试使用之后，取得了良好的效果。

第一，应用数量明显增长。2021 年初，首次试点之后，共有总行的 200 多个应用、37 家分行的 1500 个应用以及数十个第三方应用完成了与"微信'掌银收银台'"的对接，有效扩充了线上经营的规模。

第二，场景类型不断丰富。微信与掌银联动场景不断丰富，从推广初期单一的缴费类场景到纪念币预约、活动营销、互动抽奖、消息服务等 10 余种场景，进一步提升了线上经营的多样性。

第三，引流效果显著提升。截至 2021 年 10 月末，已对接的应用在微信累计曝光 1489 万次，引流微信客户跳转掌银 864 万次。引流率从推广前的 1.8% 提升到 58%（提升了 31 倍），客户流失率从 98.2% 下降到 42%（下降 56.2 个百分点）。仅江苏分行扫码支付单个场景投产一年，就实现新增掌银客户约 30 万户，平均提升掌银月活客户（MAU）90 万户，带动增加中间业务收入近 20 亿元，增加商户存款近 200 亿元。

"微信'掌银收银台'"极大提升了用户体验，形成营销闭环，进一步打造出"微信+掌银""前店后厂"的业务新模式和新生态。凭借良好的创意及落地效果，"微信'掌银收银台'"入选 2021 年中国农业银行总行《数字化转型工作专报》典型案例。

后续，中国农业银行会进一步丰富"微信'掌银收银台'"的功能，持续为客户提供便捷流畅的个性化金融产品和服务，为各分行及合作商提供丰富可靠的业务支持，为掌银生态提供更多流量支持，更好地实现"农行服务无处不在"的战略目标。

三　中国工商银行提供5G消息服务

5G 作为新基建的数字底座和发展核心，已成为加快新旧动能转换、推动经济高质量发展的新引擎。中国工商银行紧密跟踪 5G 技术发展态势，积极拥抱前沿科技，于 2020 年 12 月成功试点推出 5G 消息，于 2021 年 12 月在同业中首批成功上线运营商试商用环境，在银行业中率先对外提供 5G 消息服务。

5G 消息不同于传统的纯文字短信，除支持文本消息外，还支持图片、音频、视频等富媒体形式的消息交互，用户通过手机短信消息窗口，即可快速查看银行的各类金融产品和资讯信息，办理贷款、申请银行卡等业务，银行服务将变得更加轻量化、便捷化。银行服务号展现机构认证 Logo、联络方式等信息，客户与银行间的交互信息采取加密方式传输，有效防范伪基站、短信劫持等风险，能够更好地守护客户资金和信息安全。

2020 年，突如其来的新冠肺炎疫情加快了全社会的数字化转型进程，5G 不仅成为疫情防控常态化时期经济增长的稳定器，还成为产业数字化转型的新引擎。一是 5G 产业迅速增长，为智慧金融注入新动能。中国信息通信研究院在 2022 中国算力大会上公布，截至 2022 年 6 月底，我国 5G 基站数达到 185.4 万个，5G 移动电话用户数超过 4.5 亿户，所有地级市全面建成光网城市。我国 5G 技术在基础建设、专利数、用户数等方面，均处于世界领先地位；结合 5G 的"高速率、低延迟、低功耗、高安全性"等特征，金融的场景联接和服务能力得到最大限度的扩展，实现了"万物互联、开放共享、无处不在"的金融新生态。二是 5G 消息作为"杀手级"应用，将催生全新的互联网生态。5G 消息是三大运营商以短信业务为底座进行的升级，可打破信息长度限制，直接向手机终端发送融合文本、图片、地理位置、音视频、富媒体卡片等的消息，客户无须下载 App 即可享受产品和服务，缩短了用户完成消费的路径，为客户提供了"扁平化"体验，是对以 App 为中心的移动互联网 4.0 产业的又一次升级和革新。三是加快 5G 消息的应用，是数字金融战略落地的内生要求。5G 消息生态将打破 App 间的服务壁垒，在打通电信与金融用户身份堵点后，通过手机自带的短信窗口，即可实现以用户为中心、场景化、安全便捷的金融服务供给，对于争夺 5G 时代强大话语权、率先实现数字金融战略落地、加快 5G 智慧网点建设、推动全行智慧零售业务转型发展具有重大的意义。

（一）5G 消息带来的挑战

"5G 消息"的全面推广及应用，将给工行场景生态建设、客户营销服务、安全风险防控带来新机遇，同时会对工行经营成本提出新的挑战，对建设"敏前台、大中台、强后台"运营体系提出更迫切的要求。

5G 消息生态加速银行数字化转型，对银行运营能力、评价体系和运营人才提出了更高要求。一是资源整合和精准触达能力将成为运营体系的核心价值，要以客户为中心，结合客户标签、行为、偏好，打破地域壁和部门墙，整合产品、场景和营销资源，在客户第一营销触点下实现精准服务和营销推荐，并发挥全渠道协同优势，实现客户自动化追踪和服务策略调整。二是复合型运营人才价值将进一步凸显，运营人员不仅要有 UI 交互设计、多媒体内容编辑以及视频处理的业务能力，还需要捕捉行业动态、整合服务资源、洞察客户需求，为客户提供更精准、更专业的交易金融服务和顾问咨询，实现"人、财、物"精准匹配，提升综合贡献。

全新的 5G 消息收费模式给工行成本核算和控制带来了新变化。据了解，电信运营商初步计划采取对 B 端企业收费、对 C 端客户免费（除流量费外不收取其他额外费用）的策略，相比现行短信模式有较大变化。因此，在设计 5G 消息场景时，需结合业务需要最大限度利用 5G 消息特性，争取"一条多得"。例如在余额变动、业务提醒等同一条下行短信中，进行尾随营销，节省再次向客户发送短信的费用。另外，客户点击 5G 消息进行互动，会增加富媒体交互成本，但服务效果会更好。工行需加强与电信运营商的沟通，就商业模式进行详细洽商。

（二）解决方案

对于发展 5G 消息带来的挑战，中国工商银行，一是密切关注技术动向，在运营商发布《5G 消息白皮书》后第一时间向行领导汇报，获得高层指示；二是组建多部门跨机构专班，在业务场景设计、行内外系统对接改造、运营维护支持等多方面工作中明确分工，安排专人持续跟进 5G 消息建设，并多次集中办公，将工行 5G 消息建设做好做实；三是积极与运营商沟通洽谈，建立友好互信的关系，第一时间上线运营商试商用环境，并商定试运营期间的收费标准。

（三）实际效果

工行 5G 消息具备如下特点。

第一，金融服务场景丰富。工行 5G 消息基本涵盖了信用卡场景、借记卡场景、行业金融场景等所有类别金融场景，共 30 余项业务。如支持 5G 消息内绑卡、多种业务办理、信息查询。而且卡片下方下挂个性化悬浮跟随按钮，便于客户快捷跳转至相关业务。

第二，充分发挥 5G 消息特性，具有良好客户体验。工行 5G 消息通过卡片交互实现"送达即服务"的闭环客户体验，利用 5G 消息支持地理位置等富媒体消息的特点，直接在 5G 消息对话框中输入相关文字即可查看附近网点信息，进行取号预约，实现线上线下一体化的客户体验。同时，工行 5G 消息在提供轻金融服务的基础上，还可与手机银行 App 协同为客户提供更为全面的金融服务。

第三，深度开展行业合作，打造 5G 消息生态。在工行银校深度合作的基础上，作为学生家长的工行客户可随时随地完成学费查询和缴纳。另外，工行 5G 消息还深耕智慧农业，为 C 端客户提供爱心助农服务。

四　中国农业银行5G消息银行：线上金融的"第二曲线"

5G 消息技术先进、可扩展性强，技术基础已基本成熟，商用试水已进入快车道。虽然 5G 消息银行发展还处于起步阶段，产业链各个环节还不够成熟，但是 5G 消息银行具备承担全量移动端金融业务的能力，如转账、缴费、理财等，有可能成为线上金融的"第二曲线"。各大金融机构已开始紧跟运营商推广步伐做技术储备，进行小范围试点，积累经验。

（一）5G 消息技术优势

5G 时代，运营商传统短信业务从单一的 140 字节文本形式升级为基于 IP 技术的 5G 消息，借助 5G 网络高带宽、低时延、大连接的优势，支持实时的多媒体信息交互，将服务入口直接推送至客户手机。5G 消息优势主要有以下几个。

第一，用户触达便捷。5G 消息基于手机原生传统短信渠道，不依托客户端软件。

第二，媒体能力增强。5G 消息支持实时的多媒体信息交互，如文本、图片、语音、视频、位置等。

第三，连接类型丰富。5G 消息支持个人消息、行业消息，具备多种交互模式，具有类似微信的线上社交功能。

第四，安全保障强大。运营商依托手机号实名认证的强关联，结合基站定位、SIM 卡识别等建立认证体系，安全性高于其他类型的第三方应用。

（二）5G 消息业务定位

近两年，互联网平台主导的小程序和手机厂商主导的手机原生快应用迭出，App 云化趋势明显，免安装、免存储、一键直达已逐渐成为主流。因此，5G 消息也被看作运营商与以微信为代表的 OTT 服务供应商进行竞争的有益尝试。在轻应用领域，5G 消息主要致力于扩大应用领域、打磨服务体验，旨在帮助用户突破惯性思维，培养用户行为习惯。

（三）5G消息发展基础

1. 运行环境

国家加速推进5G网络建设，根据工业和信息化部发布的《2022年1—2月份通信业经济运行情况》，截至2022年2月末，5G基站达到150.6万个，占移动基站总数的15%；5G手机终端用户连接数达3.84亿户，占终端用户连接总数的23.3%。同时，手机厂商也在加速推进机型适配，基础运行环境已基本成熟。

2. 计费标准

现阶段，针对个人用户，运营商实行接收免费而发送与现行的短信收费规则相同的模式。对于企业客户，运营商根据发送和使用5G消息的类型进行收费。经和运营商初步了解，对于企业的收费，预计有按条数计费、按流量计费两种计费规则。目前，中国农业银行科技部门已和运营商签署临时协议，用于5G消息的测试和使用。

3. 技术规范

2020年4月，《5G消息白皮书》发布，奠定了5G消息应用的技术基础。2020年12月，《5G消息 总体技术要求》《5G消息 终端测试方法》等一系列细化标准报批，互通互测工作全面启动。2022年，《5G消息业务显示规范》《双卡5G消息终端技术规范》《Chatbot名称规范》等相关具体标准陆续启动实施，技术规范基础逐步成熟。

4. 金融规范

2021年，中国农业银行作为牵头方，负责了中国人民银行组织的《5G消息银行应用技术规范》部分章节的编写，目前已立项，奠定了5G消息银行的发展基础。同时，由中国信通院联合牵头的《5G消息支付技术规范》也已立项，规范将对支付应用进行专项指导，进一步打开5G消息的金融应用范围。

（四）中国农业银行5G消息建设情况

中国农业银行于2020年初启动5G消息研究，主动与三大运营商接洽业务，紧跟运营商5G消息商用步伐，现已完成5G消息自研平台基本能力搭建，构建了集"5G 消息平台"、"5G 消息运营中心"与"5G 消息银行"于一体的"5G 消息服务体系"，打造了对客服务全新流量入口；2021 年 3 月，中国农业银行成功开展信用卡 5G 消息业务试点，客户在短信渠道入口即可办理信用卡激活、领取新客礼等业务，通过点击卡片即可完成发现、交互等全流程业务办理。2021 年 4 月 25 日至 26 日，"第四届数字中国建设峰会"在福建省福州市召开。中国农业银行首次参与亮相峰会现场。5G 消息作为中国农业银行金融科技条线的三个代表之一，亮相峰会展览现场。现场展示了 5G 消息所提供的账户查询、理财推送、话费充值、网点查询等多种服务，吸引了大批观众参观，1000 余人现场体验，反响热烈。后续，中国农业银行计划在运营商正式商用 5G 消息的第一时间推出自研的 5G 消息服务，为中国农业银行领跑 5G 消息赛道夯实基础。

5G 消息不仅仅是传统短信业务的升级，更是远程联络方式的一次重大变革。5G 消息可实现"消息即服务"模式，将服务入口实时推送给客户，这对中国农业银行实现营销闭环、提升服务水平、挖掘客户综合价值意义重大。5G 消息目前还处于商用起步阶段，中国农业银行也在不断完善平台能力，探索创新应用场景，拓展金融服务半径，着力打造"全网络覆盖、场景化融合、差异化服务"的 5G 消息运营体系，为线上金融服务提供利器，真正实现为客户提供简单易用、触手可达的金融服务。

五 中国建设银行提供5G 消息服务

5G 消息是传统短信业务的历史性变革，其依托 5G、大数据、云计算、人工智能等前沿技术，是全新交互模式下的富媒体消息形态，赋予了消息更智能的融合能力，并且安全可靠，带来了丰富的应用场景，提供了无限可能性。中国建设银行 5G 消息银行是充分融合 5G 消息强交互、富媒体、全智能、更安全等特性的金融行业的应用创新，为中国建设银行带来了全新的流量入口和内容运营价值，实现了对新营销、新零售、新业务的价值赋能，打造了"消息即服务"的崭新业务形态。

中国建设银行 5G 消息银行应用自上线以来保持业界领先，并斩获多项荣誉：第一，作为首批10个5G消息应用在5G消息平台上架，是金融行业唯一的应用；第二，在第四届"绽放杯"5G应用征集大赛5G消息赛道获得三等奖，是唯一进入决赛并获奖的金融应用；第三，2022年1月荣登CCTV《新闻直播间》栏目，并作为"5G消息助推数字经济产业升级"金融行业唯一代表应用案例播出。

中国建设银行5G消息银行是金融科技战略和金融建设进程中的关键一环，是深入践行国家5G新基建发展战略的重要举措。中国建设银行5G消息银行是融合消息交互与金融服务提供"消息即服务"的金融一站式窗口，实现真正免下载、免安装即可享用银行各项服务，能够利用5G消息免下载、安装、注册和支持文本、语言、图片视频、位置等特点，实现基于Chatbot的新型交互方式，在同一窗口完成消息交互和业务办理，打造方便快捷、时尚新颖、体验极致的移动金融服务新利器。中国建设银行5G消息银行覆盖5类26项服务场景，带来全新流量入口和内容运营价值的同时，实现了对新营销、新零售、新业务的价值赋能。

当前银行移动端的业务一般部署至短信、App、微信三个渠道。传统短信金融服务，由于字数受限、功能简单、交互烦琐、体验不佳等，已无法满足用户多样化的信息服务需求，逐渐沦为接收验证码和动账通知的通道，无法有效满足短信银行客户需求；银行典型移动应用手机银行App，需要下载、安装、注册，推广成本高、难度大；微信银行因用户数据安全等问题部署资金交易需十分审慎，大部分交易场景跳转手机银行，用户体验不流畅，且下行消息营销效果不佳，转化率仅为千分之一。而颠覆了传统短信的5G消息，则拥有富媒体、强交互、更安全、全智能的优势，且免安装注册，能够降低金融服务使用门槛。依托此突破性能力，5G消息金融服务可打破当前渠道壁垒，通过"消息即服务"的模式打造金融专属的定制化服务场景，为银行客户线上交互提供全新的阵地和窗口，为推进银行业数字化、智能化、开放化转型提供助力，是践行新金融理念的关键途径。

目前，中国建设银行5G消息银行在业界处于领先地位，为持续拓展"5G消息+金融"提供了无限可能。中国建设银行5G消息银行作为试点工程，加快场景生态建设步伐，广泛开展跨界合作，将5G应用融入社区、商圈、政务、医疗、教育等服务生态，持续提升5G时代移动金融综合服务能力。

（一）融合5G消息技术，打造"消息即服务"的产品形态

1. 全新交互方式，探索新金融生态

5G消息使用门槛低，免安装注册，在手机自带的消息窗口即可完成交互，能够实现业务零门槛办理。同时，5G消息还可以通过联动其他渠道帮助客户完成交易风险较高的场景，支持跳转至H5、原生App等界面，形成场景服务生态闭环，进一步实现了信息交互的便捷高效，让更多的客户享受中国建设银行方便、快捷、安全的生活金融服务。

2. 消息富媒体化，突破传统短信局限

5G消息打破了传统短信对每条信息的长度限制，内容方面也突破了文字局限，可以将服务有效融入图文、视频、音频、位置、超链接等富媒体信息，给客户带来更直观、更丰富、更优质的服务体验，通过消息模板设计、银行服务应用程序接口（API）接入、消息互动设计，可开发轻量级应用，为实现"消息即服务"的产品形态提供基础。

3. 全方位智能，赋能金融科技

5G消息结合智能推荐、智能聚合搜索、语音智能识别等技术，提供给客户一些个性化、智能化的交互服务，为客户呈现智能化服务新形态，以满足客户日益增长的对信息服务的要求，并通过全面抓取并分析客户的行为数据，实现诸如智能推荐个性化理财产品、消息推送精准贴尾、智能客服、推送优惠券等创新应用场景。

4. 网络高安全性，保障信息安全

通过5G身份认证增强技术、信号防窃取和防篡改技术，中国建设银行5G消息银行可提供信息安全保障，提高短信验证的安全性。同时，中国建设银行5G消息银行与运营商建立消息交互安全校验机制，可在5G消息信道安全的基础上进一步提升金融交易请求的安全性，保障交易安全。

5. 无缝链动渠道，扩展5G消息服务生态

中国建设银行5G消息银行可无缝跳转至App及H5，进一步扩大5G消

息生态圈。其中，为保障跳转 H5 的安全性，实现了基于 SIM 卡的安全认证。用户跳转 H5 时，可对用户终端实时 SIM 卡号与 5G 消息上行手机号进行一致性校验，在免输验证码的情况下，达到短信验证码效果，大大提升了用户的使用体验。

（二）打破移动端渠道壁垒，打造极致用户体验

中国建设银行本着将 5G 消息银行打造成为轻量化的线上一站式金融服务窗口的目标，致力于为用户提供数字化、智能化、随时随地、方便快捷的综合金融服务。

1. 比短信金融服务更丰富更便捷

5G 消息银行充分利用 5G 消息富媒体、强交互特性，接入智能客服、语音智能识别等智能化服务，简化多数基础金融与非金融实时查询、消息通知、信用卡还款等功能的操作流程，使用户通过文本、语音、卡片按钮点击轻松交互即可完成场景服务，提供沉浸式交互体验，充分发挥"消息即服务"的产品特性。

2. 比手机银行更轻量

5G 消息银行免安装注册，用户只需进入 5G 消息窗口，基于聊天机器人（Chatbot）新型交互方式在同一窗口即可完成消息交互和业务办理，金融服务渠道方便快捷、时尚新颖、体验极致。

3. 比微信银行更安全

5G 消息由国有运营商背书，金融服务渠道更具安全性。相比微信银行大部分资金交易需跳转手机银行或者进行身份验证的不流畅体验，5G 消息只需通过按钮交互即可完成资金交易服务，如信用卡还款，安全性高、体验好。

4. 打破移动端渠道壁垒，提供完备的闭环业务

中国建设银行 5G 消息银行基于 5G 消息渠道，具备无缝跳转 H5、App 的能力，扩展了银行的服务空间和运营内容，在活客、获客、服务、贴尾营销的各个环节均部署了相关服务场景，形成了良性的业务服务闭环。

（三）融合大数据计算，精准营销提升转化

大数据应用的兴起催生了以短信、微信为主要触达渠道的精准营销模式，5G消息作为传统短信的全新升级，相较于短信通知或微信通知，可承载多媒体及交互按钮，如以文本、图像、选项卡等富媒体形式向客群输出个性化的营销消息，体验更为轻便，更易吸引用户进行交互。5G消息银行使"通知即结束"的消息模式演进为"通知为服务起点"的消息生态，打造了广覆盖、深触达、高可靠的5G消息连接服务，提升了消息服务的营销转化率。以储蓄账户变动通知和信用卡账户变动通知为例，用户在收到账户变动通知的同时收到了智能推荐的产品，用户可进行点击交互，进而完成下一步的业务操作，提升了营销转化率。

六　交通银行5G消息应用服务平台

交通银行搭建的5G消息应用服务平台，不仅可以成为独立的行内移动服务新渠道，还可以与行内其他服务渠道形成互联互补，实现"1+1>2"的倍增效应。第一，5G消息应用服务平台通过可视化、智慧化的服务方式，对银行服务体系进行了一次全方位的升级，提升了指定业务的服务效率、客户满意度及节省了服务成本；第二，5G消息应用服务平台丰富了银行营销活动的展现形式，在营销活动覆盖群体范围、活动吸引力和转化率方面，远超传统短信；第三，5G消息应用服务平台实现了"5G消息应用服务"内的闭环交易功能，能够抓住客户稍纵即逝的产品购买意向，第一时间锁定交易；第四，5G消息应用服务平台与行内其他渠道联动，实现了多渠道互联互补；第五，5G消息应用服务平台通过开放API、软件开发工具包（SDK）接口及合作共建等方式，已初步形成"金融+非金融"的5G服务生态圈（交通银行与行外企业合作，拟搭建行外5G消息服务平台）。

交通银行5G消息应用服务平台借助手机原生入口，实现了消息服务多媒体化、客户端轻量化、金融服务全量化，用户通过5G消息可直接完成产品购买（存款、理财及基金产品等）、风险测评及热门活动参与，并在线完成账务查询、网点预约、客服沟通等全流程业务办理。交通银行5G消息应

用服务平台使得金融服务无缝衔接，真正实现了"消息即服务"，向客户输出更加品质化、便利化、个性化的服务。同时，交通银行根据 5G 消息商用的进展情况，探索并落地利用 5G 消息推出个性化产品推荐、风险预警、高频业务办理等场景应用。

该 5G 消息应用服务平台具备动态卡片消息推送、H5 或 App 跳转、智能交互等多样化的服务功能，凭借快速触达的特点，全面融入数字化后台，形成存款、理财、基金购买、生活缴费等服务闭环，极大地缩短了业务推广到业务办理的过程，无缝对接支付、营销、风控等智能化服务平台，通过智能推荐、智能搜索、智能互动等方式精准识别客户需求，精准推荐相应服务。未来该 5G 消息应用服务平台可依托声纹验证、人脸识别等多种身份验证，减少烦琐操作，使得客户能够安全便捷地完成各项业务操作。

在我国大力促进数字经济快速发展、金融服务能力全面加强的背景下，数字金融进入了高质量发展阶段。金融机构需要摆脱对外部流量和数字化能力的依赖，建立自主可控、成本合理的数字化服务入口和生态。

传统短信作为交通银行发布通知的主要渠道，承载内容有限、形式单一，很难吸引用户，阅读效果无法获知，无法承载多样化的服务需求，且推送后无法统计效果，无法形成业务闭环；微信公众号及小程序则需要关注，推送受限制、有延迟、易被忽略，重要消息无法及时送达客户且无法基于数据筛选精准触达用户；App 受下载、安装、用户覆盖量等限制，无法全面触达用户，且使用频次低，用户难活跃，通知也易被阻塞。

交通银行 5G 消息应用能够真正实现"消息即服务"，向行内用户输出更加品质化、便利化、个性化的服务。同时结合人工智能、大数据、云计算、物联网等技术，以助力金融机构提升场景管理、客户洞察、数字化运营能力为核心，在场景交互、智能服务等方面进行了全方位的创新，实现了客户精细化、数字化运营，全面提升了数字化服务效能，为交通银行快速构建 5G 时代数字化服务新优势赋能。5G 消息的应用将大幅提升交通银行的业务转化能力，实时服务客户，增强客户体验。

交通银行的 5G 消息应用服务平台集成多种消息体，如 5G 多媒体消息增强版、5G 多媒体消息标准版、CH5 仿真 5G 消息、普通短信等。5G 多媒体消息增强版可自动生成其他消息体，当用户不支持 5G 多媒体消息增强版的消息时，可自动回落到其他消息体进行下发。同时，交通银行的 5G 消息应用服务平台可提供内容制作服务，将其他渠道的消息体，如抖音、微信公众号等的消息体，自动转换为运营商渠道的消息体进行下发，有利于打破互联网巨头建立的行业垄断与生态壁垒，从而建立开放、共赢的数字经济新生态。

随着交通银行对 5G 消息应用项目的推动，其他金融机构也会加快应用 5G 消息，这有利于整个金融行业挖掘 5G 消息应用价值，形成金融行业级万能应用，同时衍生产业链，形成金融行业 5G 消息生态。金融行业可利用 5G 消息高效的连接和服务承载能力，通过良好的产品体验以及合理的商业模式持续扩大应用场景，与电商、航旅、医疗、政务、文旅、物流、智能家居等行业场景结合起来，衍生出众多应用和商业模式。

以 5G 消息应用服务闭环交易为例，以往银行客户经理向客户介绍产品后，如客户有意向进行产品购买，需要登录手机银行寻找指定产品，易因客户不了解手机银行具体路径或者客户未及时操作遗忘购买而造成交易流失。在 5G 消息的场景下，银行客户经理在介绍完产品后，可直接推送指定产品的"5G 消息应用服务"卡片，客户可直接在场景内完成交易，同时，Chatbot 智能客服的接入，可及时解答客户在产品交易过程中的疑问，使客户能够更好地"浸入式体验"服务，确保产品交易成功。

以上场景基于交通银行的 5G 消息应用服务平台，该平台具备服务管理、业务管理、系统管理、审核管理等模块，可在线对图片进行剪裁、压缩、内容编辑等，对视频进行剪裁、格式转换、压缩、码率调整等，对交易产品（可具体到指定产品）组件进行编辑，并利用积累的素材库、模板库，通过简单的拖、拉、拽制作出所需要的消息模板和消息服务，是一款简单易用、功能强大的一站式接入的高品质消息服务平台。

七 中国民生银行开放银行"民生云·代账"综合服务方案

中国民生银行开放银行"民生云·代账"项目是面向代理记账行业打

造的服务方案，其通过与财税平台服务商合作，依托中国民生银行自主研发的开放平台系统对独立软件开发商（ISV）进行统一接入管理，首次实现了企业客户通过第三方系统访问及使用银行交易数据。同时针对 ISV 存在的非法接入、非法请求 API 及非法请求数据等风险，终端客户以及外部攻击者存在的业务越权、敏感信息泄露、合作方仿冒、报文重放等风险，构建三层安全风险防护体系，并开创了企业授权第三方获取其银行数据的授权校验、二次确认和标记化等核心机制来护航重塑"金融—ISV—行业场景—客户"四方合作新价值链，实现了资源、技术、服务的共享。该项目拓宽了金融服务半径，推动了全行业资源交互融合，促进了代账产业链条的优化升级，提升了对小微企业的服务能力，可助力小微企业实现数字化转型。

在传统代理记账模式中，企业记账以银行对账单、回单作为重要凭证。小微企业只能通过柜台打印或网银下载等方式获取凭证，财务管理平台仅支持人工录入、扫描上传、光学字符识别（OCR）等方式输入，手工操作烦琐、效率较低、容易出错。2020 年，财政部与国家档案局发文，明确银行电子回单、电子发票等电子凭证与纸质凭证具有同等法律效力，代理记账行业迫切需要能够精准解决痛点问题的金融综合服务方案，以提高会计资料获取的便捷性、准确性以及保障其安全性和规范性，实现企业会计业务全面数字化转型。在此背景下，中国民生银行科技部团队经过近半年的项目实施，推出了面向代理记账行业的轻量级综合安全可控的金融开放服务方案——"民生云·代账"综合服务方案。

（一）待解决的问题

"民生云·代账"综合服务方案重点聚焦于与 ISV 的合作模式，将行内产品与服务以 API 形式向 ISV 开放，与行业 SaaS 云服务商合作，打造"金融—ISV—行业场景—客户"四方合作新价值链，这在全国股份制银行中是一次创新型的实践应用。为应对新领域探索带来的挑战，创新开放合作需充分考虑以下几个方面内容。

第一，需拓展新三方交互信任机制的认证授权模式，确保在用户授权 ISV 的模式下，还能准确识别用户的真实交易意愿，并以最小化原则向用户或 ISV 传输个人金融信息，保护用户的信息安全和隐私。

第二，需建立多维度多层次的安全风险防控体系。技术上，在运行时对身份和目标进行差异化识别，并针对不同的风险提供不同的防控策略。业务上需要建立适用自身业务的运营安全标准规范，防范潜在的法律合规风险。

第三，需要更加规范化的开发交付标准，对内完善 API 服务上架、场景上架功能；对外完善文档体系，创建沙箱环境，形成敏捷化的交付响应能力。

第四，当业务系统出现异常时，需要帮助系统快速定位故障，依托真实监控数据，为业务开放保驾护航。

第五，为众多 ISV 提供更高效的开放对接，需要更加切实有效解决以往开放服务对接中 API 服务更新难、重复问题重复问、基础数据人工造、上线审批周期长等痛点难点问题。

（二）解决方案

"民生云·代账"是一套基于中国民生银行开放银行平台自主设计研发，并基于自研 DevOps 技术框架，以微服务方式部署在金融容器云，以 API 方式与 ISV 系统建立连接，输出银行明细、回单等数据，依托开放银行平台对 ISV 进行的统一接入管理，开创了企业授权第三方获取其银行数据的多级授权机制，首次实现了企业客户通过第三方系统访问及使用银行交易数据，为客户记账工作提供了便利。

开放银行平台逻辑架构由接入层、集成层和场景层构成。接入层负责接收应用方请求，进行安全管控及相关处理，转发应用方请求至集成层，集成层将应用方请求转发至场景层及相关业务系统进行处理，并将处理结果反馈给应用方或用户，不涉及具体业务逻辑处理，实现对应用程序接口和应用方的管理（见图 2-1）。

开放银行平台应用架构由运行态、开发态及运营态构成，运行态专注服务输出能力支持，开发态聚焦对接过程支持，运营态侧重可视化的运行监控支持，各体系业务逻辑严谨、清晰，低内聚、松耦合，便于灵活扩展，可以进一步促进创新业务能够以最快的速度推向市场（见图 2-2）。

该解决方案主要对接的合作方为财务软件提供商 ISV，除了 ISV 存在的

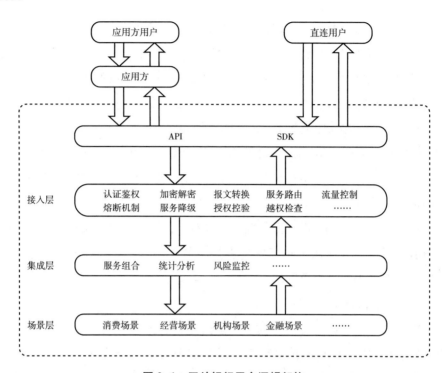

图 2-1　开放银行平台逻辑架构

非法接入、非法请求 API、非法请求数据等风险，还有终端客户以及外部攻击者存在的业务越权、敏感信息泄露、合作方仿冒、报文重放等风险。针对以上风险，为保证交互数据安全，平台已构建三层安全风险防护体系。

终端用户风险防护有用户身份认证、用户权限校验、业务越权校验、敏感信息标记化等。ISV 风险防护有 ISV 身份认证、ISV 权限校验、用户授权校验、高风险交易二次确认、业务越权校验、敏感信息标记化等。基础环境风险防护有数字证书、UKey、防火墙、安全风控等。

其中核心机制包括：授权校验、二次确认和标记化。

第一，授权校验。授权校验机制分为预授权和主动授权两种模式。在用户授权 ISV 的模式下无法验证用户证书，无法识别某笔交易是否出自用户真实意愿，需要通过授权获取用户同意。用户需是中国民生银行客户，发起的交易操作需登录中国民生银行自有渠道验证身份后执行。

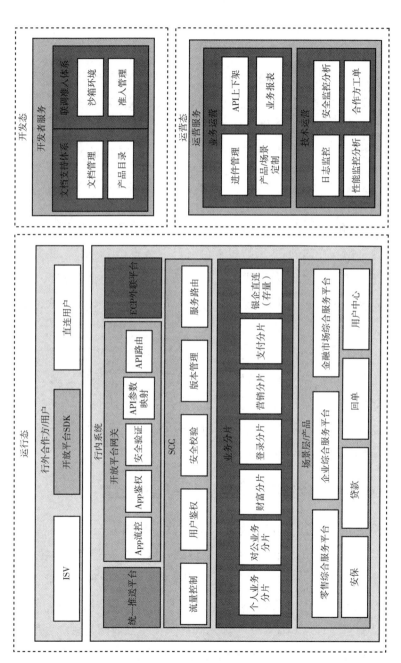

图 2-2 开放银行平台应用架构

第二，二次确认。为提升交易安全性，账务类交易需先通过 ISV 发起转账及批量转账预填单交易，再由复核人员通过企业网银完成转账制单复核（即二次确认），复核通过后执行转账及批量转账交易。

第三，标记化。在交易过程中涉及向用户或 ISV 传输个人金融信息（主要是 C1、C2），需按照《个人金融信息保护技术规范》在传输信息最小化的基础上进行信息标记化替换。涉及个人金融信息传递的 API 均需按场景分析是否需要标记化，合作方或用户确实需要直接使用的，需执行授权检查。

（三）应用效果

"民生云·代账"于 2021 年初推出后，在市场得到广泛应用，已累计对接包括金蝶、用友在内的 33 家财税平台（已上线投产 21 家），头部 SaaS 平台覆盖率超 70%，与 450 多家代账公司形成合作，签约企业 3150 多户，项下企业存款及法定代表人个人金融资产超 6 亿元，转化小微贷款超 1650 万元。

该项目解决了财税平台、代账公司、小微企业的痛点问题，大幅提升了代账会计的工作效率，促使每个代账会计每月服务企业上限提高到 200 家。该项目通过赋能代理记账行业、助力小微企业数字化转型升级，实现了营商环境优化与企业账户服务提升，与各平台和公司共建全新的小微金融生态圈，赢得了市场和客户的一致好评。

八 海通证券互联网金融服务平台——"e 海通财"

为了打造"数字海通 2.0"，海通证券将数字化作为公司的重点战略，并制定了五年（2021~2025 年）科技发展规划，以"统一管理、自主可控、融合业务、引领发展"为科技理念，从应用架构、数据管理、基础设置和科技治理等领域入手，依托互联网金融发展规划，采用互联网技术，结合自主研发优势，打造了以"e 海通财"为品牌的一体化互联网金融综合服务平台。目前"e 海通财"工程累计装机量超过 4100 万户，月平均活跃用户超过 500 万户，位居行业前列。在"十四五"开局之年，为了支持公司财富管理全面转型，完善财富管理服务平台，公司继续推进"e 海通财"的业务发展，挖掘更多的业务场景和服务需求，优化面向零售客户的交易、行情、资讯、社区等相关服务，提升零售业务产品管理和销售支持能力，提升数字化营销和客户服务支持能力。

作为海通证券互联网金融领域重点工程的"e 海通财"工程，是国家"互联网+"战略部署、行业业务发展、公司业务转型共同需要的结果。自 2014 年建设以来，"e 海通财"持续提升客户体验，不断丰富金融交易工具服务矩阵，已向客户提供交易工具、行情数据、决策因子等 400 多项工具，全面覆盖普通用户、交易型用户及专业客户的交易投资需求。

第一，体现以客户为中心的价值理念。随着互联网金融的高速发展以及相关政策的改变，增值服务线上付费已逐渐成为各大券商提高 App 用户体验、拓展新客户必备的经营手段。同时，互联网客户在互联网金融支付模式下，对 7×24 小时金融理财服务的需求日益明显，建立全方位的增值服务订单管理系统是提升客户黏度、提高各项互联网业务转化率的举措，体现了公司"以客户为中心"的价值理念。

第二，应对证券市场业务的不断创新以及投资者新的服务诉求。从国内券商当前的系统构建情况来看，鲜有打通现货、期权、期货、黄金等全市场交易通道的券商，且它们的订单系统也是相对独立的，这使整个交易业务在系统层面呈现碎片化。从服务层次来看，目前券商大多仅为通道服务，鲜有整合交易后台服务、跨市场交易服务，为投资者提供整套的策略订单服务、高阶交易增值服务、策略交易终端服务的券商。

（一）待解决的问题

互联网业务的不断发展，对券商的系统可控性、服务及时性、业务独特性、风险可控性等提出了更高要求。同时，金融业务对互联网企业的逐步开放，给证券行业带来了挑战和机遇，也对原有金融企业造成了巨大冲击，传统证券行业面临业务与技术的转型与突破。

（二）解决方案

"e 海通财"工程以"统一管理、自主可控、融合业务、引领发展"为指引，相应提出了建设统一的综合金融服务平台、促进自主可控能力提升、融合业务促进分支机构改革、拥抱互联网引领业务发展、建设统一的增值服务订单管理平台、打造海通条件单系统六大目标。

第一，建设统一的综合金融服务平台。互联网金融要求券商满足客户"千人千面"的定制化需求，海通证券采用高频处理、图像识别、视频认证、电子签名、分布式、云计算、大数据、人工智能等技术，自主研发行情系统、交易系统、资讯系统、智能服务系统、智能运营系统等五大核心系统，同时以外购嵌入方式整合开户、网厅、产品商城等辅助系统，打造以"一个品牌、两类入口、综合服务"为特点的综合金融服务平台，实现了"统一平台、统一数据、统一管理、统一服务"的目标。

第二，促进自主可控能力提升。海通证券将自主可控作为数字化转型的关键，"e海通财"工程通过核心模块自主研发，同时集成、融合、吸取互联网信息服务机构的创新服务、技术特点、成功经验，不断完善自主研发技术栈，实现博采众长、兼容并蓄，稳步提升自主可控能力。

第三，融合业务促进分支机构改革。为了适应改革发展和促进分支机构改革转型，海通证券将线下业务线上化、线下资源转型优化，"e海通财"工程通过整合优化线下资源，借助自主可控优势，将分支机构业务办理、现场交易、信息发布等服务在线化，提供更便捷、更实时、更智能的用户体验，为分支机构改革转型提供技术支撑。

第四，拥抱互联网引领业务发展。"e海通财"工程通过强化自主可控能力，逐步降低业务系统对信息技术服务商的依赖，减轻服务同质化，提升差异化竞争力，并通过提供领先、创新的信息技术和理念，优化业务模式和服务方式，最终实现科技引领业务的发展目标。

第五，建设统一的增值服务订单管理平台。"e海通财"工程对传统的积分兑换场景和零散的非金融商品进行优化和创新，形成了统一的非金融商城。同时响应国家宏观政策，积极探索、推动数字货币应用。实现了非金融产品的系统整合、集中运营和支付渠道的拓展，将资讯平台、Level-2、积分、卡券、会员体系、互联网账户、支付等多个系统打通整合，实现非金融产品统一销售、统一支付，实现卡券中心、订单中心、权益中心等多中心建设。统一运营会员等级、商品权益、优惠活动、混合支付等，推进公司系统化建设。

第六，打造海通条件单系统。"e海通财"工程提供策略订单服务，为交易盈亏控制、跨市场套利夯实基础；此外，还提供复杂交易的交易客户端，直接为高端投资者提供高级订单以及跨市场订单的终端支持。"e海通财"工程从"订单场景化"服务思路出发，填平投资者实际交易需求与交易所两种订单类型之间的沟壑。立足于应用场景，探寻国际上先进的投资经验，形成订单的应用场景，将行情、交易充分结合起来，免去人工计算的复杂程序，打造多种订单类型。针对经纪客户，为了提升投资者的交易体验，实现策略交易的移动化；针对高净值机构客户，提供标准策略、策略对接、策略托管、自定义策略等服务，实现策略交易的智能化。

（三）案例应用实践及效果

"e海通财"工程自2014年建立以来，团队规模不断扩大，技术实力不断增强，自主可控能力不断提升，在推动业务创新、管理创新和改革转型的同时，为公司带来了直接经济效益和社会效益。同时，"e海通财"工程已拥有交易后台、行情后台、资讯后台等21项软件著作权，4项国家发明专利。

1. 推动业务应用和服务模式创新

在业务在线化方面，"e海通财"工程运用电子签名、人脸识别、视频认证等技术建设网上开户、手机开户、网厅和掌厅等系统，将线下临柜开户、客户信息修改、账户管理、服务签约、风险评测、回访等一系列业务办理搬迁线上，实现业务办理自主化和无纸化，日最大开户数超过30000户，开户数占比超过99%，业务办理累计200余万单，占全部渠道的73.56%，移动交易用户占比达65%；在智能化服务方面，一系列智能服务的推出，提升了服务质量和客户满意度，以智能客服为例，在线智能问答极大地减轻了客服压力，日在线服务数量超过8000单，占总服务数量的80%。

2. 提升自主可控能力

"e 海通财"工程通过自主研发和技术创新，强化了研发能力和系统整合架构能力。依托自主研发实力建设核心业务系统，降低了对开发商的依赖，打破了技术壁垒和被动渗透局面，强化了个性化服务创新，同时在整合服务和系统方面加强主导作用，提高了合作的话语权。"e 海通财"工程通过系统建设，形成了一套海通特色的"自主研发+外包开发+外包项目"的自主可控金融科技建设模式，覆盖主流开发语言 C、C++、Java、C#、Objective-C、H5、Go、Python、Lua 等，以及各大主流数据库、高可用缓存、分布式架构、容器化部署和大数据人工智能等一系列前沿技能。目前"e 海通财"工程已拥有交易后台、行情后台、资讯后台等 21 项软件著作权，并向国家知识产权局申请了 4 项发明专利，获得第六届证券期货业科学技术优秀奖。

3. 助推管理创新和改革转型

"e 海通财"工程将线下服务转线上，转变分支机构职能，同时弱化线下柜台业务，弱化压缩现场交易，尤其是营业面积超过 1500 平方米的 A 类、B 类营业部的现场交易。投产的开户、业务办理、网上交易、智能推送、智能客服等系统，获得了很好的应用成效。同时促进了营业部职能向"高净值个人客户理财规划服务"、"企业及私人客户财富管理服务"与"现场运营支持"转变，分公司向"分公司统领营业部"转型。

4. 提供全新智能交易体验

海通证券通过将复杂的策略场景化，为经纪客户提供基于移动端的智能条件单服务，包括定价买卖、反弹买入、回落卖出、止盈止损、预约国债逆回购、预约打新、破板卖出、网格单、ETF 定投、智能定投等 30 余种条件单类型。精准适配策略场景，手机设置，后台运行，避免情绪波动的影响，促进投资者科学理性投资，给普通投资者带来一种全新的智能交易体验。现已对部分客户试运行近一年，系统运行稳定，迄今已累计完成超 13 万笔交易策略的创建，累计成交金额超过 10 亿元。

5. 完善财富管理服务平台

"e 海通财"工程通过增值服务订单管理平台的建设，寻找和融入数字化时代金融服务的新入口,将非金融产品嵌入生态,搭建"非金融场景+金融服务"的生态圈。对接苹果支付和建行数字货币支付通道,提供完善的多场景三方支付服务。随着首个三方支付场景增值资讯服务盘中宝上线,以及神奇九转、智能形态选股等增值服务陆续推出,"e海通财"工程将增值金融产品嵌入生态,搭建"全金融场景+全金融服务"的生态圈。从2021年8月开始,海通证券先后上线盘中宝、神奇九转两个增值服务产品,共有2万多人次免费领取并试用增值服务产品。截至2022年1月中旬,盘中宝共销售800多笔,神奇九转共销售4000多笔,共创收50余万元。

第三节　移动金融发展趋势

一　金融科技积厚成势

"十四五"时期,我国开启全面建设社会主义现代化国家新征程,数据成为新的生产要素,数字技术成为新的发展引擎,数字经济浪潮已势不可挡。2021年12月,中国人民银行发布了《金融科技发展规划(2022—2025年)》(以下简称《发展规划》),为新时期金融科技发展勾勒蓝图、明晰脉络,推动我国金融科技从"立柱架梁"全面迈向"积厚成势"新阶段,引导金融业稳妥发展金融科技、加快数字化转型,助力经济社会全面奔向数字化、智能化发展新时代。

展望未来,在《发展规划》的顶层设计下,金融机构在移动金融领域应制定全方位数字化转型战略,推动金融科技深度应用,加快数字化转型。应以"数字驱动、智慧为民、绿色低碳、公平普惠"为发展原则,全面提升我国金融业数字综合实力和核心竞争力,着力打造场景感知、人机协同、跨界融合的智慧金融新业态;运用科技手段有序推进绿色金融产品和服务开发,有效提升金融服务绿色产业的覆盖面和精准度;合理运用金融科技手段丰富金融市场层次,优化金融产品供给,弥合地域间、群体间、机构间的数字鸿沟,进一步发挥金融科技的普惠服务价值,让其在服务小微企业和个体工商户、服务全面乡村振兴中发挥更突出的作用。

具体来看，移动金融将呈现以下几个发展趋势。

一是打造财富生态，促进价值变现。商业银行 App 围绕财富管理和财富陪伴，通过提升客户价值，兑现线上流量对银行主业的价值贡献，推进月活跃客户数（MAU）向资产管理规模（AUM）的价值转化。①助力客户成长。以客户为中心，打造更完善的客户成长体系，将客户财富成长和本行经营增长有机结合，整合积分、优惠、营销活动、权益福利等，通过引导客户进行活动任务升级，增加客户成就感，提升客户贡献度。②做大财富生态。开放手机银行平台生态，邀请更多优质财富管理机构入驻，为客户提供更多的财富陪伴服务，打造正向循环的财富管理生态圈。

二是强化数据应用，优化用户体验。移动金融加大数据应用，通过模型和智能算法，实现"业务数据化、数据业务化"，提升个性化服务水平，实现"千人千面"精准服务。①更智能的营销推荐。随着客户金融和泛金融需求的个性化、多元化，客户需要的不再是简单的产品货架，而是和个人成长相匹配的财富配置方案与全旅程的陪伴。移动金融利用大数据分析，让海量产品和服务与客户需求精准匹配，提升对客户成长各阶段个性化精准服务的能力；通过细化客户画像和使用行为颗粒度，分析客户资产状况、风险偏好、行为轨迹、人群属性等，构建客户视图和决策体系，推动产品改进和运营优化。②更个性的专属服务。随着老年版、乡村版、小微企业版等特色版本 App 及个性化界面配置功能的推出，各行结合大数据分析，为客户展现"千人千面"的服务。

三是推进渠道协同，提升服务温度。科技互联、服务无界，以手机银行 App 为中心，带动线下线上各渠道（如网点、客服、微银行、企业微信、5G 消息等）互联互通成为发展趋势。各渠道联动营销和服务，拉近甚至抹平银行客户经理、客服人员与客户间以及客户与客户间时间和空间上的距离，不仅提升了渠道协同对业务经营的贡献度，还提升了银行服务的温度。例如，打造云上网点、推广视频客服、建设互动分享社区等。

四是提升管理功能，保障使用安全。近几年，线上用户安全事件频发，金融机构纷纷加强线上安全管理，优化风控模型，整合并加强相应的安全管理功能，加强对人脸等生物识别特征的隐私保护，进一步提升客户的安全感。

二　移动金融发展趋势

（一）金融科技驱动移动金融发展

"元宇宙"概念的横空出世，开启了移动金融发展的新征程。虽然移动金融在"全真互联网"的发展愿景尚未明确，但是物理世界与数字世界双向、深度融合的"数实融合"进程不可阻挡。下面结合金融科技发展现状，对可预见的金融科技驱动移动金融发展部分内容进行梳理和展望。

1.5G消息：全行业合作共建移动金融智能化服务新入口

当前我国加速推进5G网络建设，截至2021年9月末，5G基站达到115.9万个，占移动基站总数的12%；5G手机终端用户连接数达4.45亿户，比上年末净增2.47亿户。[①] 2020年4月，三大运营商发布了RCSUP标准的5G消息业务。随着基础环境不断完备，用户数量不断增多，5G消息的商业应用建设也于2021年全面铺开。对金融领域而言，未来5G消息可以承担全量的移动端业务，完成各类金融性交易，如转账、缴费、理财等，且有可能成为线上金融领域的"第二曲线"，具备替代传统手机银行App的技术可行性，潜力巨大。

借助5G网络高带宽、低时延、大连接的优势，5G消息有如下几个特点。①5G消息采用轻量级应用模式，不依托客户端软件，用户无须安装任何程序，兼具短信渠道的便捷性。②5G消息可为用户提供菜单展示和Chatbot交互机器人服务，强大的媒体能力使用户办理业务的流程更加丰富多彩。③5G消息的社交属性进一步提升，连接类型更加丰富。④5G消息具备加密传输、用户认证、源头管控、身份校验、内容审核、消息拦截等多角度、全方位的安全保障措施，可以实现客户在不同应用间互通互联。⑤5G

---

① 《2021年前三季度通信业经济运行情况》，工业和信息化部官网，2021年10月20日，https：//www.miit.gov.cn/gxsj/tjfx/txy/art/2021/art_565b40118fee499ebf4331ecd0713ac0.html。

消息可深度融合人工智能、大数据、云计算、边缘计算等多种技术，为用户提供多种交互式、智能化、个性化服务，使服务提供方有更加广泛的想象和创新空间。

目前，中国工商银行、中国建设银行、中国农业银行、北京银行、江苏银行等多家金融机构都在金融业务上布局5G消息，大部分金融机构都是联合运营商和手机厂商等共同推进平台的搭建。5G消息还处于起步阶段，规模还没有形成，真正的优势还没有发挥出来。现阶段，5G消息的资费标准、金融行业应用标准还有待进一步明确，支持机型还没有达到全覆盖，同时监管政策也需要进一步明确和完善。面对上述一系列的问题，将5G消息打造成一款生态化的产品，还需全行业通力合作。运营商需加快夯实商用基础，真正做到统一接入标准，金融业需持续推进应用场景研究和能力输出，手机厂商需加快存量手机型号的适配，从而构建一个完整的产业链闭环，共同推进生态体系的建设，尽快充分发挥移动金融智能化服务新入口的实际作用。

2. 智能对话机器人：变革和重塑移动金融业务流程

智能对话机器人是以智能对话系统、智能知识库等为核心，以文本、语音和多模态视频的形式展现，通过语音识别、自然语言理解、数字虚拟人、声纹识别、情绪识别、机器学习等人工智能技术，模拟人类对话、辅助或替代人工对话，赋能对话全流程，使机器理解人类语言并与人类进行有效沟通，进而对人类语言中的意图进行理解并做出回答，或联动机器人流程自动化（RPA），执行相应任务。一方面，智能对话机器人可被加载入智能硬件，基于对话交互满足对智能硬件的操作控制需求，使人机交互更加自然，如智能音响、智能车载设备、智能家居等；另一方面，智能对话机器人也可赋能服务场景，以文本机器人、语音机器人、多模态数字人等产品形式服务于线上远程的客服、营销、风控、反欺诈、企业信息服务、RPA联动等场景，在移动金融领域的应用也越来越广泛，如在线客服、智能语音转账、智能外呼等。

深度学习算法的技术突破和普及，降低了AI门槛，助推了智能对话机器人的大面积商用。同时，金融行业属于典型的信息密集型行业，行业海量数据助力服务准确率持续提升。智能对话机器人生态体系得以持续完善，移动金融领域商用也越来越广泛。"金融+泛生活"已逐步成为线上金融发展的趋势，金融机构也在逐步适应新打法，充分利用智能对话机器人这一利器，构建多元化的智能业务场景。同时，智能对话机器人，尤其是多模态数字人的智能人机感知交互能力，其中包括听、理解、说、身份认证、情绪情感识别等一些能力，可以快速结合移动金融业务场景转化为智能化服务，降本增效。另外，智能对话机器人也是构建"全真互联网"下"元宇宙"的重要技术基石，是金融行业提前试水"全真互联网"的有效途径。后续，需重点关注智能对话机器人+5G消息、智能对话机器人+RPA、多模态数字虚拟人、智能对话机器人+AR/VR、智能对话机器人+物联网等的研究和应用，做好技术、人才、场景储备，迎接"全真互联网"时代"元宇宙"的到来。

3. 华为移动核心服务（HMS Core）：助推移动金融服务更快触达客户

华为移动服务（Huawei Mobile Services，HMS）生态是产生在5G时代的重要软件生态，它的不断迭代让开发者可以在5G时代更好成长。在2021年华为开发者大会上，消费者云服务总裁张平安重点介绍了华为移动核心服务HMS Core 6，将华为在图形、媒体、人工智能、应用服务、连接与通信等7大领域积累的技术进一步开放，并带来重大升级。HMS Core 6在物体建模、光影动效、物理特效等方面相继发力，先后新增或增强了3D建模、AR引擎、图形计算、图形引擎等能力。其中，图形引擎服务（Scene Kit）采用自有专利级别的RT求交算法，能够生成物理精确的阴影与精准的反射和折射全局光照，借助光线追踪技术和RT求交算法，提供3D虚拟世界的沉浸式体验。这些技术不仅仅是构建数字世界的基础技术，更对"元宇宙"的发展起到至关重要的推动作用。此外，"帐号"、"支付"和"推送"作为HMS Core最早开放的三个基础服务（Kit），将在很大程度上助推移动金融发展，"帐号"是所有服务的基础、"支付"是开发者变现的必需，"推送"则是帮助开发者拉新的工具。尤其是在拉新成本越来越高、用户促活越来越难的大趋势下，推送服务（Push Kit）的重要性越发凸显，其通过多样化的即时消息呈现形式，帮助应用提升用户感知度和活跃度。其独有的"实时消息回执、多种推送方式、丰富的消息呈现形式、专属发送通道"等特性结合分析服务（Analytics Kit）相关功能可以帮用户构建精准营销场景。如可以根据用户的投资习惯、信用卡积分等推送高风险高收益或稳健的产品，有效帮助开发者拉新促活。

（二）业务创新拉动移动金融发展

一方面，深耕私域运营。在经历移动互联网高速发展的冲击后，单纯的App功能创新已无法满足用户的全部需求，只有加强精细化的运营才能有效提高App的用户黏性。近年来，借鉴互联网运营方式，商业银行在数字化运营及营销上做了较多的创新与尝试，并且凭借从业人员数量较多、人员专业素质较高、产品种类相对集中等优势，在各自私域运营上取得良好成效，促进了MAU向AUM的价值转化。在场景运营方面，商业银行普遍从丰富客户的生活消费生态入手，拓展金融服务边界，或加强开放合作，或借助自身的集团优势，推动医、食、住、行、政务等生态圈的建设，着力拓展各类高频场景，推动金融服务与生活服务的深度融合。在用户运营方面，商业银行更加关注基于客户长久价值的经营和持续服务，将客户财富成长和本行经营增长有机结合，构建用户分层经营体系，根据用户的资产积累、价值贡献、信用记录、活跃程度等因素确定用户等级，不同等级匹配不同权益，体现成长引导的经营理念，分层分群开展个性化运营服务。在活动运营方面，各行日益注重营销活动的持续性和趣味性，针对细分客群，持续、密集开展各类营销活动，通过现金红包、代金券、影票券、打车券、话费券、缴费有礼等营销权益激励用户使用，助力拉新促活。部分银行还创新推出预约抽奖、拼团、秒杀、"小豆回血"等趣味性营销活动，有效提高了客户的参与感和获得感。

另一方面，推进"业务数据化、数据业务化"。商业银行沉淀了海量客户信息和经营数据，同时连接巨量外部公共数据资源，将数据充分聚起来、用起来、活起来，才能使数据成为基础性战略资源和重要生产要素。数据采集方面，推进业务数据化，对全渠道服务触点和经营活动中所产生的信息进行全量化采集、数字化处理、规范化定义，将其转化成可以被记录、存储、追踪和使用的数据资产。数据治理方面，建立组织架构健全、职责边界明晰的数据治理体系，制定统一的数据标准，构建统一的数据模型，强化内外部数据交互共享，有效破除数据烟囱，建立全景数据视图，持续保证数据可信好用。数据应用方面，推动数据业务化，用数字化思维创新产品设计、重构业务流程，构建覆盖前中后台的数据驱动业务发展模式，提高大数据分析能力，利用数据发现商机、拓展客户、识别风险、管控成本，推进业务、产品和服务的创新。

三 安全领域发展趋势

近年来，金融科技的兴起模糊了金融行业的边界，并刺激金融业务加速创新，导致监管范围扩展、监管对象扩容，线上业务、远程办公等新业态进一步增加了监管的难度，因而需要技术与规则结合塑造可信的移动金融安全环境。

（一）推动新兴技术与监管科技融合和应用创新

监管科技的各大底层技术交叉融合，传统监管科技与新型区块链技术进行复合式技术应用、集成式技术创新是未来的发展趋势。监管科技的技术架构正在从基于政策的传统资源密集型向以数字为中心的数据驱动型快速转变。组织和企业将数字化监管规则集成到合规流程中，将基于样本的合规监管逐步升级为嵌入式合规监管，从而大幅降低合规风险。

（二）聚焦数据治理及隐私保护

在数字化进程加快、数据互联互通加深的业务环境中，企业将更多地运用监管科技应对数据保护法规，以达到合规要求并保障自身数据安全。疫情期间，大量网络安全事件和数据泄露事件给企业造成巨大损失，使企业意识到治理数据环境的重要性。数据是企业未来发展的关键，因此数据安全和隐私保护不仅是当下，而且是未来企业应用监管科技的一大挑战。

（三）促进监管科技生态开源合作共赢

预计未来生态系统主体之间的互动将进一步增强。金融机构、监管科技供应商、监管机构之间或将通过分享开源信息交叉合作，促进行业标准化、自动化、透明化和高效化，最大化参与方的集体和个人利益。过去两年间，多国已经通过解除数据本地化限制、允许跨境传输数据、向他国推荐本土金融科技公司等方式，为监管科技发展提供支持，未来跨境监管合作和信息共享程度将继续提高。同时，开源底层框架和开源软件的应用将更为普遍，以实现更高的信息透明度、更及时的安全隐患识别，更好凝聚开发者力量促进监管技术的研发和改进。

参考文献

工业和信息化部、国家发展和改革委员会、教育部、科技部、财政部、人力资源和社会保障部、国家市场监督管理总局、国务院国有资产监督管理委员会：《"十四五"智能制造发展规划》，2021年12月。

国务院办公厅：《关于切实解决老年人运用智能技术困难实施方案的通知》，2020年11月。

华为开发者大会2021年资料汇总，https：//developer.huawei.com/consumer/cn/hdc/hdc2021/files/index.html。

刘倩：《边缘计算赋能智慧网点创新发展》，中国电子银行网，2021年1月25日，https：//www.cebnet.com.cn/20210125/102722489.html。

《农行副行长徐翰：数字化金融创新不能搞噱头、玩概念、做盆景》，新浪财经网，2021年12月13日，https：//finance.sina.cn/bank/yhgd/2021-12-13/detail-ikyamrmy8640768.d.html？from＝wap。

《三大运营商发5G消息白皮书：语音短信能订票，支持加密传输》，澎湃网，2020年4月8日，https：//www.thepaper.cn/newsDetail_forward_6870003。

王利强：《5G消息：线上金融的"第二曲线"》，《金融电子化》2021年第10期。

谢凯：《农业银行构建"金融+场景+服务"的开放生态》，《金融电子化》2020年第7期。

《英特尔"未来智能边缘计算论坛"在京举办》，电子产品世界，2020年9月18日，http：//www.eepw.com.cn/article/202009/418503.htm。

中国农业银行：《"农行微服务"微信小程序带您玩转场景+服务！》，https：//www.abchina.com/cn/PersonalServices/SvcBulletin/201704/t20170414_1050842.htm？ClientIP＝207.46.13.91。

中国人民银行：《个人金融信息保护技术规范》（JR/T 0171—2020），2020 年 2 月。

中国人民银行：《金融科技发展规划（2022—2025 年）》，2021 年 12 月。

中国人民银行数字人民币研发工作组：《中国数字人民币的研发进展白皮书》，2021 年 7 月。

中国人民银行：《移动金融客户端应用软件安全管理规范》（JR/T 0092—2019），2019 年 9 月。

中国银行：《金融场景生态建设行业发展白皮书》，2021 年 7 月。

《QuestMobile2021 全景生态流量半年洞察报告》，QuestMobile，2021 年 7 月 7 日，https：//www.questmobile.com.cn/research/report-new/161。

《QuestMobile2021 中国移动互联网年度大报告》，QuestMobile，2022 年 2 月 22 日，https：//www.questmobile.com.cn/research/report-new/222。

第三章 金融云计算[*]

第一节 金融云计算发展概况

金融云是指云服务提供商、金融机构利用云计算技术提供各类金融服务的一种行业云模式，云计算技术作为实现 IT 资源按需供给的技术手段，具有高弹性、高扩展性的特征，可以实现让金融企业像使用水、电、煤一样使用 IT 资源。从应用场景来看，金融云服务范围涵盖银行、证券公司、保险公司及交易所等各类金融机构，其中银行占据龙头地位，银行业对金融云的需求快速增长。云计算已成为金融业新型基础设施。云计算在金融业的深度应用，解决了原有金融业 IT 架构的高成本、难扩展、不灵活等一系列难题。

一 金融云计算市场现状

金融云计算市场规模方面，受疫情影响全球市场规模增速放缓，而国内市场规模呈爆发式增长。国际数据公司（IDC）最新发布的《中国公有云服务市场（2021 上半年）跟踪》报告显示，在全球云计算市场规模增速放缓的背景下，2021 年上半年中国公有云服务市场整体规模（IaaS、PaaS、SaaS）达到 123.1 亿美元，其中 IaaS 市场同比增长 47.5%，PaaS 市场同比增长 53.9%。从 IaaS+PaaS 市场来看，2021 年上半年同比增长 48.6%，较 2020 年下半年（53%）有所下滑，但仍保持全球最高增速。过去四年，金融行业上云是一个不可小视的趋势。以金融机构中的银行为例，对于超大型

　＊ 统稿：中国工商银行股份有限公司云计算实验室孙政清；课题组成员：中国工商银行股份有限公司王鑫、白佳乐、沈震宇，兴业数字金融服务（上海）股份有限公司陈云生、郑子洲、孙佳、陆徐骏。

银行而言上云已是必须，提升数据安全性、推进 IT 架构现代化、提高效率是它们最关注的问题。它们通过简单地集中和更好地组织数据与应用程序来提高系统的安全性、改善客户的体验。敏捷性的要求是这些超大型银行上云的首要驱动因素。大型银行在上云过程中则较为关注提高效率、生产力和数据安全性。上云的主要动力是在新的业务以及业务场景中减少运营费用、提升生产力。中小银行上云则由降低运营成本和监管指引两大因素推动，最关心上云的成本节约问题。

金融行业云服务各主体竞争激烈，主要为互联网系云服务商和金融系云服务商，此外也包含了华为这样的传统 IT 系企业，它们主要提供金融云基础设施解决方案，构成了金融云市场的基本格局。互联网系和金融系云服务商在互相竞争的同时存在合作关系。互联网系云服务商，如腾讯、阿里等企业，具有深厚的底层技术实力，能为用户提供标准化、成本更低的云基础设施解决方案，可将通用的公有云技术快速移植至金融行业部署方案中，减少用户部署时间和成本。而金融系云服务商，如建行、平安银行等金融机构，具有深厚的金融行业从业经验，对金融业务和场景理解深刻，能针对各种金融业务细分场景设计产品，提供的云服务更具金融特色。

二　金融云计算国家政策

金融云计算已成为金融行业数字化转型的关键，云计算技术与金融领域的深度结合，促进了对信息技术和金融数据资源的充分利用，是互联网时代大潮下金融行业可持续发展和数字化转型的必然选择。

2021 年 5 月，中国人民银行启动金融数据综合应用试点，强调科技赋能金融数据治理，探索人工智能、物联网、隐私计算、上云赋能等技术在金融数据治理、数据安全共享等方面的融合应用，促进了数据安全与数据价值增值之间的平衡。

2021 年 3 月，国有资产监督管理委员会科技创新局发布的《关于发布2020 年国有企业数字化转型典型案例的通知》中，30 多个优秀案例均使用云计算技术建立系统平台，提升生产运营数据价值，提高工作生产流程自动化水平和工作效率，为企业创造了显著的经济效益。

2021年3月，"十四五"规划更是为建设数字中国明确了发展方向，强调要加快建设数字经济、数字社会、数字政府，以数字化转型整体驱动生产方式、生活方式和治理方式变革，并且提出要提升金融科技水平，增强金融普惠性。

2021年5月，由中国信息通信研究院、工业和信息化部新闻宣传中心联合主办的"2021数据中心高质量发展大会"正式发布《超融合数据中心网络白皮书》，明确了数据中心和云计算的进化方向。

2021年6月，中国人民银行向部分金融部门、云服务提供商下发《金融云备案管理办法（试行）征求意见稿》，要求金融部门在利用金融云时，选择通过标准符合性自律备案的金融云。

2021年7月，工业和信息化部印发《新型数据中心发展三年行动计划（2021—2023年）》，明确了发展的主要目标，用3年时间，基本形成布局合理、技术先进、绿色低碳、算力规模与数字经济增长相适应的新型数据中心发展格局。总体布局持续优化，全国一体化算力网络国家枢纽节点、省内数据中心、边缘数据中心梯次布局。技术能力明显提升，产业链不断完善，国际竞争力稳步增强。算力算效水平显著提升，网络质量明显优化，数网、数云、云边协同发展。

许多金融机构在"金融+科技"的潮流驱动下，开始将自身的数据和应用迁移到云端，利用金融云推动金融服务的创新。金融云计算以"公有云+专有云+混合云"的混合数字基础设施模式为架构基础，具备"安全合规、自主可控、模块化"特性，金融机构可以充分利用该特性，建设集"场景金融、合作营销、开放互联、共享服务"于一体的数字化转型模式。同时，金融云能够转变金融机构的经营模式，驱动金融机构的数字化转型，助力金融机构提升管理效率，促进金融机构业务增长，进而使金融机构能针对战略方向和未来机会提前布局。

三 金融云计算技术现状

从金融行业IT基础设施技术路线演进来看，金融行业IT基础设施先是从早期的大型机逐步演进至普通 PC 服务器，随后大范围采用服务器虚拟化技术。随着云计算技术的兴起，以 IaaS、PaaS、SaaS、微服务等为代表的云计算理念及技术逐渐成为金融机构的首选。

（一）云价值的有效释放成为新挑战，云运营技术不断深化应用

随着金融企业用云迈向深水区，云计算技术应用过程中的问题不断暴露，云的应用需要更加深度优化的运营技术的落地。一是金融企业用云日益复杂化，上云应用逐渐由外围系统过渡到核心系统，上云的应用越来越复杂，且云上的数据日益增多。如何有效使用和管理云资源，保护云上数据安全成为企业面临的难题。二是应用上云如何优化成为难题，云计算场景需要应用与云平台深度适配，近年来，企业上云后系统性能下降的案例比比皆是，有些应用上云后效果可能适得其反。三是随着"云+分布式架构"不断深化应用，运维工程师正在迅速失去对整个生产系统的洞察力和掌控力，新架构下的监控体系成为全面云化的重要支撑。四是云支出浪费严重，用云成本难以掌控，虽然云计算具有弹性按需的优势，但是不当的用云策略往往会浪费更多的资源。

针对这些问题，近年来金融企业也开展了一系列关于解决方案的探索，也取得了一定的成效，但是仍需不断探索优化。一是实时、全面、深度的面向容器等云原生技术的监控技术的应用，包括链路追踪技术、动态追踪技术、Linux 内核的 eBPF 技术等。二是智能运维技术探索落地，包括应用画像、故障智能根因定位，在复杂的大规模金融应用生产环境下的应用效果初现。三是对面向云的资源运营技术的使用已经得到了较为广泛的实践，包括资源动态迁移、根据不同服务等级调度资源等。

（二）异构体系在金融机构已进入全面布局

目前各大商业银行已逐步布局异构体系转型，通过引入异构体系名录的云计算领域产品或者基于开源自研等方式，实现从计算、存储、网络到上层的数据库、缓存、消息中间件等云服务的软硬件异构。我国芯片产业整体发展基础较为薄弱，自主研发的服务器芯片有基于 MIPS 的龙芯、基于 X86 的兆芯、基于 ARM 的天津飞腾和华为鲲鹏以及基于 Alpha 的成都申威等，芯

片研发厂商较多，产业生态仍不完善。目前，在基础设施云层面，各云厂商均在寻找多硬件支持适配的解决方案；而在上层云服务领域，各金融机构选型有较大差异，中小商业银行往往通过采购厂商产品布局异构体系，而工行、建行等大行则利用自身深厚的技术沉淀，采用自主研发方式或者基于开源产品深度掌握其源码并进行二次开发，布局异构体系。

（三）从无状态容器化到有状态容器化，最终趋于全面云原生化

随着云原生时代的来临，微服务架构与容器化部署模式越来越流行，并逐渐由技术概念演变成现代 IT 企业的技术标配。无状态应用作为首批云原生受益者，实例之间没有明显差别，可以平滑迁移、水平扩展，这类应用在容器化部署过程中可以与 Deployment 等 Kubernetes 基础对象完美适配。有状态的中间件应用实例之间相互依赖，且需要维持存储、拓扑、网络等状态，存在搭建复杂、部署时间长、扩容困难、升级工作量大等难点。如何让这些复杂的有状态应用入云，实现容器化管理和部署，是当前亟待解决的问题。

为了解决上述问题，华为 CoreOS 团队推出了有状态应用管理框架 Operator。Operator 是基于 Kubernetes 基础资源和控制器概念构建，同时又涵盖了特定领域或应用的知识，用于实现其所管理软件的整个生命周期的自动化和智能化。容器本身缺乏很多全局的信息，而处于第三方视角的 Operator 则可通过全局的观察和探测，获取所有资源的状态和信息，并且跟预想的状态进行比较，通过预置的分析流程进行智能判断，从而进行创建、故障恢复、升级、扩容缩容、异常处理以及最终处理等操作，最终达到声明的状态。如此，所有的运维逻辑就能从镜像中抽取出来，并集中到 Operator 里去。将运维经验、应用的各种方案和功能通过代码的方式进行固化和传承，可减少人为故障的概率，提升运维效率。从长期来看，这将推进开发、运维、DevOps 的深度一体化。

（四）云架构从中心向边缘延伸，云边协同让金融延伸至边缘

云计算在金融业的深度应用，解决了原有金融业 IT 架构的高成本、难扩展、不灵活等难题，但无法有效满足金融业对数据传输、交易速率和本地数据安全性等的要求。在此背景下，边缘计算受到了广泛关注。边缘计算是

指在设备端附近发生的计算，目标是在靠近数据输入或用户的地方提供计算、存储和网络。根据中国信息通信研究院《云计算发展白皮书（2020年）》的数据，我国有 3.37% 的企业已经应用了边缘计算，计划使用边缘计算的企业占比达 44.23%，边缘计算应用潜力巨大，"云-端"架构向"云-边-端"架构转化趋势明显。

从技术应用来看，金融业将更主动拥抱云边协同。金融机构通过将关键数据的存储和计算部署在边缘侧，减缓云端的压力，为用户提供更为快速及时的响应，实现云边存储和算力的优化配置；同时，在边缘侧汇集和处理敏感数据，能更好地保护用户个人隐私。例如，在多家银行开展的 5G 智慧网点改造，借助云边协同，实现了银行网点业务智能、能耗智能、安防智能，提高了网点运营效率，并保证了关键数据的安全；在金融决策分析中，利用在移动终端设备附近部署的边缘节点，收集和分析金融终端数据，筛选和处理高实时数据，而将非实时数据在云端进行后续处理，提高风控业务的及时性和准确性。

（五）SaaS 模式在金融行业应用前景广阔

金融 SaaS 包含金融 SaaS 产品及其云计算支撑。SaaS 厂商以 SaaS 形式面向中小银行、金融同业、互联网公司输出金融产品，涵盖教育、医疗、房地产、物业、电商零售、餐饮、政府和企业应用服务等领域。在 IaaS、PaaS 等云计算能力的基础上，金融 SaaS 以多租户架构为其主要技术特点，一般使用虚拟私有云（VPC）等相关网络技术，实现不同产品和租户间的隔离，确保用户访问和用户数据的安全。同时，面对运营的需求，金融 SaaS 建立相应的 SaaS 云门户、云内管，提供完整的 SaaS 产品运营管理。

四 金融机构上云面临的风险和挑战

开源技术的普遍应用，为金融云计算提供了强劲的技术驱动力，但也使其面临系统性的挑战。随着金融机构信息化的发展，开源技术的引入呈现多维度态势，所以《关于规范金融业开源技术应用与发展的意见》（简称《意见》）的第一条给出了开源技术的范围，治理的开源技术对象主要包括三个部分：一是企业直接使用的开源项目社区代码或者制品；二是与外包商合作开发时引入的源码或制品；三是商业采购的基于开源项目的产品、解决方案、云服务等。

当前，开源技术已全面融入金融机构业务数字化转型的技术架构中，金融机构的 IT 能力关系到社会经济的运行，在创新发展的同时，稳定可持续是首要目标，所以《意见》的第二条给出了治理原则：坚持安全可控、坚持合规使用、坚持问题导向和坚持开放创新。从中我们可以看出，金融机构要做到治理好开源技术、运用好开源模式，以达到开放创新的目标。

金融机构开源治理的最终目的是掌握开源技术，防范开源风险，提升科技水平。在使用开源的整个生命周期中，治理是一项复杂且体系化的工作。《意见》第三至第十二条围绕总体机制、开源引入、风险防范和提升技术四个方面给出了开源治理的指引，开源治理能力成熟度框架如图 3-1 所示。

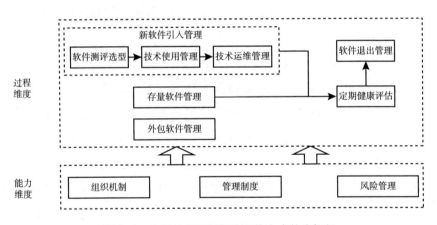

图 3-1　中国信通院开源治理能力成熟度框架

自发开源的目标是汲取先进技术，开源创新技术，培育适合金融场景的开源产业链。金融机构在做好开源治理工作的基础上，可以积极探索自发开源模式，最终掌握开源这一创新发展的范式，实现创新发展的目标。《意见》第十三、第十四、第十五条旨在鼓励金融机构充分理解开源的内涵，运用好开源模式，掌握自发开源的方法，实现产业开放创新。其途径是积极参与国际国内开源技术社区建设，同时探索金融行业自主开源，不仅仅是代码，包括能力平台等多种对象，都可以通过开放协作模式进行共同创新发展。鼓励金融机构、科技公司、科研院校之间开展开源项目合作，通过贡献和参与，解决行业共性问题，提升金融行业开源技术整体应用与创新速度。

第二节　金融云计算创新应用案例

一　中国工商银行金融云实现一云多芯转型

随着业务的不断发展，应用规模的不断扩大，为适应"业务量快速变化、应用（节点）数量快速增长"的要求，工行从自身特点出发，基于开源产品自主研发建设了"工行金融云"（基础设施云 IaaS、应用平台云 PaaS、金融生态云 SaaS），推进 IT 架构向快速响应、弹性伸缩、高可用、低成本的云计算架构转型，保障银行技术自主可控，为客户量及交易规模高速增长提供支撑，为稳定金融体系提供安全保障。

（一）待解决的问题

1. 基础设施云 IaaS

基础设施云主要针对云使用人员提供基础设施的自助服务，针对云运维人员提供基础设施的运维服务，针对运营人员提供基础设施的运营服务。一方面异构芯片种类繁多，常见 Intel、海光、鲲鹏等芯片均需个性化适配。另一方面异构芯片在资源池中混合部署，需统一管理和集中调度。此外，基础设施资源包括的存储、防火墙等，均需完成异构体系适配工作。

2. 应用平台云 PaaS

PaaS 平台具有应用（包括数据库）快速部署、弹性伸缩、高可用及负载均衡的功能，同时为日常运维提供统一监控、统一日志采集等功能。

第一，源码级定制优化。结合中国工商银行实际需求，需要通过源码级定制优化，实现异构软硬件产品能力和性能等方面的提升。

第二，自研框架异构体系兼容。中国工商银行的分布式框架、CTP 前后端框架是自主研发的开发框架，需要与异构体系兼容。

第三，PaaS 服务全面异构。常见 PaaS 服务，如操作系统、数据库 ISQL、高斯 GaussDB、东方通 TongWeb 等，需实现全面异构，并可正常对外提供服务。

（二）解决方案

1. 基础设施云 IaaS

基础设施云方面，一是开展异构服务器、异构操作系统等基础适配工作。提供基于 Intel X86 芯片、海光 X86 芯片和鲲鹏 ARM 芯片的虚拟机、裸金属服务器。二是结合中国工商银行生产实际需求，开展定制化工作，进一步提升产品能力。主要涉及与行内 IT 服务管理系统对接、异构云主机自动化供给以及异构云主机高可用架构设计提升等方面内容。对于异构芯片资源池也要统一管理和集中调度。Intel X86 芯片、海光 X86 芯片支持在计算资源池内混合部署。深度兼容异构硬件，打好全栈基础。基于异构软硬件提供块存储、文件存储、对象存储等服务，VPC、防火墙等网络服务。

2. 应用平台云 PaaS

应用平台云方面，结合中国工商银行实际生产需求，在产品能力提升和性能调优等方面进行重点攻关，同时在工作开展中寻找厂商产品存在的问题，进一步反哺厂商从源头提升产品能力。通过源码级定制优化容器计算服务，基于异构基础设施资源池进一步优化企业级容器服务。将工行自研的分布式框架、CTP 前后端框架与异构体系完全兼容，包括浏览器、中间件及数据库等，并提供操作系统、数据库 ISQL，高斯 GaussDB、东方通 TongWeb、大数据等全面 PaaS 服务。相关技术攻关工作验证了使用异构产品开展云平台建设的可行性，产品能力的提升为同业结合自身需求进行定制化改造提供了有益借鉴。

（三）案例应用实践及效果

1. 经济效益

工行金融云实现了端到端架构的开放，解决了"卡脖子"难题。工行积极利用分式、云计算等新技术推动金融服务创新发展，实现了银行信息系统由传统集中式架构向分布式架构转型，减少了对厂商的依赖，极大提升了在软硬件采购中的议价能力。截至 2022 年上半年，工行共建设了 15 个云平台资源池，实现了异构芯片资源池统一管理和集中调度，异构芯片服务器使用规模已达数千台，供应了数以千计的异构虚拟机、数百台异构裸金属服务器以及近万个异构容器。

工行金融云提高了资源利用率及运维效率，节约了采购成本。通过云平台，工行基础设施资源利用效率提升 2~3 倍，资源供应时间由 2~3 周缩短至分钟级，运维流程实现全自动化，节约数十亿元采购成本。

基于异构云平台构建的工行开放金融生态，2022 年上半年累计服务数万家企业或机构客户、数千万个人客户，累计交易额达几千亿元，极大提升了"获客、活客、黏客"能力。

2. 社会效益

目前工行自主研发的 PaaS 容器在业务应用运行环境中的占比超过 50%，验证了开源技术在金融企业运用的可行性，为其他金融企业提供了指导，并通过参与开源社区建设，积极贡献了工行方案。在工行金融云建设过程中，张远征、夏龙飞、杨诚等参与开源建设，成为多个开源项目的技术专家（Commiter），扩大了金融行业在开源社区的影响力，包括 Dubbo、Arthas、Nacos、Kubernetes 等一流社区。

工行通过积极推动解决方案的对外输出和产品化包装，将异构云平台中包含的企业级云平台、分布式技术体系推向业界，让更多金融机构及企业受惠。通过完善异构软硬件生态，近两年工行共推出兼容软硬件百余种，奠定了全栈异构金融云的规模化深度应用基础。

（四）主要创新及核心竞争力

1. PaaS 容器

第一，重新设计容器的 CPU 核心级调度和资源池级调度策略，实现高性能低感知；第二，深度优化容器生命周期管理机制，实现稳定可靠的容器运行支撑；第三，精心打造面向金融应用的云管系统，实现灵活高效的运维运营；第四，创新研发大规模网络解决方案，形成超大规模、松耦合的容器网络架构。

2. 关键技术

第一，多芯兼容，实现一个云平台对 Intel X86、鲲鹏 ARM、海光 X86 芯片等多异构芯片供应算力，打造异构生态支撑基础；第二，灵活调度，实现云平台资源跨芯片调度，满足云服务在同架构多芯片场景下的快速迁移需求，具备多芯差异屏蔽的特点，实现异构技术栈的灵活推广；第三，交叉复用，一个云平台支持多芯片计算资源在管控、网络、存储等配套设施交叉共享复用，实现有机融合；第四，全栈部署，实现从硬件设备到云主机、容器、分布式存储、数据库、操作系统、中间件等的全栈异构云服务资源供应。

3. 分布式数据库

第一，建成具备高并发、高可靠、弹性伸缩、监控完备、高效运维的金融级分布式数据库软件系统；第二，自研数据库云化部署技术，基于工行的 PaaS 和 IaaS 平台实现资源供应的云服务化；第三，自研一体化性能容量管理组件，实现对 MySQL 的性能容量监控以及对应用透明的 SQL 审核。

二　平安银行 IT 数字化云平台

平安银行 IT 数字化云平台践行科技引领战略，落地数字化转型实践，实现业务、研发、运营各组织协同，打通财务企划、业务需求、研发交付到数字化运营的各个环节，提供一站式服务。流程中融入银行 EPG 研发管理基线、内建质量、安全 SDLC 流程，实现端到端自动化，在 IT 软件全生命周期实现财务成本管理、项目及需求管理、IT 资产管理、研发工程质量和效能管理，赋能数字化管理能力的提升。

平台构建数据中台，提供效能度量数据，实现高效、准确及智能服务。利用数据落地云成本优化（FinOps）实践，以数字技术与财务管理深度融合为抓手，加强成本管控职能，实现需求价值决策和价值评价，助力精细化管理。

平台内嵌云原生技术标准规范及 DevOps 工程实践，满足银行 IT 敏态和稳态研发模式，实现监管合规、稳定运营的要求与组织级效能提升、持续创新有机结合，为平安银行数字化转型提供强大的数字技术支撑。

为贯彻国家政策要求，同时满足平安银行自身发展需要，平安银行自2019年起，全面启动全行 IT 数字化管理体系建设。IT 数字化云平台为该体系的重点建设项目。

项目以建设 IT 资源管理、精益需求管理、敏捷交付管理、数字化运营管理、IT 资产管理、工程效能管理等全流程业研一体数字化管理平台为目标，并提出"提管理、提效率、降风险、保稳定"四个方面的要求，为平安银行提供一站式、平台化、实时化、服务化的解决方案。

经过不断的完善迭代，IT 数字化云平台已完成八大基础平台建设，完善全流程工具链，实现全链路数据的贯通和治理，能够支撑 9 大类研发服务场景建设，是实现平安银行数字化转型的重要支撑。

平安银行 IT 数字化云平台如图 3-2 所示。

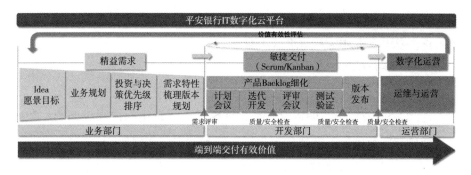

图 3-2　平安银行 IT 数字化云平台

（一）待解决的问题

第一，提升数字化管理水平，降低 IT 管理成本。建设 FinDevOps 能力，实现 IT 投入有效性量化评价，辅助需求价值决策，让资源投放更有针对性、更有成效；实现对 IT 资产全生命周期管控及治理，促进能力共享复用，减少 IT 投资的浪费。梳理应用分布，促进分层分级架构管控，提升 IT 管理效率；建立数字化效能管理体系，持续丰富研发效能度量指标，支持多维度分析，随时掌控全行研发效能，量化分析 IT 投入产出，促进 IT 资源合理配置。

第二，加速质效合一，降低安全合规风险。实现端到端工具一体化，自动化提升效率，降低应用交付的难度和复杂度，提升应用交付质量；同时对 IT 资产进行数字化管理，应用商店实现服务共享，支持快速创建和设置新产品，提升研发效率。内嵌安全合规流程基线，实现安全技术研发平台化、运维流程对接和内嵌，研发过程加强开源检测的安全扫描，完善纵深防御体系，实现安全分级管控的自动化，事中有效监控和防范交付风险；版本上线状态实时查询，以降低发布风险，助力风险体系建设；平台技术体系自主可控，保障银行数字化转型中的系统和产品安全。

第三，稳定运营，多样技术能力保障。实现基于云架构的一键发布技术，以容器部署提升环境部署，缩短研发周期，提高部署、运维效率。提供多样发布和编排发布，实现多环境运维及应用全生命周期管理，形成统一的部署规范、良好高效的部署体验以及安全合规的部署能力，完成一站式生产部署技术方案，实施多环境混沌工程等。

（二）解决方案

总体上，平安银行以如下思路解决 IT 体系数字化转型痛点问题：①通过 IT 资源和研发效能透明以及自动化措施解决"跨组织协同"问题；②通过重塑研发服务流程，强化数字化风险管控能力，满足组织质效合一要求；③通过夯实科技底层支撑能力，统一规范工程技术，满足"进一步拥抱云原生"的需要。具体措施如下。

1. 深度融合 IT 资源管理与财务管理体系，构建统一的科技财务管理平台

通过"预算项目账单系统"、"工时账单系统"以及"IT 资源看板"的建设，串接预算编制、需求评审、过程度量（工时账单）、投产评价等科技预算管理全生命周期，深度融合 IT 资源与财务管理体系，落地 FinDevOps 实践，构建财务管理与研发运营一体化管理体系，加强成本管控，健全价值链、全生命周期成本费用管控机制，以实现对项目需求的精细化管理；从财

务角度制定项目预算、归集和优化成本，对资源投入、成本合理性、实际效果进行整体、客观、清晰化理解和评价。

2. 建立云原生软件研发支持体系，重塑高效研发服务流程

深化业务开发运维一体化（BizDevOps），融合业务，重构端到端数字化流程。在交付能力方面，打通部门间阻隔，连接流程断点，从产品愿景规划、精益需求价值排序、版本动态规划出发，以敏捷交付为主线，制定清晰的研发标准工作规程，实现跨组织、跨角色、跨时序的任务定制与编排，形成各环节无缝衔接、信息实时交互、资源高效协同的处理模式。全面提升敏捷研发能力、过程质量和安全保障能力，提升研发效率并保障交付质量。

3. 建立 IT 数字资产中心，有效管理 IT 数据资产

搭建 IT 数字资产中心，实现对成果类资产、过程类资产和资源类资产等各类资产以及 IT 资产全生命周期的管控及治理，从而实现 IT 资产透明化，促进相关资产共享复用，提升 IT 管理效率。其中，成果类资产即软件研发流程中制造的产物或者成果，如标准规范、模型设计、软件源代码、测试方案、测试案例、软件制品以及软件服务等。过程类资产即与软件研发过程中流程管理有关的文档和数据，如项目方案、业务需求、设计任务、开发任务、测试任务、投产任务等。资源类资产即硬件、人力、供应商等。

4. 建立统一、规范、智能的数字化效能度量体系

通过建立全行统一的效能数据中台——Kepler 平台，实现对研发效能全流程数据的统一规范化管理和使用，包括数据归集整理、数据应用与展示以及数据能力的输出。统一、规范、智能的数字化效能度量体系，完全打通、汇聚开发运营全流程数据，全面系统梳理效能核心指标，提供智能建模功能，从多个维度为开发运营全流程提供数字化的效能管理。

5. 建立统一、规范的安全保障体系，满足银行研发安全合规要求

加强数字化安全风险管控能力（DevSecOps），在流程内嵌入 EPG 管理基线和质量基线，并融入 SDLC 体系化安全研发标准，满足金融行业特有的对于安全合规的硬性要求。同时，系统融入可信开源治理基线，保障组织规范安全运用开源软件。

6. 建立基于工具链生态、匹配云架构的发布能力，实现一站式生产部署

通过建立一站式发布平台 Starcity，满足各类研发团队的持续交付需要，支持多种语言，包括 Java、Python、Go 等；通过持续构建、自动化测试、持续部署，实现应用系统在不同环境持续、可控、自动化、批量等多样一键发布。支持灰度发布、蓝绿发布、动态系统更新（DSU）等多种发布策略，提供滚动无损发布，为技术团队提供良好的应用发布体验。

7. 建立保障复杂系统稳定的混沌工程

通过建设混沌工程平台（代号：ASTA），以服务的形式输出"混沌测试"能力。支持多平台、虚拟机、多容器环境的全方面的故障模拟和注入。通过平台模块、流程引擎、底层能力、基础设施四大模块，提供一站式的用户界面，丰富实验场景推荐，实现便捷的案例集生成、报告管理等功能，附加功能案例和性能自动化支持，充分支撑上层业务，支持日常实验和突袭、攻防、上云及回归实验。混沌工程平台以服务化的形式融入平安银行 IT 数字化云平台，打通研测流程，将健壮性卡点落到系统中，为平安银行分布式、微服务化架构的稳定性提供可靠保障，成功服务信用卡核心系统和柜面、客户、企业总线等核心应用系统，以及框架、文件传输、消息、数据连接、DevOps 工具等基础的中间件。

（三）案例应用实践及效果

平安银行 IT 数字化云平台已覆盖全行 100% 的业务，研发管理模块承担全行 100% 的研发管理任务和代码、制品包管理任务，发布管理模块承担全行 99% 的应用发版。平台实现敏捷与安全协同，创造更大价值。

接入 Starlink 后需求实现（需求—开发—测试—投产发布）时效普遍提升 18%~48%，交付产能提升 30%；流水线构建时长缩短 46%，自动化构建效率提升 56.4%；通过质量门禁对需求、开发、测试、发布过程中的各类动作、节点（如代码的 Push/Merge、版本冻结等）进行控制，促进代码质量提升，其中，首移有效率提升了 6%，自动化测试覆盖率提升了 33.1%，测试缺陷重修率下降了 42.5%。

在采用了分布式架构的平安银行信用卡新核心系统中，每月业务需求和

内部优化需求数量过百，之前采用项目管理模式，管理成本高，版本周期长，采用该系统后，版本常规周期缩短至 2 周，需求管理人员从原来一个专门的项目组变成研发人员兼职管理，大幅降低管理成本。平安银行信用卡科技团队整体交付产能提升 30%，交付时效提升 18%，业务系统可用率保持在 99.99% 以上，有效支持了平安银行信用卡分布式核心系统的上线和运营。

三 工银科技有限公司商医云

商医云通过应用医疗器械唯一标识（UDI），使得医疗器械在全生命周期中得以被追溯，是市场上唯一一个全国通用且合规的"医疗器械二级节点+供应链金融+金融生态云"的创新性解决方案。根据商医云平台数据，截至 2022 年 7 月，平台共有经营企业 18324 家，生产商 6657 家，产品标识注册量 1166.5 万个，累计解析量 544.5 万，三甲医院接近 50 家，全部医院215 家。从产业角度看，商医云打通了医院、生产商、供应商等多种行业产业链，有利于减少用械差错，提升院内医用耗材管理水平，维护患者安全；从政府管理角度看，商医云通过构建医疗器械监管大数据，实现智慧监管。对于医保部门，商医云有助于其在采购招标中精准识别医疗器械，实现结算透明化，打击欺诈和滥用行为；从公众角度看，商医云通过信息公开和数据共享，有效维护了消费者的合法权益。

当前，推广落地医疗器械唯一标识（UDI）已经成为国务院、国家卫健委、国家药监局、国家医保局的监管共识。2019 年，国务院、国家卫健委和国家药监局连续发布医用耗材相关管理规定，对医院医用耗材管理提出了更高的要求。2020 年 6 月 8 日，国家医疗保障局发布《基本医疗保险医用耗材管理暂行办法（征求意见稿）》，其中第十四条规定："国家医疗保障行政部门按照统一的编码规则，为医用耗材编码。加强医用耗材医保编码与医疗器械唯一标识的衔接应用。建立医保目录内医用耗材编码定期维护、审核、公示、发布机制。医保目录内医用耗材编码数据库按季度更新。各级医保部门要按规定使用统一的医用耗材编码"。2020 年 9 月 30 日，国家药监局、国家卫健委、国家医保局联合发布《关于深入推进试点做好第一批实施医疗器械唯一标识工作的公告》。

国家卫健委对医用耗材合理使用、精细化管理也提出明确要求。2019 年 6 月，国家卫健委发布《医疗机构医用耗材管理办法（试行）》，明确提出"医疗机构应当逐步建立医用耗材信息化管理制度和系统"，且"医疗机构耗材管理信息系统应当覆盖医用耗材遴选、采购、验收、入库、储存、盘点、申领、出库、临床使用、质量安全事件报告、不良反应监测、重点监控、超常预警、点评等各环节，实现每一件医用耗材的全生命周期可溯源"。

同时，随着零加成政策在全国公立医院实施，药房和医用耗材库从以前医院的"利润中心"转变为"成本中心"，医院控制医用耗材、药品成本的需求越来越强。在强监管、集中采购、零加成、编码标准发布的背景下，医院运营管理模式朝着标准化、体系化、协同化、精细化转型。医院全面实施医疗器械唯一标识（UDI），是实现医用耗材精细化管理、条码化管理、全程追溯管理和医用耗材全生命周期管理的基础。

商医云基于中国工商银行自主研发的云计算平台对外提供 SaaS 服务，工银科技有限公司中标了工业和信息化部工业互联网标识解析二级节点平台建设项目，成为医疗器械唯一标识体系建设的国家队成员，为医疗器械供应链生态提供了创新性解决方案。

（一）待解决的问题

医院作为连接医疗器械生产商、经营商和患者的主要机构，承担着医疗器械管理过程中的最核心职能。如何对医疗器械实施全过程的风险管理，及早识别和消除潜在风险，将医疗器械使用风险降到最低，确保公众用械安全有效，是生产商、经营商、医院、监管部门等一直关注的焦点。

过去医院自身管理流程存在不足以及医院信息化系统建设滞后，导致医院医疗器械管理的各个环节一直面临诸多挑战。

传统的医疗器械管理方式有很多缺陷：产品信息录入和审核会导致工作量增加，工作量增加会导致频繁出现问题，而且问题通常在器械被使用时才发现，后期处理问题的工作复杂；产品信息不够丰富；数据更新机制不完善，注册证换证等信息变更不能及时有效反馈。

（二）解决方案

通过推行医疗器械唯一标识（UDI），采用一站式商医云管理服务，可安全高效解决医院、生产商、经营商的医疗器械精细化管理难题。

第一，UDI解析助力医院现有医用耗材管理系统实现UDI原厂条码落地应用。

第二，安全合规的业务协同解决方案，确保医院安全合规经营，同时为医院内外部各环节实现高效的业务协同提供支撑，实现资质电子化、资质到期自动提醒给相关方、采购等业务动作自动检查资质。

第三，医用耗材精细化管理解决方案，通过基于UDI的医用耗材全流程精细化管理，降低医院医用耗材管理风险及成本，全面提升管理效能。从产品追溯、不良事件管理、召回处理、效期管理、合理使用分析等多方面对医用耗材安全合规使用提供管理支撑。

第四，集团化医院管理解决方案，通过打造独立的集团平台，实现统一的主数据共享、风险防范、业务管控、业务财务一体化融合等，为各个分院、诊所管理赋能。

（三）应用效果

商医云融合了多家大型三甲医院对医用耗材管理的理念，具有较高的系统配置灵活性，可根据医院实际情况，进行系统落地实施。同时系统开发快速跟进政策变化，保证医院医用耗材管理在管理理念和政策跟进上双领先。根据商医云平台数据，商医云已逐步形成"医疗器械二级节点＋供应链金融＋金融生态云"的创新性解决方案，平台在北京地区的年度交易量超过120亿元。

某大型三甲医院院长在签约仪式上表示，该平台不仅为医院提供医疗器械唯一标识（UDI）、解析应用及风险数据管理服务，落实监管政策，而且基于医疗器械唯一标识（UDI）贯穿医疗器械制造生产、销售采购、使用管理、医院结算等环节，实现对医疗器械全流程精细化管理及数字化运营，对优化医院库存管理、降低使用耗损、提高财务管理效率必将发挥积极作用。

四　深圳致星科技有限公司星云隐私计算平台

近年来，在大数据、人工智能等新技术的驱动下，金融机构的商业模式、数据处理技术、需求洞察能力、风控体系均在发生变革，金融数字化以迅猛的速度重塑产业生态。如何在充分保障用户隐私和数据安全的前提下，将高价值数据应用于智能风控业务场景，建设风控模型精细化、用户画像精准化的智能风控能力对于金融机构深化普惠金融具有重要意义。

在此背景下，某股份制银行牵头，以算力为核心的隐私计算技术提供商星云 Clustar 提供技术支持，以小团队创新的形式，开发了"基于隐私计算的大数据智能风控"项目。该项目总体目标为打破行业内外的数据壁垒，通过联邦学习技术，在保证"数据可用不可见"的前提下，实现跨机构、跨行业、跨区域的数据资源互联互通。

2020 年 4 月，中共中央、国务院颁布《关于构建更加完善的要素市场化配置体制机制的意见》，将数据列为一种新型生产要素，与土地、劳动力、资本等传统要素并列。文件指出要推进政府数据开放共享，提升社会数据资源价值，加强数据资源整合与安全防护。数据作为数字经济时代的新型生产要素，对于产业界的重要性不言而喻。聚合多维海量数据，充分挖掘和利用其内在价值，成为各个产业机构的战略重点，但囿于其本身的私密性与敏感性，数据作为生产要素的价值难以被有效利用。

（一）待解决的问题

在天然具有数字基因的金融领域，数据要素的有序流通与综合应用显得尤为重要。多方数据联合建模能够提升信贷风控模型的精准度，但随着全球相关法律法规相继出台与落地，如欧盟的 GDPR、美国的 CCPA，以及我国发布的《数据安全法》《个人信息保护法》，数据流通中的小数据和数据孤岛问题凸显。其中，跨境电商领域涉及境外资金非法流动、洗钱等风险，境内外数据不互通，导致跨境电商主流融资利率是 12%~18%，近万亿级别的市场，却没有正规的金融机构参与其中。如何在充分保护客户隐私和数据安全的前提下，将外部高价值数据源应用于智能风控等业务场景，实现普惠金融精准风控成为亟待解决的问题。

（二）解决方案

隐私计算技术的发展与应用为解决上述问题提供了重要技术思路。在联邦学习技术进行机器学习的过程中，各参与方可在数据不出本地的前提下，只交换密文形式的中间计算结果或转化结果，完成联合训练，建立共享的机器学习模型。整个计算及传输过程均在加密状态下进行，能够确保数据使用全流程安全可靠，保障隐私不被泄漏，也就是业界常说的"数据可用不可见、数据不动价值动"，从而减少数据协作过程中的风险，且基于联邦学习技术协同构建的机器学习模型与中心化训练获得的模型相比，性能几乎是无损的。

该项目以星云隐私计算平台为核心，主要通过联邦学习技术，在各自数据不出本地的基础上，使用某股份制银行线上贷款项目中积累的客户标签数据与外部机构数据进行风控等模型的联合建模，实现跨机构、跨地域、跨行业的数据资源安全合规地流通共享，将境外数据引入境内，使用维度更加丰富的数据针对风控模型进行优化迭代，最终将模型应用于该股份制银行线上贷款项目的风控环节中，构建贷前价值成长、贷中数字信用及贷后风险预警的全生命周期风控模型。

星云隐私计算平台技术架构见图3-3。

在安全性与互联互通维度，星云隐私计算平台采用联邦学习技术，遵循"数据可用不可见"原则，实现了"数据不动价值动"效果，将外部电商、政务、电信运营商、行业服务商等数据应用到风控领域，丰富数据源，提升了大数据风控的精准度。

在技术价值维度，星云隐私计算平台通过联邦学习将境外数据引入境内，设计出基于大数据的精准风控模型，模型已于2021年7月正式落地，对于贷款申请数量与贷款金额增长均有显著促进作用。

在应用创新维度，星云隐私计算平台基于该股份制银行大数据风控引擎建立纯线上授信审批系统，构建贷前价值成长、贷中数字信用及贷后风险预警模型，提升了贷款效率，减少了人工审核、人工授信等流程。通过对企业电商平台经营及企业运作情况的实时监测，帮助该股份制银行将融资服务从

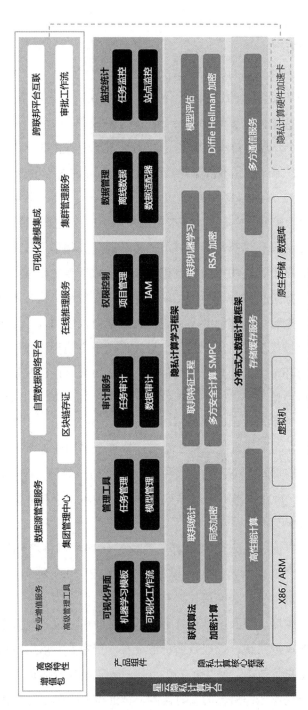

图 3-3　星云隐私计算平台技术架构

单一的主体信用评估模式，转变为"数据信用+资产状况"的多元评估模式。

（三）案例应用实践及效果

该项目通过联邦学习技术"数据可用不可见"的优势，安全合规地引入电商、政务、电信运营商、行业服务商等多维数据源联合建模，推进银行大数据风控能力建设，推动精准风控的普惠金融落地。该项目降低了企业融资门槛与融资成本，解决了跨境电商小微企业融资难、融资贵问题，满足跨境电商客户"短、小、频、急"的资金需求，积极响应普惠金融政策，支持了实体经济发展。

目前，该项目业务进展迅速，预计2022年将服务百余家小微企业。未来，随着更多优质数据源的引入，将进一步推进银行大数据风控能力建设，向跨境电商小微企业提供更大额度、更低利率的普惠金融服务。最终实现精准风控的普惠金融，支持产业结构调整和转型升级，助力中国制造走向世界、品牌出海。

第三节 金融云计算发展趋势

一 金融云计算应用发展趋势

金融信息化已进入了金融数字化阶段，包括工行、建行、农行等在内的12家上市银行相继成立金融科技公司，加快金融科技布局，加大对金融科技资金和人员投入，加快金融科技资源整合，在依托金融科技推进自身数字化进程的同时，积极对外输出相关服务，赋能其他行业转型升级。金融机构通过开源技术实现金融业务的数字化转型，通过开源模式助力开放金融的生态创新。数字化、智能化不断催生新兴的服务模式和产品，并在第三阶段"全面云化"和"分布式化"的基础上向"智能化"和"开放化"的新技术和业务融合体系演进，金融机构大量使用云原生、人工智能等新兴开源技术，实现业务的高效敏捷开发、运营的数字智能化。

金融云计算成为新兴技术不断落地金融业务的不可或缺的底座。基于云架构之上人工智能、区块链、大数据、5G、量子计算等技术手段的发展革新，逐渐具备了在金融领域落地应用的基础条件，成为重塑未来金融业态和服务的新力量。银行等金融机构起初不敢尝试或接触的新技术已经在各条业务线上不断发挥价值，人工智能、区块链、大数据等新技术无不需要强大的算力支撑，而云计算凭借其大规模、弹性伸缩、高可用、随时获取等特点成为新技术落地的不可或缺的基础设施。

二　金融云计算技术发展趋势

（一）超融合基础架构将成为下一代软件定义架构

超融合基础架构（Hyper-Converged Infrastructure，HCI），是新一代横向扩展的软件定义架构，它由整合了 CPU、内存、存储、网络和虚拟化软件平台的通用硬件单元组成，没有固定的中心节点。它的核心概念包括线性的横向扩展、计算能力和存储能力相融合、服务器端采用高速闪存作为存储介质。超融合基础架构打破了传统的服务器、网络和存储的孤立界限，实现了一个统一的超融合形态。

超融合的核心是分布式存储，谈到分布式存储，离不开软件定义存储 SDS（Software Defined Storage），软件定义存储是一种数据存储方式，所有与存储相关的控制工作都在相对于物理存储硬件的外部软件中。这个软件不是存储设备中的固件，而是在一个服务器上或者是操作系统或虚拟机监视器的一部分。超融合是一种架构，它的实现方式有多种。国内常见的几种方案如下：①基于自研的分布式文件系统研发出来的超融合架构，支持常见的三种虚拟化架构（VMware、KVM、Hyper-V），代表产品是 Nutanix，Nutanix 的分布式文件系统是 NDFS；②虚拟化和分布式存储完全自研、提供超融合参考架构、整体方案由合作伙伴提供的 VMware+vSAN，分布式存储无法独立部署，必须依赖 VMware 虚拟化，典型的产品有 EMC 的 VxRail；③基于开源的分布式存储（Ceph）推出来的超融合架构；④分布式存储完全自研，推出基于 VMware 和自家虚拟化的超融合方案，例如华为的 FusionCube、EMC 的 VxRack，分布式存储可以独立部署；⑤基于开源的分布式文件系统研发出来的超融合架构，只支持一种虚拟化（KVM），代表产品是深信服超融合，深信服超融合的分布式文件系统是 GlusterFS。

超融合技术也存在一些短板，比如不适合超大规模部署，集群规模过大会带来一系列部署和运维问题。例如超大规模的集群需要交换机的级联，会增加交换网络的复杂度和集群节点间的存储网络延时。运维方面，系统架构复杂性增加使得集群配置和管理变得更加困难，加大了硬件故障和自修复发生的概率，如果出现故障，问题的跟踪调试和分析诊断也变得更加困难。因此，超融合技术更加适用于生产规模较小的中小型金融机构。

（二）eBPF 为系统监控带来革命性的发展

eBPF（extended Berkeley Packet Filter）是内核源自柏克莱封包过滤器（BPF）的一套扩展的数据包过滤机制，严格来说，eBPF 的功能已经不仅仅局限于网络包过滤，利用它可以实现内核监控、流量控制、应用性能监控等强大功能。为了实现如此强大的功能，eBPF 提供了一套精简指令集，并实现了该指令集的虚拟机，使用者通过内核 API 向 eBPF 提交指令代码来完成特定的功能。

eBPF 是一项革命性的技术，可以在 Linux 内核中运行沙盒程序，而无须更改内核源代码或加载内核模块。通过 Linux 内核编程，基础架构软件可以利用现有的层，从而使它们更加智能和功能更加丰富，无须继续为系统增加额外的复杂性层。eBPF 助推了网络、安全性、应用程序配置与跟踪和性能故障排除等领域的新一代工具的开发，这些工具不再依赖现有的内核功能，而是在不影响执行效率或安全性的情况下增加额外能力。

（三）分布式云可能成为云计算发展的未来

分布式云计算将公有云服务（通常包括必要的硬件和软件）分布到不同的物理位置（即边缘），而服务的所有权、运营、治理、更新和发展仍然由原始公有云提供商负责。分布式云有三个要素：公有云、混合云和边缘计算。公有云提供商多年来一直提供多区域和地域支持。通过打包混合产品，公有云服务现在可以分布到不同的物理位置，包括边缘在内。

分布式云计算将来自公有云提供商的云服务"分发"到特定且变化的物理位置，使云服务在物理上更接近需要它们的操作，可以实现低延迟计算。不仅如此，分布式云可能更符合法规要求，即数据必须位于特定的客户位置。其他优点还包括降低了网络故障风险，因为云服务可以驻留在本地或半本地子网中，从而使它们可以不受限制地间歇运行。

（四）多云容器编排将成为云原生时代应用入云利器

随着 Kubernetes 项目进入成熟期，其逐渐成为云原生时代的基础设施，越来越多的组织将基础架构迁移到 Kubernetes。官方宣称，Kubernetes 单集群最多可支持 5000 个节点和 15 万个 Pod，很多情况下因为容灾、隔离、多云等因素需要部署多个集群，如何将应用跨集群部署，实现多云容器编排是亟待解决的问题，也是业界面临的一个痛点。

目前各大厂商几乎都没有一套完备的、行之有效的、可复用的解决方案。业界普遍使用 Kubernetes Federation v2（Kubefed）解决应用在多个集群之间分发的问题。Kubefed 项目最大的问题是使用了 Kubernetes 非原生 API 来管理应用部署，用户必须先改造既有的工作流程才可将应用迁移到 Kubefed 提供的 API，这不仅抬高了使用门槛，而且种类繁多的 API 也增加了用户的学习成本。而且 Kubefed 只完成了应用分发的流程，对于应用的运行状态缺乏监管。在使用 Kubefed 分发应用时只能看到是否分发成功，对于应用运行状态，仍需要遍历集群分别获取，对用户使用造成了极大的不便。

以 2021 年出现的集群联邦项目为例，Karmada 支持应用在多集群上自动扩展、故障转移和负载均衡；并可方便快捷地将应用程序从单集群迁移到多集群，支持将 Kubernetes 集群纳入集群联邦，进行集中式的操作和管理；提供多样的容器调度策略，支持跨资源域、跨可用域、多云环境、集群亲和性和反亲和性等，为多云和混合云场景提供了多集群应用程序和自动化部署解决方案，保证了统一管理、高可用、故障恢复和任务调度。

集群联邦项目 Karmada 技术架构如图 3-4 所示。

使用Karmada构建无限可扩展的容器资源池
让开发者像使用单个K8s集群一样使用多云

KARMADA

策略管理	统一配置	元数据备份	CI/CD	
多集群调度	多集群自动伸缩	全域流量调度		多集群运维监控日志告警审计
聚合APIServer	应用负载管理	多集群流量治理	全局数据管理	
集群生命周期	集群发现	集群同步	多集群网络互通	多集群统一认证
托管集群		私有集群		边缘集群

图 3-4　集群联邦项目 Karmada 技术架构

资料来源：华为云官网。

（五）"异构体系+云"构建安全可靠的金融系统基础设施

在国家政策和市场驱动下，近几年我国异构体系产业的发展取得了诸多突破，但整体上仍然存在技术路线分散且生态不完善等问题。基于数据合规性、安全性、私密性等多方面考量，金融业云平台需要实现从芯到端到云的本质安全。目前已经出现"一云多芯""全栈异构""超级计算机"等发展趋势，以实现异构体系基础资源的规模化供给，帮助上层应用系统极大降低异构体系转型适配成本，确保异构体系转型工作可持续推进。可以预测"异构体系+云"相关产业必将迎来重大发展机遇，带来格局重塑的机会，推动金融业数字化智能化转型。

（六）深度运用云原生技术释放红利

在完成企业上云的业务部署后，企业业务和运维可依托云原生基础设施实现价值升级。无服务器、函数计算、服务网格等云原生技术，可进一步将与业务无关的运维管理能力下沉到基础设施，为金融机构提供极致性能的多元算力、敏捷高效的应用构建能力、低门槛的业务智能能力、全方位的安全可信能力、极致的业务体验能力，进一步释放云计算的红利。

三 金融云计算监管趋严

金融机构对行业云或者公有云服务提供商的实施经验、资质、合规能力、安全能力以及服务能力提出了越来越高的要求。根据市场调研机构的调研结论，合规能力方面，金融机构要求云服务商必须满足监管机构的准入要求，符合架构设计、解决方案、运维环节以及数据和隐私保护等方面的合规要求；安全能力方面，金融机构要求云服务商必须具有提供安全云服务的资质和能力，如 ISO27001、ISO22301、ISO27018 等安全资质以及内部控制机制、数据管理能力、访问控制管理能力、金融业务差异化灾备能力等；服务能力方面，金融机构要求云服务商要具有完备的服务流程和高水准的服务团队，有持续稳定、高质量服务的能力，包括金融业务系统上云自动化迁移工具、金融云环境一键部署能力、事件快速响应能力、一站式智能运维服务能力等。

对此，2020 年 10 月，中国人民银行下发《关于发布金融行业标准强化金融云规范管理的通知》，要求金融部门在利用金融云时，应选择通过标准符合性自律备案的金融云。《金融云备案管理办法（试行）征求意见稿》已于 2021 年 6 月向部分金融部门、云服务提供商下发。在完成三轮征求意见后，该办法正待相关部门审订，整体方向已经锚定：任何机构和个人未经备案不得从事或变相从事金融云服务行业，同时，金融部门不得使用未经备案试行的金融云产品。

参考文献

甲子智库：《2021 中国云计算研究报告》，2021 年 8 月。

云原生产业联盟：《云原生发展白皮书（2020 年）》，2020 年 7 月。

中国人民银行：《金融科技（FinTech）发展规划（2019—2021 年）》，2019 年 8 月。

中国人民银行：《关于发布金融行业标准强化金融云规范管理的通知》，2020 年

10 月。

中国信息通信研究院：《云计算白皮书》，2021 年 7 月。

中国信息通信研究院：《中国金融科技生态白皮书》，2021 年 10 月。

Bessemer Venture Partners，*State of the Cloud* 2021，2021 年 10 月。

Gartner，*Cloud Heat Map for Banking and Investment Services，2019*，2019 年 9 月。

IDC：《中国公有云服务市场（2021 上半年）跟踪》，2021 年 10 月。

第四章　金融分布式架构[*]

第一节　金融分布式架构发展概况

科技与金融加速融合，基于大型主机技术构建的集中式架构已无法满足秒杀等业务对性能容量的迫切需求，大型金融机构正逐步采用以微服务为核心的分布式技术来构建信息系统，并在金融业长期实践过程中趋于成熟。

2022年1月，在"十四五"规划及政策引导下，中国银保监会办公厅发布《关于银行业保险业数字化转型的指导意见》等文件，按照国家对信息系统安全可靠使用的要求，在金融云基础设施层面和应用系统层面提出了相应的建议：首先，提升数据中心基础设施资源弹性和持续供给能力、全方位覆盖的统一监控和自动化运维能力；其次，推动传统架构向分布式架构转型，提升架构支撑能力，实现主要业务平台化、模块化和服务化；最后，保证关键技术自主可控，强化供应链的安全管理。

在分布式架构转型进程中，金融业务系统建设广泛借鉴了互联网企业实践经验，以微服务为核心，采用"开源+自研"的开放式架构，不断拓展周边生态，利用微服务实现应用的分层解耦，通过分布式数据库实现开放平台数据的弹性布局，利用缓存提升高频数据的处理能力，引入分布式事务解决跨平台、跨应用的事务最终一致性问题。随着微服务、软负载、事务、消息、批量、缓存、数据库、对象存储、文件存储等能力的建设，分布式系统

---

　　[*] 统稿：交通银行股份有限公司金融科技部马梯恩，中国工商银行股份有限公司云计算实验室张丹枫；课题组成员：中国工商银行股份有限公司赵叶红、张家宇，交通银行股份有限公司王彬、赵赟、郭志军、汪涛、白宗杰、周琪、刘闯、金恩华、陈闻郁、高庆金，华泰证券股份有限公司黄如春。

的场景支撑及运行能力持续提升，发展较快的金融机构还同步建设了与分布式架构相匹配的研发及运维支撑能力。

一 数字化转型对于金融分布式架构的能力要求

数字化社会的建设带来业务场景和业务模式的分散化和非线性化，原来集中式架构下设计的线性响应模式已经不能适应互联网下的业务场景，业务架构正在逐步向分布式方向发展和演化，技术、业务、管理、风控等已经从大集中模式向分布式转变，新金融、新业务的创新发展、金融服务的快速下沉以及去中心化的金融发展理念都对分布式架构的能力提出了更高的要求。

（一）支持金融行业做大做强战略的自主可控能力

我国信息产业近些年发展迅速，自主知识产权的软硬件产品体系正在逐步形成，开源软件在探索实践中不断成熟。为确保供应链安全稳定，以及满足金融服务场景化、生态化要求，金融机构通过运用主流开放技术，推进金融信息系统架构转型，使金融业务适应新时期的发展要求。

（二）满足业务连续性要求的多活容灾保障能力

数字化转型带来了爆发式的业务增长和海量数据，对金融行业业务连续性和跨地域扩展能力提出了更高的要求，以同城双活加异地灾备模式构建的传统两地三中心分布式架构已经不能很好满足未来业务发展的诉求，跨地域的多中心及多活容灾能力越来越成为金融行业分布式架构发展的方向。

（三）提升服务质量的弹性资源高效拨付能力

移动互联网及软硬件技术的进步带来了数字化服务的爆发式发展，而电商类、社交类应用的全民普及，使得业务流量的增长显现突发、无法预估等特点，金融服务作为数字化社会的基础服务无处不在、永远在线，在突发流量或突发故障导致某一局部范围资源不足时，跨机房甚至跨地域的弹性资源高效调拨和交付能力将成为提升数字化社会金融服务能力的基础。

（四）促进业务发展的高效可观测能力

随着分布式架构下承载业务和数据的 IT 系统不断增加，其规模和架构复杂性给管理、监控、运维带来巨大挑战，无论是通过业务层面实时获取并分析各类业务流量和服务响应时间来观察用户体验和预测资源使用瓶颈，还是通过技术层面链路监控来掌控各类故障对于 IT 系统整体健康状况的影响并提供行动决策依据，全局可观测能力的建设对于复杂庞大分布式架构下金融服务的稳定安全运行和突发情况的高效处置都至关重要。

（五）满足业务快速创新要求的随需应变能力

金融业务模式和客户服务模式的不断创新变革，要求金融机构在产品推出速度、客户体验、业务场景创新方面随需应变、灵活创新，快速响应市场变化，拓宽服务广度，提升用户黏性。因此，金融信息系统为支撑业务创新需要具备更灵活的系统架构，并面向组织架构、交付形式和研发模式等方面进行深层次变革。

二 分布式架构演化面临的问题和挑战

（一）实现主机同等性能容量

大型主机一直以其高性能、大容量而备受大型银行青睐，其通过高端的硬件配置和特殊物理设计，实现强大的数据运算能力，并通过扩展硬件的方式来实现处理能力的提升。开放平台通用服务器单机性能弱，但分布式系统的一致性协调能力，可将众多普通服务器的运算能力集成整合起来，以扩展实现强大的性能容量，这其中有不少关键技术需要攻克。

（二）保障金融业务连续性

长期以来，金融核心业务系统都是安全、稳定、可靠的典范，这主要得益于大型主机的系统可用性可以达到 99.999%。而部署在开放平台的通用服务器，由于价格低廉，设备故障问题较为突出，整机（含主要配件）年化故障率为 5%~7%。如何提供一种可靠的故障保护机制，确保分布式系统运行稳定，将是架构转型研究的一个重要课题。

（三）保障金融数据一致性

传统主机系统对外属于一个独立的集中式系统，主机应用内、应用间事务由主机统一管理，通常采用"同城双活+异地冷备"的部署模式，园区之间数据通过 DB2 成熟的数据同步机制实现同步。事务处理机制上，主机每个分区内部通过 DB2 数据库事务提供事务一致性的系统级保障，跨分区调用通过 CICS 二阶段提交机制提供强一致性事务系统级保障。而在大规模分布式调用场景下，网络的不可靠性会成倍地延长事务的处理时间，产生大量数据库锁使数据不可用，因此传统主机架构的强一致性事务处理无法满足分布式系统的可用性需求，亟须探索研究一套适应分布式环境的事务处理机制，以应对异常场景下的疑账处理和容灾恢复。

（四）实现架构转型的平稳过渡

在金融企业整体 IT 架构从传统集中式向分布式转型过程中，最大的问题在于如何能够在业务发展和业务连续性不受影响的前提下实现技术架构的全面升级，任何系统的架构升级都不可能一蹴而就，金融企业内的 IT 系统数量庞大并且关系错综复杂，如何统筹新老系统的替换顺序、制定合适的迁移方案并保障新老架构在一段时期内的兼容并行将成为金融企业的一个巨大挑战。

（五）分布式系统给运维模式带来巨大挑战

随着分布式架构转型的推进，开放平台需维护的 IT 设备量大幅度增加，但通用服务器的可靠性却较传统主机有较为明显的下降；微服务的引入打破了传统架构下各应用间的壁垒，但调用关系更趋复杂，发生故障波及的影响面急剧扩大；监控、日志等运维数据呈指数增长，数以万计甚至千万计的运维指标远远超出了运维人员可以有效利用的范围。与此同时，金融业务接入渠道的多样化、业务数量的爆发性增加以及业务内容的不断更新，对支撑业务运行的 IT 系统提出了 7×24 小时稳定可靠的更高要求。技术和业务体系两方面的颠覆性变革，使传统依赖运维人员人力操作和分析的运维模式越来越捉襟见肘。

（六）全链路监控问题

全链路监控从技术角度看是将一次分布式请求还原为调用链路，并显示和分析调用次数、调用耗时、所经服务节点状态等，通过监控分析和链路分析，能快速准确定位问题，并及时进行告警通知，甚至主动修复异常。作为分布式架构监控体系的重要组成部分，全链路监控包括业务层面链路监控和技术层面链路监控。业务层面链路监控具体包含按照业务类型或业务场景记录业务交易平均耗时、交易成功数、交易失败率、交易流经路径等，以业务交易的维度打造链路监控体系。技术层面链路监控记录每笔交易请求的调用链路、交易耗时、服务节点状态、设备状态、网络状态、存储状态、中间件状态等。

在金融行业分布式架构转型过程中，传统集中架构与分布式架构将有一段较长时间的并存，再加上金融产品种类繁多、技术架构复杂、实现框架和开发语言等多种技术栈并存，串联新老架构，兼容各种技术栈和中间件，打造全局统一的企业级全链路监控体系，仍然任重而道远。

第二节　金融分布式架构创新应用案例

一　中国工商银行基于分布式技术体系构建开放平台核心银行系统

中国工商银行于 2015 年启动银行信息系统转型工作，推动系统由传统集中式架构向分布式架构转型，于 2018 年建成了技术领先、体系完备的分布式技术体系，实现了金融信息系统基础支撑技术的关键突破，并基于分布式技术体系初步建成核心业务闭环处理的开放平台核心银行系统。智慧银行生态系统（ECOS）作为一个全分布式架构的开放生态银行系统荣获了 2020 年度金融科技发展特等奖，且是唯一一个特等奖。

（一）打造成熟的分布式技术底座，全面支撑 IT 架构转型

工行在启动架构转型工作之后，经过多年建设和大规模实践，分布式体系已趋于成熟，形成了面向应用分布式转型的研发、运行、运维等全方位能力，为构建开放平台核心银行系统打造了坚实的技术底座。

工行分布式技术体系覆盖了研发、运行、运维的全生命周期。面向生产运行环节，建设了分布式服务、软负载均衡、分布式事务、分布式消息、分布式批量、分布式缓存、分布式数据库、分布式对象存储、分布式文件存储

等九大运行支撑平台，实现了公共技术能力的集约建设与运营；面向研发环节，建设了开发支持、资产共享、研发协同等一系列研发支持平台，为开发人员提供了一站式解决方案；面向运维环节，建设了部署配置、日志分析、全息监控、流量调度等一系列运维支持平台，实现可监控、可追溯、易定位、可隔离、可限流，适应分布式架构的高效运维（见图4-1）。

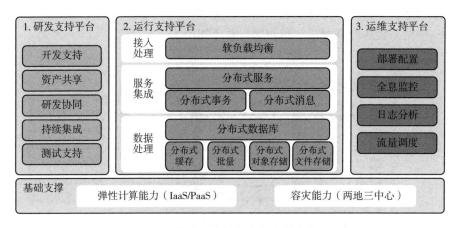

图4-1 中国工商银行分布式技术体系

截至2022年6月，工行绝大部分应用运行在开放平台，分布式转型实现"应转尽转"，入云节点超13万个，服务数量超3万个，服务日均调用量超150亿次，日均消息处理量达3500亿次，可支撑日均千亿指标实时聚合、百亿链路信息实时分析，可从容应对购物节大促每秒2万笔快捷支付、纪念币秒杀每秒20万次预约等业务洪峰。

（二）构建开放平台核心银行系统，实现数字化转型关键性突破

工行以智慧银行生态系统（ECOS）建设为契机，加速技术能力向业务价值转化，基于分布式技术及云计算技术打造开放平台核心银行系统，在可靠性、可用性、可维护性、可扩展性、可监测性、容灾恢复等方面已达到业务日常经营所需水平。

依托分布式技术体系和金融级云平台，工行已初步构建起业务基础服务、核心账户体系、业务产品等体系完整的开放平台核心银行系统，广泛覆

盖了金融行业的不同类型场景，为账务等具备数据强一致性要求的业务场景提供高性能、一致性的事务保障，为秒杀等高并发场景提供快速的用户体验，为快捷支付等高频交易场景提供高并发、高可靠的弹性支撑，有效支持了核心业务向分布式架构转型。此外，工行基于分布式技术体系还建立了境外核心银行系统，以更好支持各机构多样化、差异化的业务发展，并已在印度尼西亚、俄罗斯等境外的机构推广应用。

中国工商银行开放平台核心银行系统如图 4-2 所示。

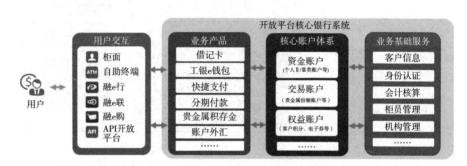

图 4-2 中国工商银行开放平台核心银行系统

（三）解决分布式架构关键技术，满足金融业务运行需求

相较于传统集中式架构的高性能大容量、稳定高可用、数据强一致、集中式运维等强有力处理机制，为使业务在开放平台顺序运行，分布式架构必须给予有效的解决方案。

1. 分布式架构整合算力实现高性能容量

分布式架构支持将众多服务器运算能力整合起来，实现横向扩展的强大性能容量，同时消除业务耦合、建立缓存机制。工行微服务框架支持 10 万服务接入、1 万通信连接场景下消费方和服务方之间的通信延时不高于 10 毫秒，支撑缓存峰值 TPS 达 70 万笔每秒，消息峰值 TPS 达 550 万笔每秒。

（1）横向动态扩容解决性能容量瓶颈

分布式架构在业务灵活组合、动态伸缩扩展等方面有比较显著的优势。业务系统拆分出的无状态化微服务，借助分布式架构下服务自动发现和云平台的快速伸缩能力，实现业务系统按需快速横向扩容，分散承载高并发交易。分布式架构本身不只是简单的服务调用的分布式，更是数据的分布式，通过数据库垂直或水平分库分散高并发数据访问压力，实现数据层面的按需动态扩容或缩容。

（2）多层级热点数据分离提升访问性能

在分布式架构部署下，海量数据的查询成为系统的性能瓶颈，业界借助分布式缓存的多层级缓存机制，在高并发的场景下通过优先访问高速的热点数据缓存，提升系统处理效率。缓存数据通常基于内存存储，访问速度和可支持的并发量远大于基于硬盘的数据库平台，可以实现灵活高效的查询访问，降低用户等待时间，用户体验更好。

（3）异步消息机制削峰填谷消除系统耦合

互联网业务场景常会带来瞬间流量高峰，为降低高峰业务对核心交易系统的冲击，业界通常利用分布式消息实现请求量的削峰填谷，将短时间并发的交易请求存储在消息队列中，从而削平高峰期的并发事务。此外，分布式消息还具备应用解耦、弹性伸缩、冗余存储、异步通信等功能，可以从多方面进一步提升应用系统性能。

2. 分布式架构高可用机制保障金融业务连续性

工行已建设了成熟的两地三中心分布式架构，以实现双活数据中心，保障系统高可用，并在此基础上采用多种措施提升金融业务连续性。

（1）多层级故障保护机制提供可靠的基础设施

开放平台服务器硬件存在一定的故障率，整机（含主要配件）年化故障率为5%~7%，基于云平台的多层级故障保护机制可有效降低故障影响。分布式架构通过云管平台、资源调度平台的两级调度策略，确保同一业务的不同实例被均衡分发到多地多中心的不同故障域，确保单个节点、单个集群甚至单个数据中心发生故障时，不会影响到整体业务的可用性，实现多层级故障保护。而故障情况下的自动疏散（HA）、冷热迁移等技术，可实现故障自愈、不停机维护等运维能力。从实施层面看，计算故障域成对建设、分布式存储三副本机柜级高可用、交换机及软网元集群分组等策略，都是经过大规模生产检验的最佳实践，并逐渐沉淀为相关产品的标准化能力，在互联网企业和各金融机构都已广泛应用。

此外，在故障场景下，多层级故障保护机制结合云平台健康检查机制，通过容器滚动重启及自动漂移，实现故障自动恢复，提升云环境下运维自动化水平和保障业务连续性。

（2）优雅启停提供 7×24 小时不间断服务

银行业务的线上化，迫切需要金融系统提供 7×24 小时不停机服务，尤其是在产品升级场景下持续对外提供服务。目前分布式架构提供了预热探测、优雅启停、滚动升级、灰度发布等机制。在产品投产升级时，分布式架构支持对系统服务预热进度的自动化探测和状态自适应改变，并通过优雅启停保证单一机器停机前后的在途交易正常闭环，有效避免了产品升级过程中交易受损和交易波动问题，满足线上化的不停机服务需求。此外，可通过按园区、按集群、按一定比例滚动升级，以及灰度发布、蓝绿发布等机制，为新版本提供特定渠道和小范围试点验证，防止因新版本引发大规模线上故障。

（3）灵活的数据路由提供精细化的流量管控

分布式架构下单机性能有限，对一些高频大流量的业务场景，需提供灵活的数据路由机制，支持业务系统按照交易场景所需的业务要素对渠道交易数据进行差异化路由，使数据落盘不同的后端数据库或者数据表中。数据路由机制可以解决单机性能瓶颈，让成本低廉的开源数据库具备海量数据处理、高效访问的能力。此外路由机制可实现多数据中心的就近访问，故障的快速切换，能够提高业务处理的效率，保证分布式架构下重点业务场景的运行效率和稳定性。

3. 分布式架构多样化事务模型保障金融数据一致性

分布式事务一般拥有 BASE 特性，即基本可用、软状态和最终一致性。基于 BASE 理论，目前业界主流的最终一致性分布式事务模型主要有 TCC 模型、Saga 模型、AT 模型和消息模型，如表 4-1 所示。

表4-1 分布式事务模型对比

事务模型	原理	特点	适用场景
TCC 模型	两阶段提交	通过业务锁实现隔离,业务侵入性大	转账结算、信用卡等涉及银行核心账务的业务场景
Saga 模型	冲正补偿	正交易完成后业务立即落地,数据隔离性较弱	开户、签订协议等工作流相关的银行业务
AT 模型	自动提交	低业务侵入性,存在数据锁	业务交易低并发、性能要求不高、异常不敏感的场景
消息模型	异步提交	系统解耦,并发缓冲,配合其他模型混合使用	业务短信、代办通知等需要异步处理的业务场景

结合以上模型技术特点,不同业务交易应根据自身场景选取最优适配事务模型。

第一,当业务追求交易安全性和性能时,应采用 TCC 模型,通过业务锁保证数据隔离,而不影响性能,但业务侵入性大。比如为解决对公热点账户高并发场景问题,可基于 TCC 模型特性,完成散列子户改造,通过离散业务锁使单一对公账户处理能力提高到300%。

第二,当业务自身隔离性较好,不依赖框架隔离数据时,则可采用 Saga 模型,保障业务性能和减少改造成本。比如客户信息的修改往往需要同步大量的客户关联信息,此时可利用 Saga 模型特性,将单一客户数据同步流程进行有效管控,确保上下游客户档案信息一致。

第三,当业务需要快速上线,且对交易性能要求不高、异常不敏感时,可采用 AT 模型,确保低业务入侵和数据强一致。比如提供给客户的增值服务,业务场景多、需求密集,但交易敏感度不高,因此利用 AT 模型特性可快速交付。

第四,当下游业务无法回滚事务,或依赖上游业务交易成功时,可使用消息模型。比如一笔交易成功后,系统才需要短信通知客户,此时较适合使用消息模型。

工行基于业界主流的分布式事务模型,通过自主研发建成了分布式事务平台，为各类金融业务场景提供完备的事务一致性解决方案，目前已大量应用于借贷等关键业务，日均支撑 7000 万笔交易，实现事务交易秒级闭环率99.9999%，以及重点场景 1 分钟内明确事务终态。其特点涵盖四个方面：一是功能全面，覆盖各类核心业务场景；二是研发便捷，缩减开发部门接入工作量；三是高可用易扩展，具备极致容量的企业级服务能力；四是安全稳定，具有精细化管理的监控运维体系。

除了联机事务一致性处理机制，工行同时推进疑账处理和容灾恢复等保障措施。在疑账处理方面，通过疑账交易查询和业务状态核对机制，建立强制终态服务处理模式，确保业务交易的及时性与一致性闭环，并且应用接入业务一致性核对中心，通过表数据复制、大数据处理等技术进行对账数据获取、加工和核对，及时发现账务不一致问题并进行报警处理。在容灾恢复方面，提升同城或异地灾备切换能力，提升数据恢复质量与时效，在现有两地三中心容灾体系下，充分利用同城园区故障的时间差，实现先同城接管再异地接管的逐级切换应急方案，通过数据库自身的同步机制实现数据补账，并通过切换禁写保护，进一步保障灾备环境的数据一致性。

4. 分布式架构智能运维体系保障业务安全

运维转型是一个自底向上、逐步推进的过程。首先，通过运维数据的标准化建设，为数据价值的充分挖掘打下坚实基础；其次，降低运维数据使用门槛，基于运维数据价值的挖掘提升运维各环节能力的完备性，着重提升故障定位诊断的自动化程度，保障业务连续性；最后，基于智能运维（AIOps）技术逐步实现运维模式的智能化，向无人运维的终极目标不断逼近。

运维数据的标准化、集中化是运维转型的根基。在分布式开放平台下，运维数据不仅包括日志、监控、链路等基础运维数据，还包括设备环境层运维数据、应用层运维数据、服务链路层运维数据等。这些数据的质量直接决定运维决策和分析的准确性，是运维转型的根基。运维数据的高效利用必须实现数据的标准化和集中化改造。在标准化方面，各应用需按统一的格式输出运维数据，通过标准化处理框架完成数据的高效采集和清洗。如在日志采集方面，较多使用的是 ELK（ElasticSearch、Logstash 和 Kibana）框架，轻量级采集工具包括 Fluentd、Filebeat 等。在集中化方面，可通过运维数据仓库的建设支撑各类运维数据的集中存储。除存储各类数据外，运维数据仓库需提供统一的数据查询 API 接口，屏蔽后端不同监控存储系统的差异，为自动化、智能化价值挖掘创造条件。

运维可观测性提升故障预警诊断能力。分布式架构由于部署节点增多、调用链路复杂，故障的及时预警及定位诊断变得更加困难。收集可观测性数据，比如日志、服务链路、指标监控等相关数据，搭建全局化、多维度的运维监控平台，可实现多元运维数据的管理和联动，可视化工具为用户提供场景化的运维统一视图，可提升运维可观测性。当应用运行出现问题时，可以辅助运维和开发人员快速定位业务层面、基础设施层面问题，及时进行问题的规避修复。

AIOps 是运维转型的终极之路。AIOps 是 DevOps 在运维侧的高阶实现，其通过人工智能挖掘运维数据价值进一步解决自动化运维无法解决的问题。智能运维依赖人工智能技术的发展，和人工智能技术一样都处于探索发展阶段，目前主要被运用于效率提升、质量保障和成本管理三大运维领域。其中，质量保障领域中的异常检测、故障诊断、故障预测是智能运维落地的主要方向。近年来，国内金融业也纷纷开展智能运维的研究及实践，中国银行基于 Hadoop 大数据框架和时间序列算法建立了自适应告警模型，提高了故障报警精度。交通银行建设了运维大数据平台，并通过智能预警、日志异常分析和智能根因定位等功能的建设，提升生产稳定性。中国工商银行建设了由运维数据仓库、运维数据分析中心和 AIOps 智能化运维门户组成的运维体系，提供智能异常检测、智能根因定位、资源预测等智能运维场景，支持 7 天内全量监控画像数据秒级查询和配置，半年内通过自定义监控报警及时发现应用投产和运行风险超过 4800 次，通过平台快速定位和处理问题超过 50000 次。

AIOps 应用场景如图 4-3 所示。

图 4-3 AIOps 应用场景

资料来源：高效运维社区、AIOps 标准工作组：《企业级 AIOps 实施建议》白皮书，2018 年 4 月。

（四）率先走出分布式转型实施路径，为同业转型贡献工行智慧

工行在开放平台核心银行系统建立客户信息、会计核算、资金清算、柜员管理等核心业务基础支撑服务，并构建起包括资金账户、交易账户、权益账户在内的账户服务体系，稳步承接借记卡、信用卡、快捷支付等重点产品，已基本实现核心业务的闭环处理。截至 2022 年 6 月，工行已在开放平台承载全量个人客户 9 亿人、对公客户 1000 多万户、借记卡协议 10 亿张，日均支持客户信息访问 2 亿次、借记卡协议更新和查询 1.5 亿次。

工行开放平台核心银行系统拥抱互联网金融新业态，利用分布式横向扩展分散承载高并发交易，借助应用节点容器化实现快速弹性伸缩，为快捷支付等高频交易场景提供高可靠的弹性支撑，为电商秒杀、纪念币等高并发场景提供极致的用户体验，有效支撑了自 2016 年以来历次纪念币预约、"双十一"、春节红包等高峰期活动。在 2019 年鼠年贺岁币预约发行任务中，每秒交易峰值达到 6739 笔，至 12 月 19 日 0：30 完成预约 7118.72 万枚；在 2020 年"双十一"电商大促期间，工行快捷支付每秒交易峰值达到 8908 笔，全链路交易响应时间为 52 毫秒。

二 华泰证券股份有限公司统一微服务治理平台

随着云计算基础技术日益成熟和普及，各行业都认可云计算可以帮助企业提升 IT 系统的高可伸缩性、高可用性以及高可维护性，还认为其可以降低 IT 成本。业界讨论的焦点已不再是上云的必要性，而是如何更好地上云，

于是云原生概念应运而生。云原生的本质是上云的最佳实践与标准制定。云原生计算基金会（CNCF）对云原生的定义是："云原生技术有利于各组织在公有云、私有云和混合云等新型动态环境中，构建和运行可弹性扩展的应用。云原生的代表技术包括容器、服务网格、微服务、不可变基础设施和声明式 API。"这些技术能够构建容错性好、易于管理和便于观察的松耦合系统。结合可靠的自动化手段，云原生技术使工程师能够轻松地对系统做出频繁和可预测的重大变更。微服务作为云原生的核心技术，也是企业应用系统的骨架，微服务体系不仅直接影响企业 IT 系统的研发运维效率，还影响 IT 系统的性能和稳定性等。华泰证券作为国内头部券商，为了实现快速数字化转型，目前已经在生产环境落地服务网格技术。

（一）待解决的问题

对于华泰证券而言，目前微服务体系面临的核心问题如下：①微服务框架自身演进困难；②微服务框架要支持多语言 SDK，并行开发和维护成本高；③异构微服务框架难以共存；④单一编程语言限制了人才和技术的多样性；⑤点状的服务治理功能难以做到及时、经济和有效；⑥遗留系统接入难度和成本极高。

（二）解决方案

针对上述问题，服务网格是目前业界的主流解决方案，通过将微服务框架与应用系统解耦，可以带来以下价值：加速微服务框架和技术平台自身的演进；为异构微服务框架提供融合发展的可能；培育多语言业务开发的土壤，助力技术发展和人才发展中编程语言的多样性；让业务开发者聚焦于业务逻辑本身，业务开发时无须关心限流、熔断、灰度发布等通用的技术能力；为微服务应用提供更为高效的全局一体化监控治理抓手；为遗留系统（单体应用）向微服务架构演进提供低成本的有效途径。

为了尽快解决当前微服务技术框架存在的诸多问题，同时使华泰证券处于业界云原生落地实施的领先梯队，华泰证券计划通过引入服务网格技术达成以下目标：①更加完备的服务治理能力；②形成基于租户及节点各粒度的客户端与服务端的限流及熔断降级能力；③更加灵活和高性能的路由策略；

④形成支持黑白名单设置、基于权重设置分流、基于指定参数配置分流以及流量染色等路由能力；⑤形成统一的注册中心、配置中心、监控中心；⑥对以往分散建设和管理的注册中心、配置中心以及监控中心等控制面进行整合，形成统一的管控入口；⑦平滑迁移现有微服务体系至服务网格系统，应用尽可能运行在 K8s 之上，应用无改造无入侵，且无关基础设施。

服务网格架构目标的最终实现，不仅需要搭建成熟稳定的基础设施，还涉及大量应用以及应用之间复杂的交互关系梳理。对于生产环境来说，不仅需要保证迁移成本可控，还需要考虑到线上的稳定性；由于生产环境每时每刻都有流量，因此平滑升级是最重要的设计目标。为了实现这个目标，我们的设计方案需要遵守以下原则。

第一，制订目标蓝图和执行计划。全面梳理目前的业务痛点和技术债务，精准分析问题，基于企业现状和发展目标，制定相应的目标蓝图。在目标蓝图确定后，需要梳理从现状逐步过渡到目标过程中的关键举措，并制订相应执行计划。

第二，业务透明。为了减小服务网格（Service Mesh）迁移对业务的影响，减少业务的迁移阻力，迁移刚开始一段时间，必须保证在迁移过程中，业务完全透明且不需要有任何变更和修改。方案上，为了保证迁移过程中业务的完全透明，在数据平面通信上需要采用支持透明拦截的方式，对业务请求流量透明拦截。

第三，渐进式迁移。整个迁移过程需要足够平滑，在迁移过程中，需要精准识别、评估潜在的架构风险，并建立相应的风险应急处置预案。同时需要建立完善的反馈机制，及时进行目标回顾、结果分析和经验总结，从而保证整个迁移过程不会偏离目标蓝图。

另外，为了降低整体设计方案的复杂度，需要打通迁移前后的网络通信。如果服务网格迁移前后使用不同的网络方案，迁移过程中就会出现已迁移部分和未迁移部分之间的网络无法直接访问的场景。为了应对这种情况，迁移过程中需要将未迁移服务和已迁移服务之间的通信从内网访问修改为外网访问，外网访问和内网访问在方案上差异很大，需要通过修改路由配置的方式来支持。对路由配置的频繁修改，无形中会增加迁移出错的概率。为了保证迁移过程平稳进行，使服务迁移前后均可以正常访问网络，服务网格迁移前后可采用相同的网络地址空间，这样迁移过程中网络访问层面就对业务透明，业务不需要感知，访问方式也不需要有任何变化。

图 4-4 是华泰证券微服务治理平台的目标架构，该架构分为基础设施层、服务治理层和应用服务层。基础设施层是由 Kubernetes 构建的容器平台，主要提供容器编排、网络管理、权限管理等底层资源管理功能；服务治理层是由控制面 Istio 和数据面 Envoy 构成，主要提供服务注册、服务发现、配置管理等服务治理功能；应用服务层是由不同语言、不同协议构建成的微服务，这些服务可能存在多种形态，例如传统微服务、通过 Agent 增强的微服务和通过 Sidecar 增强的微服务，通过双模微服务架构可以实现多种形态微服务的统一治理。

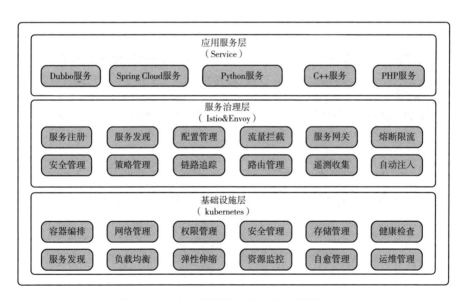

图 4-4　华泰证券微服务治理平台的目标架构

双模微服务的部署架构采用多集群多控制面方案，每个 Kubernetes 集群都分别部署自己独立的 Istio 控制面，并且每个集群的控制面部署形态都是

117

相似的，各自管理自身的服务。该架构的特点如下：①为了支持安全的跨集群 mTLS 通信，要求每个集群控制面都使用相同的中间 CA 证书，供 Istio 签发证书使用，以支持跨集群的 TLS 双向认证；②每个集群的 Istio 监听所有集群的 K8s API Server，也就是说每个集群的 Istio 都拥有所有集群的服务注册信息；③由于多个 K8s 集群之间的底层网络是互通的，所以跨集群的服务访问支持直连。

图 4-5 是双模微服务架构，双模微服务架构是指采用一套架构体系一治理稳态和敏态两种微服务应用。稳态微服务应用是指传统的微服务应用，尚未做容器化或 Mesh 化改造；敏态微服务应用是指已经通过 Agent 或 Sidecar 实现了服务网格。双模微服务架构的核心就在于融合这两种形态的微服务，实现从稳态向敏态的平滑升级。

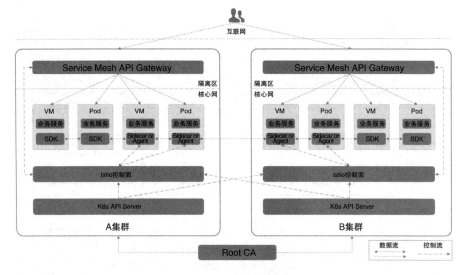

图 4-5　双模微服务架构

在双模微服务架构中，既存在传统微服务，也存在服务网格微服务，它们之间存在四种通信方式（见图 4-6）。

当 Service-A 和 Service-B 都没有迁移到服务网格时，此时请求会直接从 Service-A 发送到 Service-B，称之为直连，这是应用迁移到服务网格之前的

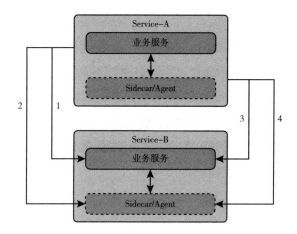

图 4-6　双模微服务通信方式

标准工作方式。

当 Service-B 已经迁移到服务网格，而 Service-A 尚未迁移时，Service-A 发出来的请求，在到达 Service-B 时，会被 Service-B 的 Sidecar 劫持，并由 Service-B 的 Sidecar 接管网络通信。

当 Service-A 已经迁移到服务网格，而 Service-B 尚未迁移时，Service-A 发出来的请求会被 Service-A 的 Sidecar 劫持，并由 Service-A 的 Sidecar 接管网络通信。

当 Service-A 和 Service-B 都迁移到服务网格时，Service-A 发出来的请求，会依次被 Service-A 和 Service-B 的 Sidecar 劫持，这是 Istio 的标准工作模式。

在这四种场景中，所有网络请求的请求报文都是完全一致的，即不管是否被劫持到 Sidecar，对请求报文都没有影响，也就是对发出请求报文的客户端和接受请求报文的客户端都是透明的，完全无感知。因此，在迁移过程中，可以单个服务逐个迁移，甚至服务的单个实例逐个迁移，无须修改应用本身。

需要注意的是，以上四种通信方式仅适用于相同协议的微服务之间通信，如果双方协议不同则需要走网关中转，中转过程由 Agent 和 Sidecar 自动完成，对开发者透明。

在平滑过渡期间，Dubbo 微服务可能会存在三种形态，即传统 Dubbo 微服务、通过 Agent 增强的 Dubbo 微服务和通过 Sidecar 增强的 Dubbo 微服务。为了保证所有的 Dubbo 微服务之间可以互相发现，服务注册流程设计如下：①传统 Dubbo 微服务仍然将信息注册到 ZooKeeper 上；②通过 Agent 和 Sidecar 增强的 Dubbo 微服务信息会被同时注册到 ZooKeeper 和 K8s Registry 上；③K8s Registry 会及时同步 ZooKeeper 上的服务注册信息；④如果微服务之间采用相同的 Dubbo 协议版本，则可以直接通信，如果版本不同则需要在 Agent/Sidecar 上进行协议转换。

Dubbo 平滑过渡方案如图 4-7 所示。

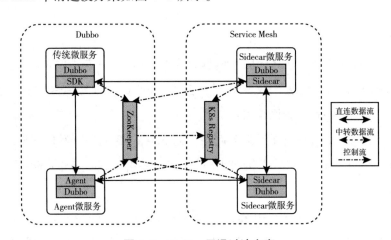

图 4-7　Dubbo 平滑过渡方案

在平滑过渡期间，Spring Cloud 微服务跟 Dubbo 微服务类似，也可能存在三种形态，即传统 Spring Cloud 微服务、通过 Agent 增强的 Spring Cloud 微服务和通过 Sidecar 增强的 Spring Cloud 微服务。为了保证所有的 Spring Cloud 微服务之间可以互相发现，服务注册流程设计如下：①传统 Spring Cloud 微服务将信息注册到 Eureka 上；②通过 Agent 和 Sidecar 增强的 Spring Cloud 微服务信息会被同时注册到 Eureka 和 K8s Registry 上；③K8s Registry 会及时同步 Eureka 上的服务注册信息；④Spring Cloud 微服务之间可以直接通信，但是 Spring Cloud 微服务和 Dubbo 微服务之间的请求需走网关中转。

Spring Cloud 平滑过渡方案如图 4-8 所示。

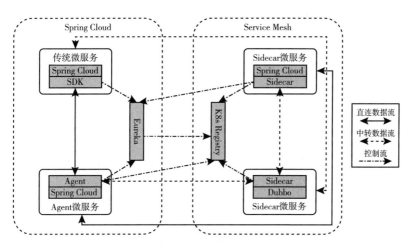

图 4-8　**Spring Cloud 平滑过渡方案**

（三）应用效果

华泰证券在落地服务网格后，实现了应用与基础设施解耦，解放了业务研发生产力，极大地提升了研发运维效率。应用效果主要表现在以下几点。

1. 实现多协议服务的统一治理

华泰证券微服务开发主要以 Dubbo 为主，但由于历史原因部分应用仍采用 Spring Cloud。技术平台仅提供 Dubbo 服务治理功能，缺乏 Spring Cloud 服务治理能力，导致 Dubbo 和 Spring Cloud 治理体系割裂，标准不统一。在引入服务网格后，通过 Sidecar/Agent 统一服务治理功能，即可实现多协议完美融合。

2. 实现多语言技术栈混合开发

华泰证券除了有 Java 技术栈，还存在很多其他语言技术栈，例如 C++、Python、Go 和 Node 等。随着多语言技术栈的不断引入，跨语言通信不断增加，多语言 SDK 的重写与维护成本直线上升，但是资源的产出投入比越来越低。在引入服务网格后，上层语言应用仅需关注业务层开发，通过轻量级 SDK 与 Sidecar 交互，即可实现跨语言远程过程调用（RPC）通信。

3. 实现业务应用与基础设施解耦

服务网格可实现微服务基础设施下沉，业务研发不再需要过多关注微服务治理，降低了业务应用整体研发与维护成本。

4. 实现遗留系统快速接入

服务网格可以快速将遗留系统接入统一服务治理体系，极大降低了遗留系统的改造成本。

三 中国民生银行分布式核心系统

中国民生银行为更好地引领与支持业务发展，摆脱原有核心系统的相关限制，在相关监管政策的指导下，从 2014 年就开始了对分布式体系的研究和探索。中国民生银行遵循"分步实施、小步快跑"的原则，先后投产了分布式技术平台、分布式直销银行电子账户等。在已有成功经验的基础上，中国民生银行于 2019 年 3 月启动了老核心整体迁入分布式核心的项目，旨在将老核心系统的全部功能及数据迁移至分布式核心，包括全行客户、账户、存款、卡产品等，项目历时两年，于 2021 年 5 月完成亿级客户的联机无感迁移，分布式核心系统全面投产。该项目使得中国民生银行一举摆脱核心系统对国外第三方厂商的依赖，开创了核心系统分布式化、亿级客户无感迁移的行业先河。建设过程中，荣获中国银监会银行业信息科技风险管理课题一类成果、中国人民银行科技发展奖二等奖等多个奖项。

随着业务持续发展，集中式架构已经显现出明显的扩展瓶颈，同时受限于系统基于老核心系统提供商独有的开发语言、系统功能扩展流程缓慢以及技术支持与版权费用高昂。《中国金融业信息技术"十三五"发展规划》提出，"全面推进金融业安全可控战略实施。以安全、可靠、高效、弹性为重点目标实施架构转型、探索分布式架构和成熟开源技术应用，逐步减少或摆脱对单一技术产品的依赖"。因此，中国民生银行开始打造基于分布式架构的银行核心系统。整体目标是基于分布式架构，满足高可靠、高性能和弹性扩展等要求，满足商业银行核心系统账务交易需求，采用成熟开源技术，基于开放平台，结合自主创新，满足安全、可控要求，同时进行基于分布式技术架构的能力建设；总结分布式架构设计的方法、原则与最佳实践，形成基于分布式技术的开发、运维管理体系与规范，积累分布式技术能力，摆脱对厂商的依赖，培养创新与前沿技术人才。

（一）待解决的问题

集中式架构缺乏灵活的水平伸缩能力，容量规划容易遇到天花板，进而制约业务发展，不能高性能的处理海量客户、账户数据，不能有效处理瞬时爆发的海量交易，如秒杀、促销。SAP 及 IOE 商用软件闭源，高度依赖供应商支持，缺乏自主可控能力，面临信息安全风险。

（二）解决方案

中国民生银行分布式核心系统完全构建于分布式技术平台，分布式技术平台是一个面向分布式应用的技术平台，以开源为基础，使用多种技术实现了一整套的分布式框架及中间件，旨在面向海量数据、高并发、高可用、高可靠和弹性扩展应用。

分布式技术平台架构如图 4-9 所示。

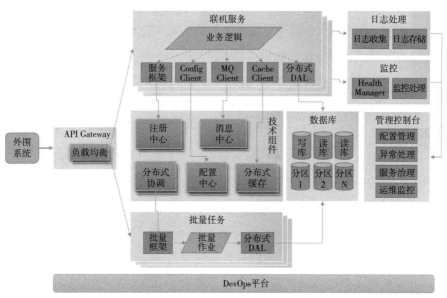

图 4-9　分布式技术平台架构

为了能够支撑分布式核心应用，实现微服务框架，支持云原生，分布式技术平台实现了以下几方面的功能需求。第一，分布式通信能够支持分布式环境下的远程过程调用（RPC）通信和面向消息的通信；第二，分布式配置管理支持应用代码与应用配置解耦，支持一份基准代码在不同环境部署；第三，分布式数据访问和分布式事务能够灵活支持多种方式的数据库分布式处理（读写分离、分库分表等），能够支持分布式环境下的事务处理；第四，分布式缓存提供分布式环境下的独立缓存服务；第五，分布式批处理支持数据分布式存储之后的批量处理，支持批量作业在多个应用节点上分布式执行；第六，服务幂等性能够确保多次服务调用一致性，统一冲正支持银行核心系统中基于流水号的冲正需求；第七，全局唯一序列支持分布式环境全局唯一序列号的生成；第八，开发运维一体化支持基于大数据的日志分析处理，分布式环境下的监控、预警，应用构建、测试、部署的全流程管理，等等。

中国民生银行分布式核心系统，功能定位于商业银行的核心业务功能，提供高性能、高可靠、高并发、弹性扩展的核心业务系统，可以承载亿级用户业务量。分布式核心系统的设计理念是坚持以业务流程为导向，推出产品工厂的概念，以产品集市的方式向民生客户提供产品服务。系统通过产品工厂，将不同的产品属性和产品属性组进行组合，形成多种产品原型；通过复制修改，将产品原型扩展成实际应用的产品，达到快速满足市场要求的目的。

分布式核心系统架构如图 4-10 所示。其主要有如下业务特点：实现银行核心业务功能，主要包括客户管理、账户管理、卡管理以及支付、结算功能；实现数据分布式部署、弹性伸缩场景下的数据结构设计，既满足分布式要求，也有效减少了分布式事务；充分利用了分布式技术平台提供的技术组件，使直销银行的业务做到分布式部署、弹性扩展；产品、特征、流程为基础的三维架构设计，使业务架构更清晰、更可扩展。

（三）应用效果

分布式核心系统按照去 IOE、自主掌控核心技术的指导思想，借鉴互联网公司在分布式架构方面的经验，在进行仔细的技术选型和 PoC 验证的基础上，进行了大量的创新和先进性实践，自主研发了适用于商业银行的分布

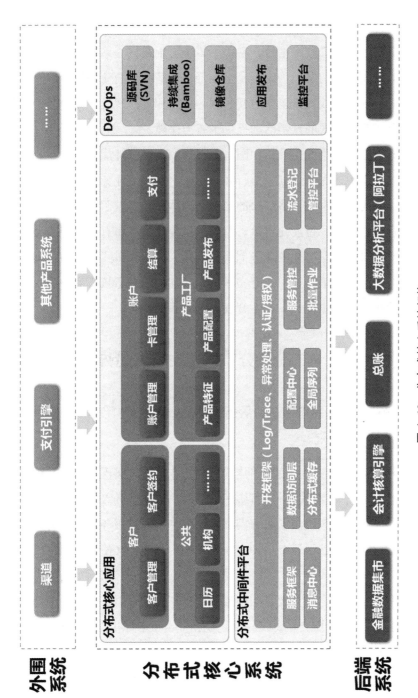

图 4-10　分布式核心系统架构

式技术平台，并基于该平台构建了分布式核心系统。

自主研发的分布式技术平台，解决了传统集中式核心系统面向互联网场景时存在的性能瓶颈问题，为中国民生银行快速适应当前蓬勃发展的互联网金融奠定了基础，有效提升了来自互联网的客户和资产规模，同时为开展秒杀、促销等互联网模式的营销活动提供了有力保障。

分布式核心系统全面提升了中国民生银行的负债管理能力。分布式核心系统在建设过程中，深度规划了全行客户、账户及负债业务管理的愿景，搭建了全行统一的客户中心、多层次的账户管理体系，实现了以客户为中心的统一视图、资产管理、智能化定价、负债风控等能力，将有力支持新型负债体系建设、场景化金融落地的业务创新与拓展。通过分布式核心系统项目的成功实施，中国民生银行进一步夯实了技术基础，掌握了核心竞争力，持续改进与持续积累，逐步完成了自主开发支撑体系的构建。

第三节　金融分布式架构发展趋势

一　分布式体系持续演进，服务网格、云原生应用运行时有望成为微服务框架未来新形态

微服务架构推动应用从传统单体式向分布式转型，实现了应用系统的解耦，但同时面临需要支持多种语言中间件、客户端版本升级困难等问题。为了解决上述问题，社区提出了服务网格架构，它重新将服务治理能力下沉到基础设施，这样既实现了服务治理和业务逻辑的解耦，又使服务网格架构减少了对业务逻辑的侵入。

服务网格架构的定位主要是网络流量代理，对于跨语言、跨业务部署应用，仍未能统一 SDK 及交互协议。因此业界提出了云原生应用运行时架构，通过集成 SDK 内核，统一交互协议及对外 API，实现能力的抽象。或许云原生应用运行时是中间件基础技术的未来形态，其能使分布式能力进一步下沉至基础设施。

二　多地多中心正在成为金融分布式部署架构的演化方向

目前大型金融机构的数据中心多数采用两地三中心的部署架构，随着对高可用要求的不断提高，多地多中心的部署模式逐渐成为未来的发展方向。互联网头部企业较多通过多地多中心及单元化部署来实现更加细粒度的流量划拨和系统高可用，使得客户交易相关流量可在单元内部最大限度地完成闭环，可在区域性故障场景有效控制故障爆炸半径，在降低切换粒度的同时提升切换灵活性，能有效克服数据中心距离带来的网络延时损耗，大幅提升应用对数据中心所处位置的适应能力。

随着单元化架构在多地多中心分布式部署架构中的探索和实践，其提供明显优势的同时带来了系统设计和运维复杂度的提升，在单元化架构中需要针对应用及数据拆分、部署架构、技术中间件单元化能力支持、配套能力支撑等方面进行重新设计和适配改造。

（一）单元化应用设计

单元是指一个能提供完整业务功能的自包含集合，这个集合包含满足全部业务的所有服务应用、缩小规模的数据集及配套的软硬件资源环境。针对企业级应用架构来说，需要将整体应用系统按照统一的单元化维度进行划分，统筹整体，不能只在单个应用内部各自指定单元分片维度和规则。在架构设计层面，按照自顶向下的设计思想，对企业整体架构进行技术平台、业务平台的拆分，从各自平台提炼关键技术组件和框架，结合单元化的思维，针对拆分的应用进行设计和规划。因此，处理企业级整体多个系统单元化拆分的问题是企业级单元化架构推进实施的关键点。

（二）单元化部署架构

单元化部署架构要具备单元多机房部署、单元动态扩展、单元流量切换等能力，从而满足系统高可用和容灾能力要求，其主要特点包括以下几个。

第一，在物理部署方面，可在多个城市部署多个物理机房，每个机房按照单元划分，分别承担一定比例的交易流量，多个机房之间共同实现多活。

第二，在架构扩展性方面，可按需进行机房的动态伸缩。在应用层保证应用服务是无状态应用，可按机房进行水平扩展；在数据层依赖分布式数据库或数据访问代理，按照单元化数据分片主备切换或新增单元的方式实现机房数据的动态新增或切换。

第三，在容灾能力方面，可在某机房不可用时，在机房交易流量接入层实现单元分片策略切换，在数据层，通过数据单元分片在同城和异地的副本实现机房主副本切换，从而实现不可用机房的流量切换到备用机房。从整体看，此架构可支持同城和异地灾备切换。

第四，在高性能和高容量方面，采用了单元化及多机房部署的方式，解决了单机房资源容量上限以及单数据库的容量和性能瓶颈问题，能够满足系统高性能和高容量的要求。

（三）技术中间件单元化能力支持

单元化架构需要技术中间件具备单元化能力支持，这样才能具备机房高可用及跨机房调用切换的能力。分布式架构下涉及的主要中间件包括：注册中心、全局路由、分布式数据库、数据访问代理、分布式事务、批量处理框架、缓存中间件、消息中间件等。

1. 注册中心

如使用了微服务架构，一般会引入注册中心作为服务注册发现的管理程序。在单元化架构下，注册中心除具备微服务架构基本能力外，还需要具备单元化的服务注册发现能力，能够将单元化的标识记录和传递，将服务注册发现的能力按照单元进行区分和隔离。

2. 全局路由

全局路由是单元化必需的组件之一，通过全局路由可实现单元化分片计算、路由信息获取，全局路由存储了完整的单元化规则及策略，可以通过规则计算，得出一笔请求的具体单元标识结果。另外，全局路由应能支持单元化规则和策略的动态修改与刷新。

3. 分布式数据库

分布式数据库与传统数据库的主要区别在于能够将数据分片存储，并提供高并发、高性能、高可用、弹性扩容的能力，因此分布式数据库可无缝适配单元化的能力要求。分布式数据库应具备分区主副本动态切换能力，在数据库层面适配单元化架构下进行机房动态切换。

4. 数据访问代理

数据访问代理是在没有分布式数据库支持的情形下，在外部通过部署数据访问代理的方式访问多个单体数据库，以实现分布式数据存储能力。数据访问代理在单元化支撑方面应具备单元化路由、单元动态切换的能力，以及单元分片策略动态修改和刷新的能力。

5. 分布式事务

在分布式应用架构下，随着应用和数据的微服务化，数据不一致的问题逐渐显现，分布式事务管理就是解决多个数据库之间的数据一致性问题的。对于单元化架构，如果使用了分布式事务框架，那么意味着分布式事务框架需要具备跨单元应用事务访问能力，事务管理、监控运维需要具备以单元维度进行管理和监控的能力。

6. 批量处理框架

在分布式应用架构下，出现了分布式批量服务，分布式批量服务具有大规模并行作业处理能力，分布式批量中的任务调度程序能够将多个作业统一并行处理，并能够进行作业的拆分、合并，从而能够提高分布式应用架构下批量作业的处理效率。在单元化架构下，分布式批量服务需要按照单元化标识在各自单元内进行分布式批量作业，然后将整体批量作业进行单元合并处理。

7. 缓存中间件

缓存能够提升指令和数据读取速度，随着单体应用向分布式系统的扩展，其在分布式应用架构中得到了广泛的应用。分布式缓存能够高性能地读取数据、动态地扩展缓存节点、自动发现和切换故障节点、自动均衡数据分区，因此越来越多的应用采用分布式缓存作为自身的缓存中间件。单元化架构要求分布式缓存在每个单元都有相应副本存在，并能支持主副本动态切换。

8. 消息中间件

消息中间件需具备低延迟、高性能、高容量和灵活可扩展的消息处理能力，并具备可存储、高可用和容灾能力。在单元化架构下，除以上能力外，消息中间件还应具备消息的单元隔离和单元内消息传递的能力。

（四）配套能力支撑

单元化架构由于涉及范围广及架构复杂度高，需要针对其提供相应的配套能力支撑，统一对其进行管理和运维。单元化架构的配套能力支撑可与云平台和分布式应用架构融合，站在应用的角度提供单元化运行的能力支撑。其主要能力包括以下几点。

第一，提供企业级整体单元化架构层次分类和指导规范，整体统筹企业各系统间单元化拆分策略和规范，形成企业级的单元化拆分指导规范手册。

第二，提供应用系统单元化切分策略和指导规范，提供一系列的数据切分策略和指导规范，引导项目经理或系统架构师进行正确的单元化划分。

第三，单元化部署标准化和规范化。形成以单元为维度的部署模板，以快速部署应用、存储、技术中间件、数据库等单元所需组件。

第四，具备单元化弹性伸缩、故障恢复应急处理能力。在平台上能快速进行单元化机房弹性扩缩容、单元化机房容灾切换、单元化机房分片调整等。

第五，具备单元化运维监控能力。基于单元化进行多维度日志分析、全链路跟踪查询、数据异常告警等，具备高效多层次的监控分析、统计和告警处理能力。

三 服务网格

服务网格技术虽然很早就在生产环境中使用了，但是直到 2017 年 4 月 25 日，服务网格概念才由 Twitter 基础设施工程师 William Morgan 首次提出，并在 2018 年由 CNCF 纳入云原生的定义，从而在云原生领域开始发挥重要的作用。

在服务网格出现之前，微服务整个架构体系都是由微服务框架支撑的，即将服务注册发现、传输安全、流量控制和可观测等能力以 SDK 方式提供给开发人员。随着技术的不断发展以及软件规模的不断扩大，微服务框架的弊端逐渐暴露。一方面，单一语言无法满足所有业务需求，多语言场景的出现导致微服务框架需要为不同语言维护它们各自的 SDK，相同的功能重复实现，不仅使工作量增加，而且不利于后期维护。另一方面，SDK 与业务代码的紧耦合，使得 SDK 无法独立升级，从而陷入了基础技术和应用发展相互制约的困境。

服务网格的出现使得基础服务从框架迁移至平台，SDK 中仅保留轻量级 API 和协议编解码等功能，将其他服务治理等功能剥离至完全独立的 Sidecar。通过 Sidecar 热升级技术实现平台升级对应用无感知，从而最大限度地解决过去应用与 SDK 因深度耦合而无法独立演进的问题。

服务网格技术原理如图 4-11 所示。

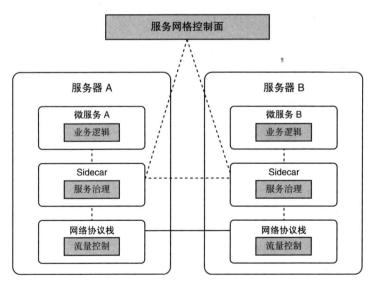

图 4-11　服务网格技术原理

（一）主流产品介绍

1. Istio

Istio 是一个用于服务治理的开放平台，其清晰地定义了数据面（Data Plane）和控制面（Control Plane）。如图 4-12 所示，Istio 的数据面由开源软件 Envoy 实现，控制面由 Istiod 实现。Service A 调用 Service B 的所有请求，都被其下的 Proxy（代理服务器）拦截，并且为 Service A 完成诸如服务发现、熔断、限流等操作，所有控制策略都是在控制面进行配置的。Istiod 可以在虚机或容器上执行，其主要模块包括 Pilot（服务发现、流量管理）、Citadel（终端用户认证、流量加密）和 Galley（配置隔离）。

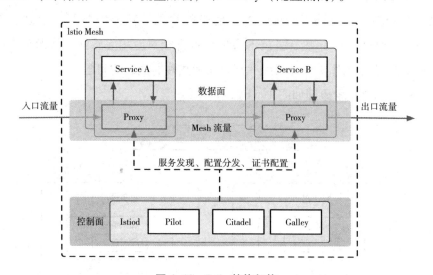

图 4-12 Istio 整体架构

2. 网易轻舟

网易轻舟服务网格基于 Istio 开源框架进行了增强和扩展，通过无侵入方式，为多语言、多协议、不同部署形态的异构应用提供服务管理、服务治理、服务监控、访问鉴权等能力。相较于原生 Istio，网易轻舟服务网格扩展、增强了产品化能力，进行了生产级性能调优，并支持与 Spring Cloud、Dubbo 等微服务框架互通。典型的应用场景是异构应用统一治理，通过无侵入式 Sidecar 接入网易轻舟服务网格，对多语言应用、容器/虚拟机应用提供路由、熔断等微服务治理能力，使用 Spring Cloud、Dubbo 等框架，无须修改业务代码，支持 Eureka、Nacos、ZooKeeper 等注册发现。

网易轻舟整体架构如图 4-13 所示。

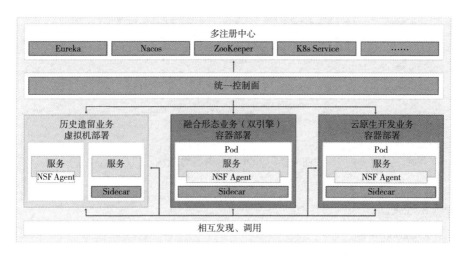

图 4-13 网易轻舟整体架构

3. SOFAMesh

SOFAMesh 是基于 Istio 改进和扩展而来的服务网格大规模落地实践方案。在继承 Istio 强大功能和丰富特性的基础上，为满足大规模部署下的性能要求以及应对落地实践中的实际情况，SOFAMesh 做了如下改进：第一，采用 Golang 编写的 MOSN（Modular Open Smart Network）取代 Envoy；第二，合并 Mixer 到数据平面以解决性能瓶颈问题；第三，增强 Pilot 以实现更灵活的服务发现机制；第四，增加对 SOFARPC、Dubbo 的支持。

SOFAMesh 初始版本由蚂蚁金服和阿里大文娱 UC 事业部携手贡献。SOFAMesh 整体架构如图 4-14 所示。

在 SOFAMesh 中，数据面采用 Golang 语言编写了名为 MOSN 的模块来替代 Envoy 与 Istio 集成，以实现 Sidecar 的功能，同时 MOSN 完全兼容 Envoy 的 API。MOSN 和 Pilot 配合可以让传统侵入式框架（如 Spring Cloud、Dubbo、SOFARPC 等）和服务网格产品相互通信，以便可以平滑地向服务网格产品

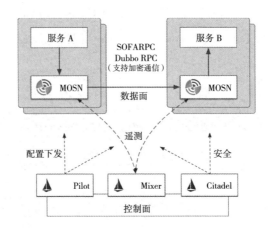

图 4-14 SOFAMesh 整体架构

演进和过渡。

4. Dubbo Mesh

Dubbo 3.0 支持两种服务网格形态（见图 4-15），一种是经典的基于 Sidecar 的服务网格，另一种是无 Sidecar 的无代理（Proxyless）服务网格。对于 Sidecar 服务网格，其部署方式和当前主流服务网格部署方案一致。Dubbo 3.0 的重点是尽量给业务应用提供完全透明的升级体验，不只是编程视角的无感升级，还包括通过 Dubbo 3.0 轻量化、Triple 协议等，让整个调用链上的损耗与运维成本降到最低。这个方案也被称为 Thin SDK 方案，而 Thin 的地方就是在于去除了所有不需要的组件。Proxyless 部署方案则是 Dubbo 3.0 规划的另一种 Mesh 形态，目标是不需要启动 Sidecar，由传统 SDK 直接与控制面交互。

Proxyless 部署方案主要适用于以下场景：①业务方期望升级 Mesh 方案，但无法接受由于 Sidecar 进行流量劫持所带来的性能损耗，这种情况常见于核心业务场景；②期望降低 Sidecar 运维成本，降低系统复杂度；③遗留系统升级缓慢，迁移过程漫长，多种部署架构共存；④多种部署环境，这里的多种部署环境包括如 VM 虚拟机、Container 容器等多种部署方式，也包括多种类型应用混合部署，例如 Thin SDK 与 Proxyless 方案混合部署，其对性能敏感应用部署 Proxyless 模式，对于周边应用采用 Thin SDK 部署方案，多种

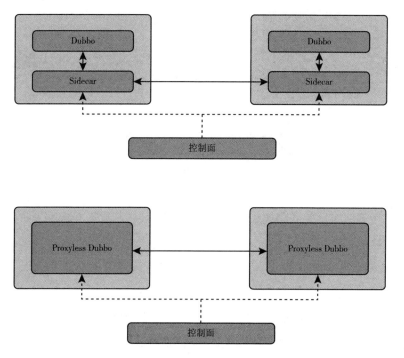

图 4-15 Dubbo 3.0 的两种服务网格形态

数据面共同由统一控制面进行调度。

（二）服务网格发展趋势

服务网格技术虽然在架构上很完美，但是仍然面临很多亟待解决的问题。例如，由于 Sidecar 引入的额外网络开销，当调用链路变长时存在明显的时间延迟。另外，由于目前业界缺乏成熟统一的服务网格实现规范，诸多服务网格产品各自为战，相互之间缺乏有效协同，长此以往将不利于服务网格技术的持续发展。随着服务网格技术应用范围不断扩大，针对以上两个问题，业界逐渐涌现了一些解决方案。例如通过无代理和内核代理技术解决 Sidecar 引入的延迟问题，通过制定标准规范解决产品割裂问题。

1. 无代理

无代理服务网格是指将 Sidecar 功能上浮至应用层，即又回到了原先的微服务框架模式，如图 4-16 所示。

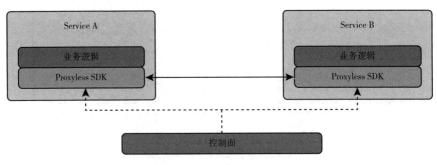

图 4-16　无代理服务网格

　　无代理服务网格虽然退回到了传统微服务架构模式，但是优势是适配了主流的控制面，可以无缝融入现有的服务网格体系，同时避免了 Sidecar 引入的额外性能开销，是一种性能优先的架构抉择。

　　2. 内核代理

　　无代理模式是将 Sidecar 功能上浮至应用层，为了提升性能而牺牲了架构合理性；而内核代理架构模式则相反，是将 Sidecar 功能继续下沉至操作系统层面，不仅保留了服务网格技术的所有优势，而且没有引入额外的网络开销，如图 4-17 所示。

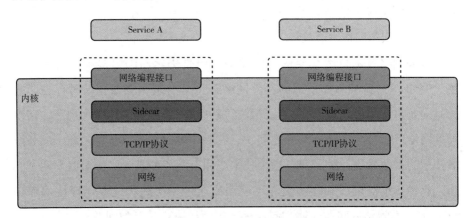

图 4-17　内核代理服务网格

　　内核代理模式将 Sidecar 下沉至内核层，成为真正与应用解耦的底层基础设施，提供了极高的数据平面传输效率。在实现对接主流控制面后，能够无缝融入现有的服务网格体系。但由于实现内核代理技术成本较高，周边配套不够成熟，目前仍处于探索阶段。

3. 标准化

为了解决服务网格社区割裂问题，CNCF 和业界巨头正在牵头制定相关标准规范。其中，SMI 和 UDPA 是两个典型规范。SMI 是微软于 2019 年 5 月 21 日发布的服务网格规范，全称是 Service Mesh Interface，定义了通用接口标准，以满足大多数场景下的通用需求。SMI 希望在所有服务网格的实现之上建立一个抽象的 API 层，然后通过这个抽象 API 层来解耦和屏蔽底层服务网格实现，让上层的应用、工具、生态系统可以建立在一个业界标准之上，从而避免被底层服务网络技术绑定，实现良好的可移植性。UDPA 是 CNCF 的通用数据平面 API 工作组（Universal Data Plane API）制定的数据平面标准规范，为数据平面 L4/L7 实现提供参考。

制定、执行和不断完善标准的过程，就是技术不断走向成熟的过程。在服务网格技术在业内逐渐铺开的过程中，相关的标准规范也会日趋成熟，继而会推进服务网格技术走向下一个高峰。

四　依托大型金融机构分布式转型最佳实践，加速同业转型升级

大型金融机构在分布式转型过程中，通过将自身的转型实践经验固化并推广，识别行业共性需求，打造金融行业分布式技术平台标准解决方案，借助产品服务能力输出的方式为金融同业提供转型的最佳实践与示范。中小金融机构依托成熟的分布式架构转型输出方案，加快自身数字化转型进程，与大型金融机构共同建立金融科技新生态。

参考文献

阿里集团、阿里云智能事业群、云原生应用平台：《阿里云云原生架构实践》，机械工业出版社，2021。

敖小剑：《Service Mesh 发展趋势：云原生中流砥柱》，InfoQ，2019 年 6 月 3 日，https：//www. infoq. cn/article/3YJOzNcHxQU2wv3C_ QEQ。

龙轼、敖小剑：《蚂蚁金服 Service Mesh 渐进式迁移方案｜Service Mesh Meetup 实录》，InfoQ，2019 年 8 月 29 日，https：//www. infoq. cn/article/WN3q1TqpZjt4ljqV4PBw。

网商银行技术编委会主编《金融级 IT 架构：数字银行的云原生架构解密》，电子工业出版社，2021。

云计算开源产业联盟：《企业级 AIOps 实施建议白皮书 V1.0》，2019 年 6 月。

《工商银行：银行信息系统技术体系发展历程及未来趋势展望》，中关村互联网金融研究院（微信公众号），2020 年 9 月 23 日。

中国人民银行：《金融科技（FinTech）发展规划（2019—2021 年）》，2019 年 8 月。

中国人民银行：《金融信息系统多活技术规范 参考架构》（JR/T 0208—2021），2021 年 2 月。

中国人民银行：《金融信息系统多活技术规范 应用策略》（JR/T 0209—2021），2021 年 2 月。

中国信息通信研究院：《中国金融科技生态白皮书》，2021 年 10 月。

第五章　金融大数据[*]

第一节　金融大数据发展概况

一　"十四五"期间大数据发展放管并重

时至今日，数字经济已成为新一轮科技革命和产业变革新机遇的着力点，是经济高质量发展的新引擎。2021 年 3 月 11 日，第十三届全国人民代表大会第四次会议表决通过了关于"十四五"规划和 2035 年远景目标纲要的决议。"十四五"时期是我国数字经济发展的关键时期，数字经济作为一个专篇被单独罗列。"十四五"规划顺应新趋势对大数据产业的发展提出了新方向，指出要找到数据开放共享应用、数据要素市场规范有序之间的平衡，营造开放、健康、安全的数字生态。为更好地应用"数据"这一数字经济下的基础性和战略性资源，"十四五"规划强调："迎接数字时代，激活数据要素潜能，推进网络强国建设，加快建设数字经济、数字社会、数字政府，以数字化转型整体驱动生产方式、生活方式和治理方式变革"，"要推动大数据采集、清洗、存储、挖掘、分析、可视化算法等技术创新，培育数据采集、标注、存储、传输、管理、应用等全生命周期产业体系，完善大数据标准体系"。

2021 年 11 月，工业和信息化部基于"十四五"规划发布《"十四五"大数据产业发展规划》，具体内容包括"3 个 6"。其中，6 项重点任务包括

---

   * 统稿：中国银行股份有限公司数字货币办公室杨涛；课题组成员：中国银行股份有限公司王思遥，中国银联股份有限公司王颖卓、方亚超，上海浦东发展银行股份有限公司周俊，中国民生银行股份有限公司何鹏、李洪伟、周礼、辛莹、高宇航，中国建设银行股份有限公司建信金融科技有限责任公司赵世辉，上海跬智信息技术有限公司韩卿、张小龙。

加快培育数据要素市场、发挥大数据特性优势、夯实产业发展基础、构建稳定高效产业链、打造繁荣有序产业生态、筑牢数据安全保障防线，6个专项行动包括数据治理能力提升行动、重点标准研制及应用推广行动、工业大数据价值行动、行业大数据开发利用行动、企业主体发展能级跃升行动、数据安全铸盾行动，6项保障措施包括提升数据思维、完善推进机制、强化技术供给、加强资金支持、加快人才培养、推进国际合作。

在"十四五"期间，数据安全保障和大数据产业发展并重是国家大数据战略实施与数字经济发展的有效路径，一方面为金融行业发展指明了新方向，另一方面对金融行业提出了新要求。在此基础上，我国金融大数据法制框架进一步健全、金融大数据治理有序推进、金融大数据技术快速发展。

二 金融大数据法制框架进一步健全

在促进发展与规范管理相统一、构建数字规则体系的过程中，2021年数据保护领域出台了三个重要文件：一是2021年6月10日，第十三届全国人民代表大会常务委员会第二十九次会议通过的《中华人民共和国数据安全法》（以下简称《数据安全法》），自2021年9月1日起施行；二是2021年8月20日，第十三届全国人民代表大会常务委员会第三十次会议表决通过的《中华人民共和国个人信息保护法》（以下简称《个人信息保护法》），自2021年11月1日起施行；三是2021年9月27日，中国人民银行发布的《征信业务管理办法》（中国人民银行令〔2021〕第4号），自2022年1月1日起施行。

（一）《数据安全法》强调要平衡权益保护与有效应用

《数据安全法》是继《中华人民共和国网络安全法》之后，我国在数据安全立法方面的重大里程碑，共7章55条，包括数据安全与发展、数据安全制度、数据安全保护义务、政务数据安全与放开等内容。《数据安全法》强调要平衡权益保护与有效应用，在权益保护方面特别指出要开展数据分类分级保护，在有效应用方面特别指出要推动政务数据开放利用。

针对平衡权益保护与有效应用，《数据安全法》充分明确了审慎包容的数据管理理念，数据安全与利用是相辅相成、相互促进的关系，而非对立和互斥。在保护数据有关权益的基础上，要贯彻实施国家大数据战略，鼓励数据的创新应用，促进以数据为关键要素的数字经济发展。掌握好数据安全与数据治理、数据开发利用与数据产业发展之间的平衡，并激发相互作用的潜力是各家金融机构正在探索的重要课题。

针对开展数据分类分级保护，《数据安全法》指出，国家要建立数据分类分级保护制度。2021年11月14日，国家互联网信息办公室发布《网络数据安全管理条例（征求意见稿）》，着重强调按照数据对国家安全、公共利益或者个人与组织合法权益的影响和重要程度，将数据分为一般数据、重要数据、核心数据，不同级别的数据采取不同的保护措施。数据的分类分级保护避免了"一刀切"式的过度管控，在保护数据安全的基础上，为金融大数据的创新运用留出了足够的发展空间。

针对推动政务数据开放利用，《数据安全法》指出，政务数据要被及时、准确的公开，同时配套制定数据开放目录、构建数据开放平台，解决政务数据不愿、不敢、不会开放的问题。在金融行业，工商、司法、税务、社保等政务数据已在丰富的场景中得到了有效的应用，政务数据的不断开放将继续提高金融服务的可得性，助力金融服务实体经济、为人民创造美好生活。

（二）《个人信息保护法》进一步加强个人信息法治保障

《个人信息保护法》是我国首部针对个人信息的详细系统的法律规范，共8章74条，包括个人信息处理规则、个人信息跨境提供的规则、个人在个人信息处理活动中的权利、个人信息处理者的义务等内容。《个人信息保护法》结合我国国情和国际经验、结合问题导向和内容前瞻性，确立保护原则、赋予个人充分权利、规范自动化决策等。

针对确立保护原则，《个人信息保护法》要求处理个人信息的全过程、各环节均要遵循合法、正当、必要、诚信、公开、透明原则，尤其对于个人信息处理强调"三最"，即处理个人信息应当采取对个人权益影响最小的方式、收集个人信息应当限于实现处理目的的最小范围、个人信息保存期限应当为实现处理目的所必要的最短时间。金融账户信息被纳入敏感个人信息范畴，被界定为"一旦泄露或者非法使用，容易导致自然人的人格尊严受到侵害或者人身、财产安全受到危害的个人信息"，需要受到严格保护。各金融机构均积极采取相关措施，在收集、存储、使用、加工、传输、提供、公开、删除个人信息等环节遵循保护法相关要求。

针对赋予个人充分权利，《个人信息保护法》明确了个人对个人信息的知情权、决定权，为保障相关权益构建了"告知-同意"核心规则，即个人信息处理者应当以显著的方式、清晰易懂的语言，真实、准确、完整地向个人告知信息处理相关事项，相关信息处理活动需要个人在充分知情的前提下自愿、明确做出同意，并且不得以个人不同意为由拒绝提供产品或者服务。各金融机构均对照相关要求修订和发布个人隐私政策，并进一步加大消费者权益保护工作力度。

针对规范自动化决策，《个人信息保护法》要求个人信息处理者保证决策的透明度和结果公平、公正，开展信息推送、商业营销、服务提供等商业活动时禁止"大数据杀熟"。各金融机构均按照相关要求修订相关商业活动规则，并在服务中为个人提供不针对个人特征的服务选项，充分保证个人权益。

（三）《征信业务管理办法》进一步完善征信法制框架

《征信业务管理办法》是《征信业管理条例》的配套制度，共8章53条，包括信用信息采集，信用信息整理、保存、加工，信用信息提供、使用，信用信息安全，等等。《征信业务管理办法》进一步加强了信息主体权益保护，明确了征信业务边界。

针对加强信息主体权益保护，《征信业务管理办法》沿袭《个人信息保护法》相关要求，强调对个人信息主体同意权、知情权的保护，规范征信业务全流程，以权益保护和信息安全为基本要求。征信业务提供机构在信息直接和间接采集、信息更新与储存、信息使用者审查、系统运维、人员管理、应急管理等方面需要满足更多的要求和遵守更多的规范。

针对明确征信业务边界，《征信业务管理办法》明确"金融机构不得与未取得合法征信业务资质的市场机构开展商业合作获取征信服务"。其中，征信服务涉及企业和个人的信用信息从宽认定，不仅包含基本信息、借贷信息等相关信息，还包含基于前述信息形成的分析评价信息。根据中国人民银行数据，截至2022年7月，仅有2家个人征信机构批设、136家企业征信机构和55家信用评级机构备案，给无征信资质且提供数据服务的公司以及使用无征信资质公司数据服务的金融机构带来较大挑战。

三　金融大数据治理有序推进

随着政府颁布"十四五"规划，数字化转型再次迎来热议。现代金融体系的显著特征是数字化，数据作为生产要素的重要作用日益凸显，数据资产已成为商业银行利用科技手段赋能业务发展的崭新着力点。而数字化的基础是良好的数据质量，包括数据的完整、规范、一致和准确等，商业银行亟须通过金融数据治理来提升数据质量。近年来，国家陆续出台多部重大法律法规和多项政策指引给数据治理提出了更高的要求。做好金融数据治理，合法合规运用好数据，才能有效发挥数据资产价值，成功实施数字化转型，实现金融行业的创新发展。

金融数据治理是一套以数据资产为中心，以"提升数据可用性、质量及安全水平，进而实现数据资产价值最大化"为目标，多方协同的常态工作机制。具体实施方法包括"管控数据生命周期"与"夯实数据治理体系"双轮驱动，持续开展并落实数据治理工作。

（一）管控数据生命周期

管控数据生命周期包括管控数据的梳理、采集、存储、治理和使用五个环节，五个环节彼此渗透，相互促进，贯穿数据的全生命周期。数据梳理是管控数据生命周期的第一个环节，即厘清所有能够产生价值的数据资源环境和数据资源清单，包含信息系统和电子化数据、非电子化数据等数据资源，为用户快速了解企业资产提供数据资产视图，为管理人员提供决策依据。同时，按照征信报送、反洗钱报送等监管要求，开展数据合标差异分析，梳理业务及数据现状。数据采集应按照《数据安全法》《个人信息保护法》等法律法规要求，在明晰数据资产现状及满足监管合规要求的基础上，确定数据采集范围、内容，以及数据采集、清洗、加工和交换的工具、方法、流程、规范等，实现将数据从来源端安全合规加载至目的端。数据存储应设计企业级统一的数据存储架构，针对结构化和非结构化数据，明确数据存储的范围、策略、平台、设备等，目的是将散落和零乱的数据进行整合并集中存储，以共享运用，发挥数据价值。数据治理应强化各专业领域的管理工作，包括数据标准管理、数据质量管理、元数据管理、主数据管理、黄金数据源管理、外部数据管理等。其中，数据标准管理应对业务经营和管理活动中产生的数据信息进行统一定义和解释，包括定义基础数据标准和指标数据标准，并推动持续落标。数据质量管理应通过建立数据质量管控机制、明确和落实数据质量要求、监测数据质量情况、预防和减少数据质量问题，逐步提升数据质量，确保数据的完整性、规范性、一致性、准确性、及时性和连续性。元数据是数据的数据，元数据管理应明确数据的业务属性、技术属性和管理属性以及数据间的血缘关系。主数据管理应对运营过程中多方共用的最为核心的主体数据实施统一管理，如客户、产品、机构数据等。黄金数据源管理应定义所用数据的黄金数据来源，使用户能清晰地知道应该从哪里获取高质量的定义明确的数据，避免多头取数造成数据不一致，同时可以简化数据架构。外部数据管理应统一管理外部数据的采购需求，明确外部数据的接入、加工、整合、发布等规范，保证外部数据的可用性、完整性和保密性。数据使用应重点参照国家出台的《民法典》、《个人信息保护法》、《数据安全法》和《征信业务管理办法》等法律法规和政策指引，制定数据应用管理制度与规范，确保数据在使用过程中有恰当的认证、授权、访问、审计等安全管控保护措施，在确保数据安全的基础上，充分挖掘数据价值，为业务赋能，促进经营管理能力提升，助力企业创新发展。

（二）夯实数据治理体系

为保障数据治理工作有序开展及管控数据生命周期在推进过程中有效落实，应持续建设、夯实数据治理体系，包括定目标、树文化、立组织、建机制、筑平台和做评估。定目标应在数据战略的指导下制定与之匹配的数据治理目标，明确数据治理的管理框架和工作内容，为开展数据治理工作指明方向。树文化要统一思想，做好数据治理文化的宣贯工作，树立"数据治理人人有责"的数据治理企业文化。立组织应建立由上至下各层级共同参与的数据治理组织体系，明确数据治理的原则、组织架构和各层级工作职责，形成"决策、监督、管理、执行"各层级各司其职、分工协同的数据治理架构，为数据治理工作的有序开展提供组织保障。建机制应完善管理制度并落实考核评价机制，管理制度包括管理章程、管理办法、操作细则等各级数据管理制度，要针对不同产品和不同场景，结合业务实际及管理现状，制定相应的管控流程，保障各项数据治理工作"有法可依"及"有章可循"，同时要强化数据治理考核评价机制，确保各项数据治理工作在推动过程中有效落实。筑平台应搭建支持数据治理体系建设的技术支撑平台，通过系统工具承接数据治理制度流程，固化数据治理工作成果，为数据治理工作高效开展、持续深入奠定基础。做评估应参照《数据管理能力成熟度评估模型》《金融业数据能力建设指引》等标准和指引，规划开展数据治理能力成熟度评估，以评促改，不断推进数据治理相关领域的能力建设，形成金融数据治理的正向循环。

金融数据治理不是一个项目，也不是一项临时性的运动，其属于公司治理范畴，是需要长期、持续、不断迭代推进的常态工作机制。在新时代背景下，通过上述"管控数据生命周期"与"夯实数据治理体系"双轮驱动，国家可提高金融数据治理水平，持续提升金融数据质量，进而构建安全可控、敏捷高效、稳健运营的金融数字生态，促进金融数据应用价值最大化，实现金融企业的跨越式创新发展。

四　金融大数据技术快速发展

2021年是"十四五"开局之年，也是金融业加快数字化转型的关键一年。企业数据仍然保持高位快速增长，数据驱动的应用场景也在爆发式出现；大数据技术与企业应用深度融合，呈现贴合行业特点的演进态势。在基础设施的存储加工方面，从20世纪90年代的数据仓库技术开始，经过近些年大数据平台技术和数据湖技术的发展，已深入基于云原生的湖仓一体化的探索中；在数据挖掘方面，通过打通数据孤岛，结合个体数据与关系网络，大规模图计算技术的应用成为新的发展热点；在数据应用方面，数据安全、个人隐私保护等问题受到社会广泛关注，相关法规陆续出台，兼顾多方数据融合使用与安全合规成为行业命题，隐私计算应运而生；而为加快完善数据治理规则，提升金融数据治理水平，智能化的数据管理技术开始贯穿整个数据生命周期。

（一）基于云原生的湖仓一体化趋势初显

金融业在 20 世纪 90 年代就开始使用数据仓库进行数据分析，通过标准化企业级数据建模和统一平台完成企业数据集成整合，为企业经营统计及分析决策提供数据支持。数据仓库有面向主题、数据集成、相对稳定、反映历史变化等特点，在金融企业应用广泛。这个阶段的商业化代表产品主要为国外软件，如 Teradata。

在 2006 年左右，互联网行业首先出现了数据规模迅速增长的情况，导致传统数据仓库技术不能有效完成存储和计算，因此诞生了依托普通服务器可水平扩展的大数据平台。这一阶段初始以 Hadoop 开源技术为代表，此后根据不同的应用需求诞生了不同的存储和计算框架。相比于数据仓库，大数据平台除了具有批量数据分析能力，还可以支持流式数据实时处理等。这类技术使用灵活性好，但开发门槛和运维代价较高，在引入金融行业后往往出现大数据分析需求旺盛与技术人才不足的矛盾。为简化数据的应用流程，大数据相关厂商于 2011 年开始倡导数据湖的概念，相比数据仓库而言，它保留了集中化存储理念，弱化了范式化数据建模思想，增加了非结构化数据存储能力，更多强调保留原始数据，数据应用上更多地使用原始数据支持场景化的分析挖掘和机器学习。数据湖逐渐在金融行业内部铺开，并和已有的数据仓库并存。

随着云原生技术的成熟，大数据领域迈入了存算分离架构的新阶段，低成本存储资源和按计算计费的弹性计算为企业提供了更加灵活的数据架构选择，同时在数据上出现了湖仓技术融合的趋势：通过将数仓建设在数据湖上，使存储变得更为廉价和弹性，可以发挥数据湖的灵活性和生态多样性，还能有效提供企业级数据分析和数据服务的能力，被称为"湖仓一体"。自大型互联网企业的相关方案落地以来，基于云原生的湖仓一体化趋势初显，并开始被金融企业引入与实施。

（二）深度挖掘引发图计算需求

随着数据分析的深入应用，针对非关系视角的数据分析挖掘已经相当成熟，更多的突破点开始聚焦在关联关系的分析挖掘上。金融企业要想在存量市场竞争中脱颖而出，不仅需要分析单个的实体，还需要从点到面，深入挖掘各种关系，得到隐含的关键知识，以达到对数据的新的洞察和理解，进而实现营销或者风控应用的突破。因此长于关联分析的知识图谱技术越发得到金融企业的重视。知识图谱是一种描绘实体间关系的语义网络，其核心由图计算支撑，包括图构建、图存储、图计算和图应用等相关技术。从数据视角出发，数据挖掘和分析其实是一个不断升维的过程，知识图谱将业务活动中的人流、物流、资金流、信息流勾画成一张庞大的网络，以实现更立体和全面的分析。但金融行业的客户实体与关系众多，数据升维必然带来计算量爆炸的问题。针对更加庞大的图结构数据提供更好的计算支撑，也促进了分布式图计算技术的快速发展。

（三）数据安全进一步驱动隐私计算发展

数据安全、个人隐私保护等问题受到社会广泛关注，兼顾多方数据融合使用与安全合规成为行业命题，隐私计算成为寻求发展和安全之间平衡点的技术路径。隐私计算是一种多个参与方联合计算的技术和系统，参与方在不泄露各自数据的前提下通过协作对他们的数据进行联合机器学习和联合分析。应用的强需求推动了隐私计算产业生态的出现，这个生态包括数据源、数据使用房和中间服务机构。目前入局隐私计算领域的有互联网巨头、云服务商、金融科技类公司、软件服务商以及隐私计算技术初创企业等。

在金融领域，隐私计算主要应用于风控和营销两个方面。在风控领域，通过隐私计算可对金融机构之间的数据进行联合建模，有效识别多头信贷及欺诈风险，增强信用评级，完成有效信息的交换而非数据的直接交换。在营销领域，通过隐私计算技术，可以利用更多维度的客户数据提升精准营销服务的能力。在技术上，目前隐私计算技术的主要流派包括多方安全计算、可信执行环境（TEE）以及联邦学习等技术。通过隐私计算实现"数据可用不可见、数据不动价值动"，已是一股新的潮流。

（四）智能化数据管理技术需求急迫

"上云用数赋智"的同时，数字时代的治理成为我们需要面对的重要议题。在新型技术的加持下，虽然已经能够完成海量数据最基本的存储和最核心的计算，但在数据管理上却还有巨大的提升空间。通过有效的数据管理手段，厘清数据内容进而为盘活数据价值提供支撑，在安全合规的基础上加速数字资产的周转已成为数据应用的下一个目标。数据管理覆盖了元数据管理、数据标准管理、数据质量管理和数据目录管理等典型内容。目前的数据管理工具还不够自动化、智能化，需要大量的人力投入。新一代的数据管理工具正在探索将机器学习、知识图谱等技术应用于数据管理中的各个关键环节点，增强智能化程度，实现诸如自动识别数据、自动标签化、自动化构建血缘关系和数据作业关系、识别相似指标等功能，通过对数据的治理推动数据对企业的治理。

第二节　金融大数据创新应用案例

一　中国工商银行数据中台

中国工商银行数据中台建设项目以共享、复用、创新为目标，以工行业务架构为指导，同时以全球金融同业数据服务层发展情况为参考，基于大数据、人工智能等前沿技术，通过数据资产沉淀、数据资产运营、数据工具整合、数据产品输出，在降低找数和用数门槛、提高数据资产的可见可懂和可用性、赋能业务快速实现方面取得重大突破，打造了海量数据资产向数据服务转化、加速数据价值释放的企业级标准化生产平台，大幅提升了企业数据生产效能，全面支撑了企业业务的智能化创新，形成了金融同业领先的高效、智慧、开放、共享的数据服务体系。根植于工行标准的金融数据架构设计，工行数据中台已形成一套标准、稳健、敏捷，对行业做法形成辐射的企业级金融数据生产数字化解决方案。

中国工商银行数据服务体系总体上经历了"数据辅助业务"的数据仓库和数据集市、"数据支撑业务"的数据平台，以及发展至今"数据赋能业务"的数据中台。在两三年前，工行大数据服务体系虽然已经经历了多年的发展，但在数据生产要素向数据价值转化的过程中仍存在一些问题，其中比较突出的问题有如下几个。一是数据研发资源相对分散，基于大数据与人工智能的各种数据资源、算法和算力得不到有机结合，研发人员无法一站式地基于底层技术平台进行规模化开发，数据研发资源的整体管理和调配方面也不够完善。二是数据价值转换的标准化能力不足，存在业务功能重复实现、实现路径迥异、实现难度大等问题，造成业务研发资源浪费、产品内聚程度不高、维护困难等问题。同时研发过程相对笨重，对大量编码依赖度高，缺乏一些低代码研发组件，对分析师等业务研发人员的快速数据研发要求支持度不高。三是缺少完善的数据资产管控制度，数据及由数据加工所得模型和指标等数据资产的统一管理和风险防控能力不够，存在找数难、造数难、用数难的问题，数据研发工作的开展存在困难；同时在数据安全层面上，数据转授权、敏感数据管控等方面也亟待完善。四是数据研发过程自动化能力不足，研发流水线缺少完整的支撑工具，已有工具也相对分散，产品发版过程中存在一些手工步骤，易出错，对生产及后续研发进度均造成影响，使研发成本高涨。

同一时期，国家将数据作为一种新型的核心生产要素，数据要素的战略地位日益提升，新一轮科技革命和产业革命加速演进。中国工商银行以此为发展契机，以数字工行战略为指导，根据"金融业实现数字化转型，首先要在做实、做强、做活数据资产上下功夫"的工作指示，基于大数据、人工智能等新技术，通过科学的分析论证、研究对比同业现状、重构固有系统、全新设计整体架构，启动并加速推进了中国工商银行数据中台的建设。

2021 年上半年，作为金融行业数字化、智能化建设的领跑者，中国工商银行在大数据、人工智能领域全面布局，在业内率先完成了大数据资源和平台的集中整合及全面国产化转型，建成集团数据中台，形成高效、智慧、开放、共享的数据服务体系，使企业数据价值变现的能力得到有效提升。在深入推进数字工行战略，推动数字化转型改革，加强数据要素赋能工作道路上又迈出扎实一步。

1. 以科学的设计方法论为引领

工行数据中台的建设，遵循统一规划、统一设计、统一管控原则，从如何构建数据基础、如何提供服务、如何资产化三个关注点出发，形成以《数据中台设计方法研究》为核心的数据中台设计方法论。在统一思想、统一方法、统一路径的前提下，通过数据资产沉淀、数据服务化、数据资产运营、数据产品输出，打造工行高效、智慧、开放、共享的数据服务体系，降低总分行找数、用数门槛，提升数据资产的可见、可懂、可用能力，全面支撑业务的智能化创新。

2. 夯实数据分层体系的数据底座

为深化数据中台建设，工行优化数据布局，提升数据服务能力，以实现企业数据"价值最大化"为目标，助推数据要素工程实施，发挥数据要素的价值与作用，构建贴源层、聚合层、萃取层三层数据架构体系，形成数据覆盖全、数据时效快、数据内容准、数据使用易的数据底座，数据容量总计超40PB，并通过灵活控权机制，在保障数据安全性的同时，提升数据使用的便捷性。

贴源层方面。同业首家实现集团业务数据全入湖，加大数据库入湖规模，推进数据湖向实时数据湖演进，高时效入湖1600余张数据表，沉淀贴源数据表32700余张。支持根据客户操作准实时更新产品推荐、金融市场行情数据准实时分析、手机银行汇款转账涉赌风险监控等场景，满足日益增长的用数时效需求。

聚合层方面。面向业务视角建设易懂易用的主题聚合数据，实现主题聚合核心实体全覆盖，形成"一湖两库"的大数据资源布局。抽象出对公、零售、信贷等十多个主题域，形成400余张主题聚合表，能够满足个金、信贷等领域 90% 以上的常用指标萃取需求。知识图谱覆盖 10 多类实体、20 多种点边关系，总规模达到 53 亿实体、260 亿关系，推出企业关系查询、资金流向查询等 70 余种图谱查询服务。

萃取层方面。打造企业级客户画像，充分利用工行业务数据，引入行外信息，沉淀 14 大类近 6000 个客户特征，推出智能推荐、个人客户流失预警、个人客户风险偏好预测等 130 多个服务，赋能智慧大脑、"千人千面"产品推荐、产业链营销、客户到店营销等业务场景。共享共建 23000 多个全行通用的常用统计类指标和绩效考核类指标，并在此之上形成服务全行的指标服务体系。

3. 建成丰富的用数赋智工具体系

在数据研发支撑方面，秉持用数赋智理念，根据需要支撑的场景大类，建设数据中台内部二级研发支撑平台，以用数赋智工具赋能各条线业务研发人员高效开展研发工作。

打造企业级即时 BI 平台，构建集数据探索、数据计算、BI 报表制作、BI 报表发布于一体的自助分析流水线，无缝对接"一湖两库"数据，通过拖拽式、配置化等方式支持全行业务人员零门槛的自助定制报表，数据分析的时效性、灵活性、多样性得到全面提升，可视化报表开发时效从按月计提升到了按小时计，满足了业务快速创新应用的需要。形成完善的大屏制作和展示能力，在信用卡风险管理、对公业务等多个场景取得了良好的应用效果。

打造设计即研发的数据研发支撑平台，持续降低数据赋能的研发门槛。落地同业首个一站式从数据生产到数据消费的端到端的线上线下协同数据研发流水线，具备模型设计、数据加工、数据服务、任务编排、测试服务、部署上线、用户鉴权、数据脱敏等能力，支持研发人员零编码、拖拽式地开展大数据研发工作。在 7 个基地 41 个研发测试部门、80 余个应用上，300 多名研发人员开展大数据编码及测试，研发服务调用 39 万余次，帮助 100 多户零基础用户快速的从事大数据研发和测试。

4. 完善的数据资产运营管理体系

实现数据资产全暴露，提升数据探查和使用效率，解决数据资产"可看"的问题。在原有"一湖两库"数据资产视图的基础上，将主题聚合、数据服务等 13 类数据资产纳入大数据资产管理系统，创建数据资产全视图，实现数据资产全暴露；全面提升系统界面布局及易用性设计，按业务板块建立数据资产目录，在大数据资产视图中建立大零售、大对公、大资管、风险、互联网金融等 10 个业务板块，用户可按业务板块快速获取数据资产；面向用户提供数据资产一站式搜索功能，实现各类数据资产的快速触达，全面降低"找数"门槛。截至 2021 年 6 月，累计访问量达到 100 万余次，访问人数 1.5 万余人，全行用户增长明显。

5. 支撑全行重点场景建设，发展金融科技创新生态

至 2021 年 6 月，数据中台已形成 1700 余种数据服务，在此支撑下，智慧营销、智慧运营、智能风控、普惠金融等场景逐步完成数字化、智能化转型，打造了智慧大脑、知客、慧营、智能座席助手等一系列内外部可感的精品数据产品。各业务领域在数据中台助力下，累计探查出 15000 多家存在资金流出风险的商户，涉及 646 亿元；通过 GBC 资金联动，助力分行成功开户 9000 余户，增存 300 亿元。业务人员、分析师通过自助式营销和运营，形成了创新性、突破性的全新数字化营销和运营新模式，中国工商银行用数赋智新生态逐步向荣。

二 平安银行潘多拉指标平台

以业务场景为驱动，基于内容+BI+AI 的基础能力，潘多拉指标平台提供了指标管理和指标应用的统一平台。内容方面提供了指标、维度和标签的录入、发布功能以及规范化管理的功能；BI 方面提供了指标卡片、指标看板、指标派生等功能；AI 方面则建立了可插拔的智能预警、智能推荐、指标画像、智能归因等功能（见图 5-1）。结合组件化开放平台的建设，潘多拉指标平台创新的提供了数据分析与应用的一站式解决方案，极大地解放了人力，提升了效率。

潘多拉指标平台围绕指标管理和指标应用的全生命周期，提供了指标的录入、发布、派生、分享、可视化应用以及深度分析等全套解决方案，大大降低了数据开发和应用的成本，提升了数据的应用效率（见图 5-2）。

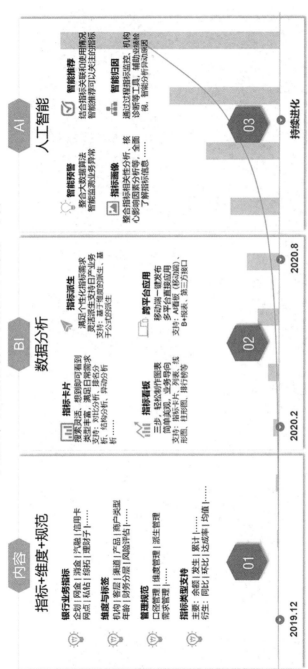

图 5-1　潘多拉指标平台——指标管理与指标应用

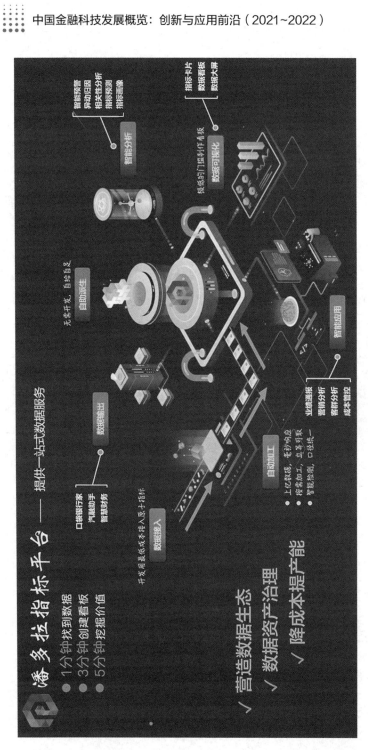

图 5-2　潘多拉指标平台——站式数据服务

利用指标卡片，平台让指标真正活了起来，让用户可以更直观地找到指标、使用指标；通过简单而强大的指标看板功能，平台让普通业务人员也能轻松制作看板、分析数据，减少了对数据开发人员的依赖；结合面向业务场景的 AI 算法，平台让用户可以更简单更便捷地开展更深层次的分析。通过近一年的建设，平台初步形成了以构建服务、查询服务、数据治理和 AI 能力为核心的中台能力（见图 5-3）。

1. 构建服务

平台构建服务提供了数据查询的自动视图构建、Kyligence Enterprise 的自动 Cube 构建、智能任务管理等功能，实现指标模型的自动化构建。

2. 查询服务

查询服务提供异步查询、主/被动缓存、降级下压、轻度聚合等功能，满足大数据多维查询场景下快速响应与灵活分析的需求。

3. 数据治理

平台数据治理以边使用边治理的理念为驱动，提供指标、维度、时效治理等治理功能，提升了数据规范性，减少了指标和维度的二义性，提升了数据管理水平。

4. AI 能力

平台 AI 能力以业务场景为导向，围绕指标应用，提供了算法的接入能力，目前已接入智能预警、智能归因、智能推荐等算法，帮助用户更快定位问题，开展分析。

5. 开放能力

平台还为第三方提供了开放组件，可提供算法特征支持、数据交换、组件开放、自助接口等服务，进一步赋能数据应用，提升效率。

6. 应用效果

潘多拉指标平台改变了数据的日常开发模式，以及业务用户的数据应用模式，降低了数据开发的成本，提升了数据的应用效率。①缩短数据开发周期平均 3~5 天；②大数据报表开发人力耗费减少 30%；③常规需求替换率在 25% 以上（不依赖数据开发而制作的看板）；④通过一段时间的建设，平

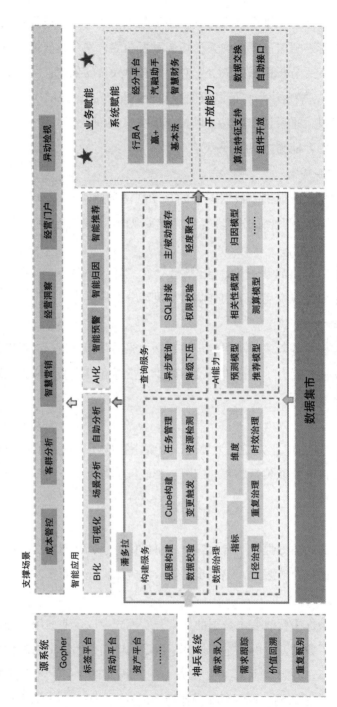

图5-3 潘多拉指标平台——中台能力

156

台基本覆盖了行内核心业务指标和维度，接入指标5000余个，维度1200余个，基本覆盖各业务条线核心指标和分析维度；⑤平台在线看板600余个，月均独立访客（UV）1500多人，月均页面浏览量（PV）30000多人次。

三　中国银联股份有限公司企业级可视化智能决策中心建设实践

大数据技术的蓬勃发展，掀起了企业数字化转型的变革。中国银联以企业级可视化智能决策中心建设为抓手，一方面夯实企业基础数据底座，另一方面建设统一指标可视化展示与分析中台，助力数据赋能业务决策。

"数字产业化"和"产业数字化"纳入"十四五"规划，随着国家"新基建"的推进，"大智云移"正加速释放数据价值。在此背景下，中国银联顺应科技新趋势，在"十四五"规划"加快数字化发展，建设数字中国"的框架下，与商业银行等共同拥抱数字时代变革，以更加开放的姿态加速数字化转型，为构建新发展格局增添新动能。

数字化转型关键在于"数据引领和驱动业务"，如何发挥数据在业务决策中的关键性作用，是数字化转型的重要课题。中国银联以企业级可视化智能决策中心建设为抓手，一方面，不断推进"业务数据化"，通过开展全域数据治理和企业指标体系建设工作，夯实企业基础数据底座；另一方面，不断推进"数据业务化"，通过建设统一指标可视化展示与分析中台，让数据更直观和更易用，助力数据赋能业务决策。

（一）待解决的问题

大数据带来的海量存储和澎湃算力，解决了数据如何"存"、如何"算"的问题，现在需要解决如何"看"的问题。

经过近年来的逐步发展，中国银联内部不同的业务部门基于业务平台的数据结果建立了各自的图形化展示应用，如经营指标展示、考核数据罗盘、黄牛实时监控等。在使用中，这类应用能够在某一类场景上较好的支撑业务，但各类数据的原始数据以满足各条线的应用场景为主（如财务、企划、业务运营），业务职能侧重点不同、数据标准和定义不同，观察数据的视角也不同，在全公司推广时，就可能出现"数据打架"情况。

此外，传统的可视化展示平台只是简单地将各类图表"揉"在一起，用户在"看"到一些指标后无法对指标进行进一步的"下钻""分析"，甚至"联想"。一方面，较难将数据分析师的"数据思维"以平台化的方式传递给一线业务人员，从而较难让数据分析的思路复用化；另一方面，缺乏维度切换、自由排版、区域分组联动等高级功能，较难使数据呈现为一个"活"的可视化页面。

（二）解决方案

为应对以上问题，中国银联强化内外部赋能成效，逐步实现数据辅助经营决策—数据主导经营决策—数据驱动智能决策的转变，从业务部门的需求视角出发，在现有大数据应用能力的基础上，建设了企业级可视化智能决策中心。

产品服务层面，可视化智能决策中心从中国银联已有数据中挖掘价值、提炼知识，将知识以首页图形化形式通过企业通信软件、企业邮箱等触达决策层和一线业务人员，将数字化能力以 API 形式输出到营销、风控、反黄牛、财务分析等多个业务场景，以辅助业务市场经营决策、推进公司数字化转型（见图 5-4）。

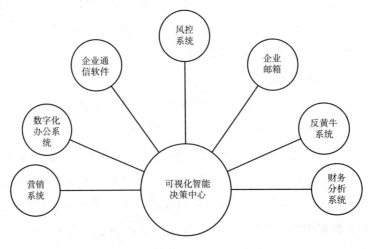

图 5-4　产品服务链

技术架构层面，可视化智能决策中心依托数据中台进行数据加工，形成数据集市，结合 MPP 数据库、Kyligence 引擎、地理信息系统（GIS）引擎等多种查询引擎，通过统一的语义层实现对上层应用的技术透明，在应用层实现了接口数据输出和各类管理功能，最终由交互层向用户进行可视化服务的呈现（见图 5-5）。

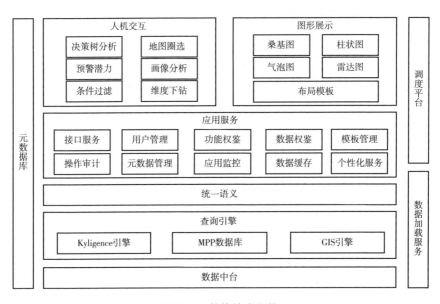

图 5-5　整体技术架构

数据中台负责为企业级可视化智能决策中心汇集基础数据，通过统一的数据加工服务融会贯通，通过统一的数据标准规范形成指标中台能力，并对外提供标准化的中台服务。以风险为例，传统的风险分析是基于交易的风险评估，而数据整合后，风险建立了与营销、收入、商户等更多维度数据的联系，这就将风险评估扩展到其他业务，同时能将其他要素加入风险模型中。

查询引擎负责为上层的查询请求提供数据存储与计算服务。数据加载服务会根据数据应用场景将集市中的数据加载到不同的数据引擎中。可视化指标展示主要使用了 MPP 数据库，同时使用了行列两种查询引擎，行存储提供了高并发的写入能力，列存储提供了复杂 SQL 秒级的查询能力，可以同时支持 TP 和 AP 两种场景，主要面向人机交互中的决策树分析、排序、实时分析等场景；指标下钻分析主要使用 Kyligence 引擎，通过对数据模型的预计算提升查询效率，从而提供亚秒级的查询响应，主要面向人机交互中的多维度分析的场景；面向地图的查询主要使用 GIS 引擎，通过将中国银联的商户、交易数据与地理位置和地图图层整合，支撑商户打点和展示、商圈圈选、消费人群分析等场景。

统一语义层负责为上层提供统一与规范的数据查询服务。统一语义层实现了对下层技术实现上的业务抽象，多种查询引擎通过统一语义层对外提供统一、规范的服务，将底层的数据模型转化为用户熟悉的业务信息（维度、度量、层级结构），并提供更多经过二次加工才可直接使用的业务衍生度量，如常见的同环比、月累计、年累计等。统一语义层的构建使得可视化中心的数据既可以面向自身应用，又可以用来对外提供数据服务。

应用服务层负责响应交互层传递的各类请求，即传统意义上的"Web 后端"。应用服务层采用微服务架构设计，核心功能是通过业务查询模板获取数据，通过标准 RESTful 接口将数据输出到前端交互层或其他系统，并在接口调用的全过程中对数据进行鉴权和审计。业务查询模板是数据可视化分析思路的具现，模板中的参数可以动态调整，依托统一语义层，实现与底层引擎及模型的解耦。权限方面，设立"应用+数据"两级权限管控体系：应用上采用前后端"双重校验"机制，从主题、看板到图形进行权限控制；数据上根据用户的部门、职位进行指标维度、行级、列级的数据权鉴，并在数据交换时对敏感信息进行脱敏。应用服务层的微服务设计给了个性化业务更大的空间，在无法使用标准模式的查询模板提供数据时，可以快速上线个性化服务模块满足业务展示诉求。

图形展示负责为用户提供图形化展现服务，即传统意义上的"数据可视化"。因为目前的商业化产品并非那么契合中国银联的分析业务，而且地图、图表等方面又需要有一些细粒度的优化，所以中国银联选择基于开源前端组件进行二次开发，形成了大量具有公司特色的新图表，并通过技术沉淀将它们固化为可视化前端组件，通过多种布局模板实现快速组合，适配从 Web 端、移动端到大屏的多种终端，形成了灵活多变的业务主题展示。

人机交互在数据可视化的基础上，提供页面交互分析服务，通过维度下钻、决策树分析、地图圈选、画像分析等方式，让可视化图表中的数据"可追溯、可解释、可分析"，让静态的数据"活"起来。

此外，开放性是可视化智能决策中心重要的建设目标之一。用户在其他数据平台完成数据加工后，可以利用可视化智能决策中心的数据同步工具，轻松将数据引入集市；利用平台的管理工具，可以自行完成业务查询模板的编写；利用统一的数据接口和可复用的前端组件，可以快速构建交互式页面，从而实现完整的、用户自定义的可视化页面快速投产。

（三）案例应用实践及效果

中国银联企业级可视化智能决策中心目前已接入了数十个数据源，公司内部版构建了收入、交易、营销、风险、商户与机构五大主题，衍生出了多样化的智能服务，具体包括以下几点。第一，智能预警，根据历史数据或规则设定阈值规则元数据，动态识别指标异动，自动触发地区的潜力预警；第二，智能归因，基于智能预警，通过维度下钻及决策树分析锁定关键原因；第三，智能决策，通过地图可视化，推荐受理商户，引导业务部门进行受理商户建设，提升商户活跃度，通过与竞品对比，提供商户品牌的市场优劣势分析，协助商户提升市场份额；第四，智能营销，根据公司的典型营销场景为营销对象画像，智能筛选营销对象，通过实时分析对营销的全流程进行分析与监控。

四　中国再保险（集团）股份有限公司行业保单数据管理平台

由于中再集团接收到的直保公司的保单报表数据质量参差不齐，缺乏统一标准，格式复杂多变，且数据规模和数据复杂度持续攀升，因此公司在保单数据的采集、存储、审核、应用和价值挖掘上面临巨大挑战。海量保单数据带来的问题，已使业务无法正常运营和发展，依靠人工处理保单数据的作业模式，已不具备可持续性。为解决保单数据线下处理效率低、存储分散、安全风险高、共享困难等问题，加强以数据为中心的核心竞争力建设，中再集团启动行业保单数据管理平台建设项目。

（一）面临的主要问题

受制于接收到的直保公司保单报表数据质量参差不齐、缺乏统一标准的客观情况，保单数据多依赖人工处理，处理方式各异，处理效率低下，各环节存在大量重复性劳动，严重消耗人力成本，数据处理时效滞缓。保单处理的问题主要体现在以下四个方面：第一，保单文件传输方式原始，未统一管理，保单数据导入耗时耗力，每季度每人消耗在数据导入的时间超过 1000 小时；第二，保单数据处理全手工全串行，保单核验效率低、出错率高、准确率低、费时费力，精细化管理难以实现；第三，保单数据存储分散在 200 多个数据库中，其中有 60 个分散在个人电脑中，安全风险高；第四，保单数据共享困难，应用落后，看不全说不清保单数据，保单价值还未充分发挥。

（二）解决方案

项目组成员克服了数据规模大、差异大、入库难和几乎没有同类系统参照等困难，自主确立了作业模式、数据标准以及技术路线，并自主研发了面向行业保单数据的管理平台。

项目技术结构复杂，总计与 7 个周边系统或中间件进行数据与服务的对接，其中数据层面基于大数据计算服务（MaxCompute）和数据工厂（DataWorks），开发层面采用前后端分离的 Spring Cloud 微服务架构，并应用对象存储服务（OSS）、中再统一开发平台、远程字典服务（Redis）中间件、RabbitMQ 高级消息队列中间件和 BI 产品工具，自主设计了从前端到后端，从数据到应用的整体技术方案。MaxCompute 提供存储和计算服务，DataWorks 提供数据迁移开发，OSS 提供原始文件存储备份功能，中再统一开发平台提供用户统一认证和功能权限管理服务，Redis 和 RabbitMQ 提供业务流程支持服务，永洪 BI 提供数据多维分析、固定报表、自助报表的功能。

保单数据平台依托上述组件，遵循模块内高聚合、模块间低耦合的原则，实现数据导入、数据整合、数据标准化、数据核验等主流程。数据导入主要调用 MaxCompute Tunnel SDK，将原始文件进行解析并写入 MaxCompute 的表中；数据整合主要采用 MaxCompute SQL 和 UDF，对原始数据进行修正、清洗、核心字段补充等；数据标准化主要采用 SQL 和 UDF 进行标准化；数据核验基于核验规则，采用 SQL 进行核验。

保单数据平台前端采用 Vue 开发，具有体积小、适合移动端、使用简单等特性，Vue 采用模块化开发，复用性高，通过模块间组合来满足各种业务场景。

保单数据平台后端基于 Spring Cloud 微服务架构，随着业务量扩展，可横向扩展服务实例，不用再次开发或修改架构，保障了系统的高扩展性。

（三）案例应用实践及效果

1. 应用效果

该项目初步实现了保单数据存储集中化、数据处理线上化、数据模型统一化、数据核验可视化和数据应用自助化，达成了"一个平台+一个数据库+一套管理模式"的优秀成果。

一个平台，即首次实现一个保单数据处理平台，平台涵盖 8 大功能模块，涉及 9 个流程 80 多个功能点，支持 7 种不同格式的文件导入，高效实现保单数据的文件上传、清洗入库、格式转换、标准化和结构重组、账务核验、数据应用等核心业务环节的线上化、自动化、流程化，使过程可追踪、模板可配置、规则可复用，有效应对不稳定数据源问题，处理数据的业务流程从原本的天级缩短至小时级，跨公司百亿级数据查询从跑不出、不敢想到分钟级，极大提高了数据处理质量和效率，节省了人力成本，满足了业务的灵活性和时效性要求。

一个数据库，即首次实现一个公司级规范保单风险管理数据库，涵盖从贴源到核验四层数据模型，针对不同直保公司的保单模型，可通过图形化自定义灵活补充数据库字段，能够有效满足日常账务核算、预估准备金评估、风险排查等业务数据基础应用需求，更好地服务于再保险合同精细化管理。现数据库已包含 11 个交易对手 86 个重点合同近三年的 85.7 亿条分保保单数据，同步整合沉淀了 1143 个保险产品的核心要素及再保险费率数据。

一套管理模式，即首次实现对海量保单数据管理的数字化新模式。业务管理精细化，对外管理直保公司各期来账情况，对内记录保单数据处理时效与核验结果，细化业务管理颗粒度；数据流程规范化，统一合同产品等基础信息来源，数据从源头维护，避免二义性，统一不同直保公司数据处理流程，沉淀处理规则，实现经验传承；数据质量可感知，对入库数据中内容为空和未标准化的字段进行统计、分析和核查，确定数据可用性；数据管理统一化，从个人的小库到统一的数据平台，从"SQL 小库"时代到"分布式平台"时代，集中储存、自动备份、分权限访问，兼顾安全、合规与便捷。

2. 项目收益

第一，统一的保单报表管理平台，提高了数据处理质量和效率，实现了对所有文件的集中管理，处理自动化、操作流程化、过程可追踪、规则可复用，节省了人力成本，数据导入效率提高 20 倍以上。

第二，统一的保单数据处理平台，实现了保单全流程线上化、处理自动化，所有清洗转换规则可自定义，图形化配置，形成了业务经验的规则库，可复用可管理，数据处理效率提升 10 倍以上。

第三，公司级规范保单风险管理数据库，逐步消除了分散在各处的零散数据库，将存量与增量保单数据统一集中管控，统一数据存储和数据标准，实现了保单数据标准化输出，提升了数据质量，实现了百亿数据分钟级查询。

第四，统一管理模式，打造了保单数据管理的全新模式，实现了数据采集、处理和应用的全生命周期管理，保障了数据安全，提升了业务管理精细度。

第五，实现了数出一门、资源共享，为公司风险控制提供了数据基础，保证了公司数据资产得到有效运用。

综上，项目解决了业务作业痛点，提高了作业效率，降低了人工成本，将业务人员从大量重复性的手工作业中解放出来，极大提高了作业处理效率；另外，提升了数据质量和数据安全，提质降本增效显著，解决了公司海量数据的安全问题，为账务核算、赔付率分析、产品定价、风险控制等工作提供数据基础，对内支持辅助业务创新，对外输出高质量的数据服务，最终实现了数据资产的价值，提升了公司核心竞争力，回报率预计达到200%。

3. 项目评价

数据是黄金，保单数据是千足金。保单项目实现了保单数据管理从0到1的创新突破，为挖掘保单数据这座金山奠定了基础。——中再集团信息技术总经理冯键

保单项目第一次解决了中再寿险长期以来的痛点，为业务发展夯实了数字化建设基础。——中再集团信息技术副总经理杨李

保单管理是公司持续多年的痛点问题，保单系统的建设是有难度的，是复杂的。保单项目具有重大意义。——中再寿险总经理田美攀

保单数据量大，报表格式复杂多变，对系统性能、灵活性和可扩展性要求很高。保单数据平台的建设意义重大。

五　太平金融科技服务（上海）有限公司太平养老"北斗星"可回溯系统

太平金融科技服务（上海）有限公司创新性地使用数据可视化还原、数据编排及大数据处理等技术自主研发了截屏、视频记录回放等功能，并通过SDK插件方式进行系统集成，实现即插即用。用户操作简单便捷，轻松一扫即可快速查看投保时的视频和关键页面截屏，充分满足监管要求。

"北斗星"系统为在上海本地自研开发投入的项目，投入低、产出效益巨大，为上海市科技自主化树立了正面案例，是上海市"科技创新行动计划"科技成果转移转化服务体系建设的有效实践。

随着互联网个人投保的保险产品迅猛发展，消费者"云"上投保越来越便利，而互联网保险在带来极速投保消费体验的同时，给消费者合法权益保护带来一定挑战。中国银保监会于2020年6月发布《关于规范互联网保险销售行为可回溯管理的通知》，要求保险机构对自营网络平台上销售保险产品的交易行为进行记录和保存，使其可供查验。

经充分的技术及场景评估，太平金融科技服务（上海）有限公司拟以

数据可视化还原、数据编排及大数据处理等技术为基础进行自主研发，经8个月的开发实施，实际效果显著，打造了具备业界一流水平的可回溯系统。充分涵盖监管要求的全部投保及承保流程记录和管理，例如提示进入投保流程、展示说明保险条款、履行提示和明确说明义务、验证投保人身份、投保人填写投保信息、自主确认阅读有关信息、提交投保申请、缴纳保费等内容的网络页面，同时充分考虑过程管理，针对销售页面的内容信息及历史修改信息，建立销售页面版本管理机制。

一是满足监管要求，实现截屏、视频记录回放等功能，且通过SDK插件方式进行系统集成，实现即插即用。

二是智慧服务、一扫即达。扫描操作，简单便捷，轻松一扫即能找到定责材料，保障客户权益。用户通过手机扫描电子保单上的回溯二维码，即可快速查看用户投保时的视频和实现关键页面截屏（见图5-6）。同时后台系统可借助视频和截屏，迅速精准定位问题并解决问题。

太平养老保险股份有限公司
TAIPING PENSION CO., LTD.

个人保险分单

扫一扫

回溯您的投保过程
防伪码 b0b25397fe0d224e5232c29f830******

保单合同号：0105*********88　　　　　分单序号：0105*********89023
保险期间：自2022年06月01日零时起至终身
投保人：李**
通讯地址：上海市浦东新区*******号

被保险人姓名：李**　　　　　性别：女　　　　　投保年龄：20
出生日期：2001年**月**日　　　证件号码：32010*********1586

身故受益人：
受益人姓名　　　　与被保人关系　　　受益顺位　　　　　受益比例
父亲　　　　　　　父母　　　　　　　1　　　　　　　　51%
母亲　　　　　　　父母　　　　　　　1　　　　　　　　49%

图5-6　扫描二维码，回溯投保过程

三是具备横向扩展的高性能系统。随着可回溯业务量的持续增加，所需存储空间成本呈现几何量级增长，经系统全面压测，可回溯系统每秒可完成

17 万次请求，且系统性能支持横向扩展。

四是双重安全保障。大量数据的存储，对数据存储的安全性也提出了更高要求，可回溯系统能保证数据真实及无损。采用防篡改技术，避免行为记录和存储过程中有人为干预，保障用户数据的真实可靠。采用压缩算法处理，回溯材料高效无损，并降低有效文件的存储成本，满足最长十年监管要求。

五是颠覆传统模式。全流程动态和静态可回溯。"北斗星"将回溯可视化、直观化、连续化，囊括了投保信息录入页面、健康告知页面、投保前确认页面、支付页面等信息页面，百分百还原用户真实操作场景（见图5-7）。

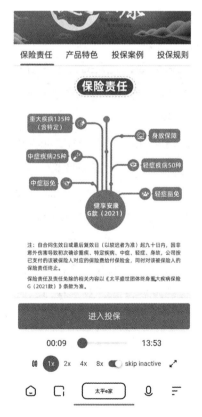

图 5-7　全流程用户行为精准可视化还原

"北斗星"可回溯系统投入低，自研性项目全面节约外购成本，产生巨大经济效益。作为在上海本地自研开发投入的项目，其实施时间共计4个月，参与人员共计2人，成本约20万元，同业单位外采类似产品的采购成本约100万元，后续每年投入运维费用约15万元。该项目当年节省人力成本约80万元，另外还节省了后续每年的运维费用。该项目为上海市科技自主化提供了正面案例，是上海市"科技创新行动计划"科技成果转移转化服务体系建设的有效实践。

该系统推广难度低，可支持普遍使用，截至2022年6月，该系统累计完成用户行为轨迹视频记录超270万条。

该项目的成果实施，是科技赋能监管的重要体现，对整个保险行业的合规运作及保护消费者权益具有重大借鉴意义。随着金融科技的发展，经营环境不断开放，金融风险形势更加复杂。例如技术安全漏洞、网络欺诈、利用互联网从事违法违规金融活动等，大大提升了系统性金融风险的识别难度。在此背景下，通过科技手段保障消费者合法权益及满足新的监管需求成为每个科技企业的必经之路。研发基于人工智能、大数据等技术，有效增强了用户信息的实时性、准确性、可追溯性和不可抵赖性，可为及时有效识别和化解金融风险、整治金融乱象提供支撑，也是补齐保险业监管短板的需要，有助于提升监管机构监督能力。当前各监督机构建立的非现场监管系统仍然较为粗放，多数仍停留在企业概况、财务数据等表层信息收集和统计上，缺乏交易数据、资金数据的沉淀，难以实现监管的及时性、穿透性和一致性。监管机构必须充分借助大数据、人工智能等科技手段，大力发展监管科技来提升监督能力。

该项目符合监管科技的发展方向，对于整体监管的降本增效具有重要意义，有助于监管的实现和下一步可能采取的监管措施的规划，减少了对人力的依赖，并将人为错误和偏差的风险降至最低。

综上所述，太平养老"北斗星"可回溯系统作为上海本土研发并实施的创新型科技系统，技术水平一流，易于使用及推广，产生的经济效益较大，且能完全满足监管需求，对科技监管的降本增效及监督效能具有较大价值，在行业内处于领军地位。

六　银联商务股份有限公司基于"支付+"的金融级服务云项目

银联商务"致力于达成世界范围的支付融合、消费融合、数据融合、金融融合、科技融合",始终秉承"服务社会、方便大众"的核心价值观,立足于"综合支付和信息服务提供商"的战略定位,不断推动履行企业社会责任和打造"国际一流的综合支付和信息服务提供商"的长远目标更加紧密结合,切实践行企业公民的社会责任,致力于持续改善银行卡受理市场和国内综合支付环境,实现股东、客户、员工、合作伙伴利益的共赢。

银联商务金融云的建设,融合了银联商务优良的基础设施能力、遍布全国的市场网络能力、上下游渠道整合能力。金融云作为以上服务能力输出的载体,具有国内领先标准和规格,并满足金融行业服务标准要求。其安全性、规范性、易用性得到了内外部用户的一致认可。

除支付业务外,银联商务在 O2O 营销、物流撮合、征信服务、消费金融等行业也深耕多年。银联商务金融云为广大行业客户提供了更便捷可靠的服务,同时,通过对云端海量数据的分析和挖掘,为客户提供了行业态势、商业战略的分析和决策依据,形成了良性的生态闭环。在大数据和云计算技术的基础上,银联商务金融云还将借助人工智能,结合精准营销、信用评估、客商开店、地理位置核验、风险评估等业务推出更具附加价值的多样化金融服务,把银联商务打造成一个云服务定制、金融安全保障可靠、大数据深度挖掘的更具核心竞争力的综合支付和信息服务提供商。

(一)待解决的问题

2015 年 8 月,国务院印发《促进大数据发展行动纲要》;2015 年 10 月,党的十八届五中全会正式提出"实施国家大数据战略,推进数据资源开放共享";2017 年 1 月,工信部编制印发《大数据产业发展规划(2016—2020年)》;2019 年 11 月,党的十九届四中全会提出数据可作为生产要素按贡献参与分配。由此可见,大数据应用在国家经济运行中的战略地位日益凸显,政府希望通过完善大数据体系建设,助推国家治理体系和治理能力现代化。

近年来，文旅、商务和统计等相关政府机构，在旅游消费、零售消费、服务消费监测工作上，存在统计时效性较弱、分析维度较单一、统计样本较少、基层统计人员耗时费力、数据质量不佳等难点，急需通过外部合规、优质的第三方消费数据支撑国家消费监测和统计工作。

（二）解决方案

银联商务股份有限公司积极响应国家号召，从 2016 年起开展支付大数据在国家消费监测领域、政务服务领域的应用研究，全面沟通各类政府机构大数据需求，为解决文旅、商务和统计等相关政府机构面临的问题，创新性地研发并打造了"银杏政务大数据解决方案"，充分运用支付大数据能力，以专业统计指标体系为指导，深入挖掘数据内涵，为文旅、商务、统计等相关政府机构提供包括行业消费运行监测、信息化建设、舆情监测、智慧决策和咨询在内的全方位大数据服务。

（三）应用效果

截至 2020 年底，银联商务已累计为 150 余家文旅、商贸、统计主管机构提供包括行业消费运行监测、信息化建设、舆情监测、智慧决策和咨询在内的全方位数据服务，服务覆盖 29 个省区市，助力各级政企机构高效化监测市场运行、精细化管理运营和科学化制定决策，创造业务收入超 1 亿元。

在文旅服务方面，2017 年 8 月，银联商务与文化和旅游部数据中心（中国旅游研究院）达成战略合作，成立"旅游消费大数据联合实验室"，并于 2019 年 1 月受邀加入"旅游经济文化和旅游部重点实验室"，成为实验室副主任单位，致力于推动旅游消费大数据在新常态全域旅游下的开发与应用，解决国家在旅游消费监测工作上，时效性较弱、分析维度较单一的痛点，促进国内文化旅游业态的转型升级。实验室公开发表《中国旅游消费大数据报告 2019》《2019 国庆旅游消费大数据报告》《2019 春节旅游消费大数据报告》等 20 余份研究成果，并协助文化和旅游部在文旅消费、夜间消费等多个领域开展专题应用研究，为我国文化和旅游业健康可持续发展提供科技支撑。

在商务服务方面，为做好应对新冠肺炎疫情支持商贸流通发展促进居民消费工作，银联商务与商务部市场运行和消费促进司共同建立"新消费联合实验室"，双方达成新消费指数研发、消费监测分析报告、居民消费市场研判预测模型建设、消费市场专题研究等方面的长期合作，为分析研判消费形势、出台消费促进政策提供科学支撑。银联商务紧跟疫情防控下商贸流通领域决策部署需求，自 2020 年 1 月起定期提供旬度、月度及各节假日的零售、餐饮、娱乐、住宿等多个重点行业消费数据，累计达 20 余份，为商务部提供精准、及时的数据支持，科学服务政府消费市场运行监测和战略决策。同时，自主研发了"银杏消费复苏指数"，为各地企业复工指南编制、消费刺激计划制订提供科学决策依据。

在零售消费统计方面，银联商务积极助力上海市统计局开展限额以下社会消费品零售额增速课题研究，为改善限额以下社会消费品零售额增速统计工作中的抽样难点，银联商务依托丰富的商户及数据资源，联合上海市统计局，基于专业统计理论及前沿算法，科学、高效地完成限额以下社会消费品零售额增速课题研究，第三方支付数据可有效弥补国家零售消费统计在时效性、样本数量方面的不足。

1. 先进性

一是先进的大数据技术处理架构 Hadoop 和 Spark 集群，通过 Hadoop 平台进行数据存储，平台能够在节点之间动态地移动数据，并保证各个节点的动态平衡，存储和处理数据的能力突出；二是智能化运维能力，拥有自动化的运维监控、异常流量定位及处理技术；三是健全的客服体系，在全国所有省级行政区设立机构，专业服务团队超万人；四是卓越的云计算能力，稳定的 Weblogic、Oracle、Nginx 系统；五是累计获得 3 个软件著作权，拥有完全自主知识产权。

2. 创新性

一是银联商务作为行业龙头企业，依托自身数百万家商户资源，采集独家消费数据，可真实还原交易商户、场景及交易行为，确保数据全面、真实、准确；二是支持消费大数据报告、报表、API 接口、大数据平台等多种服务形式，灵活满足政企各类服务需求；三是独有的消费者来源地、常驻地模型，与国家部委级单位成立联合实验室，建立专业的抽样统计模型，并基于机器学习、人工智能等技术开展数据挖掘、分析和可视化展示。

3. 可推广性和经济与社会效益

银联商务面向文旅、商贸、统计等相关政府部门提供全方位数据服务，未来预计将扩展至 500 家省市、区县级政府机构，年创造业务收入超 2 亿元。

4. 发展前景

银联商务作为在国家消费监测领域的支付大数据龙头企业，未来将继续深挖政府机构数据服务需求，积极助力落实国务院办公厅 2020 年 9 月发布的《关于以新业态新模式引领新型消费加快发展的意见》，帮助各级政府机构加强新型消费统计监测，强化传统数据与大数据比对分析，及时反映消费现状和发展趋势，提高政策调控的前瞻性和有效性。

七 联通大数据有限公司联邦学习在保险行业中的应用

保险行业内部数据价值有限，需要借助外部数据对客户进行多维度的了解。联通大数据联邦学习项目解决了保险公司及运营商在各自数据不出门的情况下进行信息交互的问题。项目如期上线，效果良好，获得了保险公司和运营商的一致认可。

在先进性创新性方面，通过隐私计算的手段，创新性地解决了数据不出门建立模型的问题，保证了数据安全隐私，同时完成了模型建立。在经济与社会效益方面，客户投保率提升 20%。在行业影响方面，项目上线后，在业内建立起标杆效应，其他保险公司纷纷寻求运营商开展合作，通过隐私计算的方式，协助业务发展。在发展前景方面，运营商数据具有稳定、回溯周期长、金融相关性高的特点，可广泛应用于金融业，尤其是银行及保险公司，目前国内的银行及保险公司的客户体量巨大，该产品具有广阔的发展前景。在可推广性方面，该项目实施周期为一个月，具有快速复制、上量明显、助力业务效果明显等优势，适合在金融机构及各省份一二级单位批量推广。

大数据作为生产资料，在推动经济发展、促进社会治理方面，起着重要作用。为响应国家大数据战略，目前各级政府、部委、央企都在大力发展大数据业务，充分发挥大数据在推动产业转型、提升国家和社会治理现代化水平等方面的重要作用。与此同时，我国的大数据产业正处于起步阶段，信息孤岛、技术手段不足、数据安全等都是产业发展中亟待解决的大问题。

第一，信息孤岛问题突出。大数据的基础在于数据，数据的价值取决于共享，没有底层数据，数据分析也就无从谈起。如今，数据孤岛林立、融合困难，已经成为政府与企业面前的首要难题。政府部门之间、企业之间、政府和企业之间信息不对称，制度法律不健全，缺乏公共平台和共享渠道等多重因素，导致大量数据存在"不愿公开、不敢公开、不能公开、不会公开"的问题，而已开放的数据也因格式标准缺失无法进行关联融合，形成数据孤岛。

第二，技术手段不足。现有大数据共享过程中，为保证后续业务的可持续性，需要拥有数据的各方，通过事先约定的方式，对原始数据进行标识匹配。目前常用的手段包括，建立中心化的数据处理系统对各方数据进行集中处理，通过黑盒技术输出匹配结果；数据各方利用约定的哈希或数据加密方法，采用标识"撞库"形式，输出标识匹配结果。中心化的数据处理系统要求数据各方必须对其信任，而信任问题是目前技术手段亟待解决的关键问题。"撞库"形式存在一方数据霸权的现象，同时会产生各方留存其他方数据的情况，有数据泄露风险。

第三，数据安全问题频发。在现有大数据共享使用过程中，数据所有方和使用方安全意识不足、法律法规条款约束不具体，使得数据各方有意或无意地泄露数据或用户隐私。如采用"撞库"形式，虽然用户标识被进行了脱敏处理，但脱敏算法的强度问题，会造成留存的脱敏数据有被还原的可能，使得用户数据信息被泄露，数据所有权不明晰。

第四，法律法规日趋严格。随着国内外一系列与大数据安全、用户隐私相关的法律法规的起草、颁布和施行，大数据产业中的安全监管体系、预警体系、应急处置机制等也会逐步建立。《网络安全法》《数据安全法》等明确了安全责任单位的责任和义务，并明确到责任人。法律法规的严格施行将使得数据各方由于担心安全问题，缺乏数据共享的动力，阻碍大数据产业发展。

因此，在健全内部制度、加强企业管理、增强员工安全意识，以及对大数据产业进行深刻分析后，考虑到要遵循大数据安全、用户隐私等相关法律法规，亟待研究新理论和新技术，采用技术手段保证大数据在共享使用中安全合规。

（一）待解决的问题

在保险行业，用户数据信息是其核心资产。同时，由于用户的隐私保护关系到企业形象和社会责任，保险公司非常注重用户隐私数据的安全。案例中的保险公司本身拥有完整的客户管理系统，该系统基于用户授权，录入客户购买赠险和代理人接触信息，并以此为根据建立客户分层模型，采用对应的跟进模式。在现有的客户管理系统中，模型的建立主要依靠自身有限的历史数据，导致客户分层模型精度不高，优先级判断效率低下。为了提高客户分层模型的预测精度，该保险公司通过结合自身用户历史数据和联通相关用户的网络活动数据，建立联合客户分层模型。

案例中，联通大数据基于自身的隐私计算能力，研究开发多方安全计算和联邦学习技术的综合解决方案。该方案在不交换用户原始数据和标签的前提下，成功帮助该保险和联通大数据建立高质量的机器学习模型。模型极大地提高了客户分层模型的预测精度，提升了客户数据利用效率和价值，降低了获客成本。该方案既打消了保险公司对核心客户资产数据保护的顾虑，又形成了打通数据孤岛的数据交互解决方案，通过筛选高价值用户线索，提高了企业运营效率。

联邦学习计算流程如图 5-8 所示。

据中国信通院云大所 2018 年 4 月发布的《数据流通关键技术白皮书（1.0 版）》，多方安全计算拓展了传统分布式计算以及信息安全范畴，为网络协作计算提供了一种新的计算模式，对解决网络环境下的信息安全具有重要价值，影响深远。2020 年 4 月，微众银行人工智能部等联合发布的《联邦学习白皮书 v2.0》中，阐述联邦学习作为未来 AI 发展的底层技术，它依靠安全可信的数据保护措施下链接数据孤岛的模式，将不断推动全球 AI 技

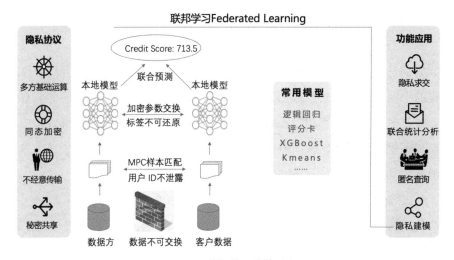

图 5-8　联邦学习计算流程

术的创新与飞跃，在加速人工智能技术创新发展、保障隐私信息及数据安全、促进全社会智能化水平提升等领域有巨大的公共价值。

联通大数据研发的多方安全计算与联邦学习技术的综合解决方案，融合了两种加密方法的技术优势，具有以下突出优点：数据单次随机加密，量子级保护，防止线下字典攻击，加密过程中无须牺牲数据精度，做到无损数据挖掘去中心化结构，无须原始数据出库。该方案的技术先进性、中立性和可靠性获得了保险公司的认可。

（二）实践效果分析

1. 降低企业数据安全风险，增强企业数据合规管理

通过使用多方安全计算技术，数据所有方的原始样本数据不需要"出门"，同时，通过避免采用简单的哈希算法"撞库"形式，实现了降低数据安全风险的可能。2017 年 6 月 1 日实施的《网络安全法》的第四十二条规定："网络运营者不得泄露、篡改、毁损其收集的个人信息；未经被收集者同意，不得向他人提供个人信息。但是，经过处理无法识别特定个人且不能复原的除外。"多方安全计算技术的应用，可以使企业在进行自身数据安全管理和多方数据共享时，依法合规的进行数据合作。

2. 优化企业之间的数据合作，杜绝企业之间的不良竞争

多方安全计算技术的应用，使得企业不必担心原始数据泄露，双方交互的数据都是经过一定强度的不可逆的加密算法处理过的，或者交互的是计算过程中的中间数据。除共有数据外，数据各方都不能得知其他各方的非共有数据。通过多方安全计算的隐私数据查询，可以保证在联合数据查询过程中各方数据不被对方获知，从而避免了对方留存己方数据，继而杜绝了己方数据被泄露给其他数据方，造成恶意争抢客户，产生不良竞争的现象。

3. 避免中心化的信任问题，多方协同数据联合分析

传统的数据共享方式，需要多方将数据集中到一起，进行统一的建模分析。该过程需要各方进行大量的数据交互，并且需要提供一个统一的公信数据汇集地。在经过共同的数据建模、数据分析和模型使用后，需要将数据及时进行销毁，避免发生数据泄露、数据滥用的情况。该方式中，如何解决多方之间的信任问题，寻找公信的数据交换场所，是一个亟须解决的问题。通过使用多方安全计算技术，可以避免数据跨公司流动，解决各方之间不信任的问题，通过分布式的计算方式，可以实现多方之间的联合建模，同样达到数据共享的目的。

案例主要通过应用多方安全计算、联邦学习等隐私计算技术，以多方安全计算系统平台为基础（见图5-9），实现多方数据之间的分布式数据融合、联合建模和数据使用。采用的安全技术手段和措施主要包括如下内容。

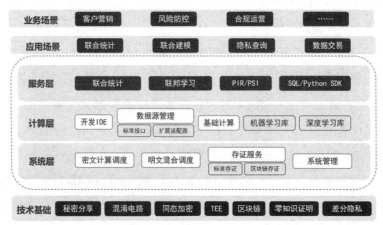

图5-9　多方安全计算系统平台

第一，多方安全计算。多方安全计算最早由图灵奖获得者姚期智院士提出，其提出场景为经典的百万富翁问题，即在没有可信第三方的前提下，两个百万富翁如何在不泄露自己的真实财产数目情况下比较谁更有钱。多方安全计算技术能够在不泄露用户保密数据的前提下，根据多方约定算法，进行多方数据的联合计算。在整个计算协议执行过程中，数据拥有方的明文数据不出库，数据拥有方对己方数据始终拥有完全的控制权。所有中间加密信息采取随机加密方式，单次计算有效，无法截取或存储后线下攻击。多方安全计算实现了数据所有权和数据使用权的分离，完美解决了数据保护或隔离和数据联合开发赋能的矛盾。

第二，同态加密。同态加密是一种加密技术，提供了一种对加密数据处理的功能，允许用户在密文的基础上进行特定形式的代数运算，得到加密的运算结果。将其解密所得到的结果与明文数据进行同样的运算所得结果一样。也就是说，任何一方都可以对加密数据进行特定逻辑的计算，但是处理过程不会泄露任何原始数据。同时，数据拥有方（密钥拥有者）对处理过的数据进行解密后，得到的正好是处理前的结果。同态加密可以在保护原始数据和用户隐私的前提下（随机加密状态），允许多方参与计算过程，被广泛运用于数据安全协助流程中。

第三，秘密共享。秘密共享是一种将秘密分割存储的密码技术，目的是阻止秘密过于集中，以达到分散风险和容忍入侵的目的，是保护信息安全和数据保密的重要手段。秘密共享的思想是将秘密以适当的方式拆分，拆分后的每一个份额由不同的参与者管理，单个参与者无法恢复秘密信息，只有若干个参与者一同协作才能恢复秘密信息。计算时，各参与方直接用它自己本地的数据进行计算，并且在适当的时候交换一些数据（交换的数据本身看起来也是随机的，不包含关于原始数据的信息），计算结束后的结果仍以秘密共享的方式分散在各参与方那里，并在最终需要得到结果的时候将某些数据组合起来。保证了计算过程中各个参与方看到的都是一些随机数，但最后仍然算出了想要的结果。

第四，联邦建模预测。联邦学习技术是一种加密的分布式机器学习技术，允许多方在不泄露原始数据前提下共建模型。允许用户在本地进行部分模型训练，模型更新的信息通过安全加密计算和他方进行整合更新。既保障了原始数据的隔离和安全，又很好地实现了边缘计算的理念。同时，相对于传统的差分隐私等技术，多方安全计算技术的引入可以在保护中间更新结果的同时，保证精度不丢失、模型效果无损失。通过联邦学习技术，多方用户可以在保证数据安全和保护隐私的前提下，实现多方数据共同 AI 建模，进一步提高社会的智能化水平。

八　腾讯云计算（北京）有限责任公司企业级分布式数据库 TDSQL

TDSQL 是腾讯云自主研发的企业级分布式数据库，提供事务型 TDSQL、云原生 TDSQL-C、分析型 TDSQL-A 等多种产品架构，提供业界领先的金融级高可用、计算存储分离、数据仓库等能力，同时具备智能运维平台、Serverless 版本等标准统一的产品服务方案，可满足各行业需求。目前，TDSQL 已广泛服务于腾讯集团内部及腾讯云上金融、政务、社交、电商、交通、游戏等行业客户。

其中，分布式数据库 TDSQL 是一款金融级分布式数据库产品，具备强一致、高可用、全球部署架构、分布式水平扩展、高性能、HTAP 双引擎、Oracle 兼容、企业级安全、便捷易运维等特性，已实现 99.999% 高可用、完整分布式事务、全局一致性读、国密算法支持等能力，同时提供智能数据库管理员（DBA）、自动化运营、监控告警等配套设施。此外，TDSQL 采用无共享的集群架构，为用户提供容灾、备份、恢复、监控、安全、审计等全套分布式数据库解决方案。同时，分布式数据库 TDSQL 高度兼容 MySQL 和 PostgreSQL 生态，某些场景下对 Oracle 兼容性达 98%，业务可以像使用传统数据库一样使用 TDSQL。

（一）待解决的问题

1. 金融行业的传统技术架构遇到瓶颈

目前国内大多数银行主要利用国外厂商提供的大型主机和数据库解决方案来进行系统构建。以国外大型主机和数据库为核心的架构已无法满足大规模交易和数据处理的需求。一方面，性能无法满足爆发式增长的业务处理需求，存在系统过载风险；另一方面，价格比较昂贵，维护成本居高不下。

2. 新技术带来持续的科技创新

以网上理财、互联网保险等为代表的金融业务快速创新，推动新技术以前所未有的速度与力度发生深层次变革。这些技术发展，给金融服务模式带来重大影响，使得金融行业向数字化、分布式转型成为必然趋势，金融业务创新与科技创新正在相互促进，重塑金融行业系统能力。

3. 具体业务挑战

第一，数据强一致性。对某些业务（如金融业务）来讲，数据的强一致性（Strong Consistency）尤为重要。如果出现数据丢失，就意味着会给组织或用户带来直接的经济损失，甚至影响企业的商誉和信誉。因此，数据的强一致性是 DBA 最需要考虑的问题之一。然而，多数开源不适用于共享存储架构，主从高可用架构难以做到，既满足性能又保障主库出问题时数据不丢失，无法满足业务高并发需求。

第二，服务可用性。随着业务需求的不断提高，搭建一个数据库高可用环境已经成为很多企业迫切的需求。确保企业中计算资源的持续可用，是各个数据库管理员的主要目标。如果应用程序的数据库和服务器不可用，会导致大量客诉或用户流失，甚至带来经济方面的损失，影响信誉和商誉。高可用性和减少停机时间是数据库系统的目标，某些业务甚至需要 7×24 小时无障碍运行。

第三，扩展性。用户在使用之初很难预测未来业务增长的速度和总量，可能需要采购远超实际需求量的资源，这将导致资源的浪费，因为您可能利用了 10% 的资源，而浪费了 90%；如果您的业务发展远超预期，但出现难以扩展的问题，又需要采购更高配置的资源，不断的停机迁移。当然，横向扩展的分布式架构可以解决这个矛盾，但目前起步门槛较高。

第四，信息安全。在这个大数据时代，数据和数据库安全比以往任何时候都更加珍贵。一旦数据发生泄露，那么付出的代价将是非常惨痛的。数据泄露导致的业务中断、客户信心丧失、法律成本、监管罚款，可能需要花费数百万元，甚至是灾难性的。

第五，数据库优化。随着业务的发展，数据库数量越来越多，需要保证所有数据库做到性能优异，业务不出问题。这对数据库管理员提出了诸多要求，在了解数据库运维知识的基础上，还要求 DBA 有 SQL 优化、性能检测甚至业务逻辑和业务编程的综合能力。随着业务的快速发展，这种重人工模式意味着 DBA 不可能"照顾"到所有数据库，是否能将机器学习、深度学习这样的技术引入数据库领域，帮助 DBA 更好的优化数据库呢？

（二）解决方案

腾讯云企业级分布式数据库 TDSQL 兼容主流开源数据库，具备表自动水平拆分、不停机水平扩展、全球部署架构、高安全等能力；产品兼容 SQL 2016 标准，支持 JSON、空间等数据类型；兼容常用的数据库客户端、中间件（含国产），可部署在国产硬件和操作系统或其他环境（含虚拟机环境）中；支持数据库定义语言（DDL）、数据库操作语言（DML）、数据库控制语言（DCL），支持视图、存储过程等数据库高级特性；支持分布式事务、分布式联合查询、数据强一致能力；产品符合相关开源协议，并已开源。具体产品架构见图 5-10。

图 5-10　产品架构

目前已经提供公有云、专有云、纯软件（独立）、一体机（柜）等多种部署方案，可以提供集中式数据库实例、分布式数据库实例。同时，TDSQL具备虚拟化多租户、强同步复制、线程池、热点更新、内核优化等能力，能够为用户提供事前、事中、事后的全维度安全方案（见图5-11），并获得多项国际和国家认证。

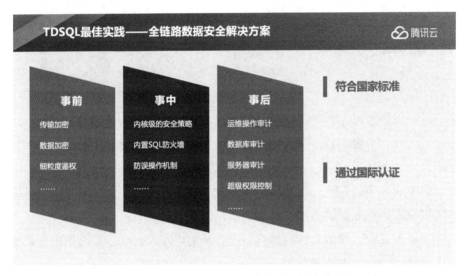

图5-11　TDSQL最佳实践——全链路数据安全解决方案

集中式数据库实例：完全兼容 MySQL 5.7、MySQL 8.0 或 MariaDB 10.1、MariaDB 10.4 等版本。

分布式数据库实例：高度兼容 MySQL 5.7、MySQL 8.0 或 MariaDB 10.1 协议或语法。

（三）应用效果

1. 平安银行

基于 TDSQL 的平安银行信用卡"A+"新核心的投产应用，是业界第一个将金融机构核心业务系统由大型机集中式架构迁移到 PC 服务器分布式架构的成功案例，TDSQL 助力平安银行实现全球首例银行"大型机"下移。异物数据迁移方案见图5-12。

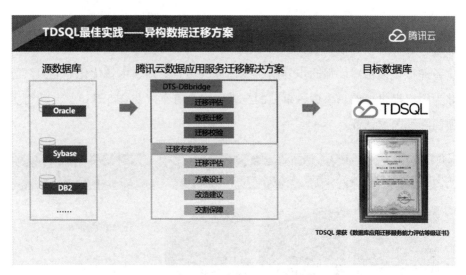

图 5-12　TDSQL 最佳实践——异构数据迁移方案

自上线以来，"A+"新核心系统经历了"双十一"、"六一八"、元旦、春节以及大小业务促销活动，取得了出色的成绩。

在成本方面，根据实际的测算，以 5 年为周期，新核心系统相比老系统成本节约近 70%，节省费用超 10 亿元。

在性能方面，新核心系统能够支持 10 万多个业务作业统一处理、跨地域分布式调度以及可视化管理。满足金融级核心系统的要求，支持 10 万 TPS（事务处理数/秒）交易高并发，相比老系统的交易处理能力提升了 66 倍，日终业务批处理达到小时级时效，并具备无限横向扩展能力。

在可靠性方面，新核心系统出色地完成了最初设定的六个目标，通过可视化分布式调度平台，支持金融级高可用、同城双活异地灾备、故障场景下秒级切换。

在"卡脖子"问题方面，新核心系统利用诸如 TDSQL 等国产数据库，较好地解决了传统核心系统底层基础架构"卡脖子"问题。

2. 张家港银行

张家港银行之前由一套核心系统支撑多种业务，各个系统结构复杂且系统间耦合度高，有较大的性能瓶颈。为了解决困境，张家港银行决定采用全新的技术重建其核心系统，通过对稳定性、性能等多方面的比对，最后选择了腾讯云的分布式数据库 TDSQL 作为新核心系统所使用的数据库产品。

充分考虑到传统银行业务和互联网业务的场景的不同，在建设系统阶段，张家港行和腾讯云重新设计了业务的相关逻辑，一起完成了数据库升级优化和新一代核心系统的应用兼容性改造。为保证数据库的双路并行，结合腾讯云 TDSQL 提供的异构数据库同步方案，双方还共同制定和实现了腾讯云 TDSQL 和集中式数据库数据准实时同步的策略。

面对传统集中式数据库的运维低效问题，TDSQL 的扁鹊 DBbrain 和赤兔数据库运维管理平台提供了完备的数据库自动化运维工具，极大地解决了上述问题。上百项数据库监控指标和根据灵活丰富的告警策略形成的风险预警由赤兔平台展现和提供；锁冲突、索引缺失、故障切换等数据库异常能轻松被扁鹊 DBbrain 智能检测系统应对（见图 5-13、图 5-14）。

图 5-13　TDSQL 最佳实践——自动化运维平台（赤兔）

借助率先在银行传统核心数据库中采用分布式数据库，张家港银行实现了成本下降和性能提升的双收益。

从成本角度看，全面使用 X86 服务器作为新核心系统的硬件支撑，传

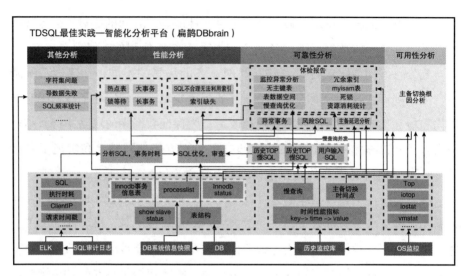

图 5-14　TDSQL 最佳实践——智能化分析平台（扁鹊 DBbrain）

统商用数据库所需的大型机、小型机被取代，具有显著的成本优势。据腾讯科技等媒体报道显示，张家港银行使用腾讯云 TDSQL 分布式数据库后的硬件成本，仅是传统数据库成本的 1/5 甚至更低。

从性能角度看，基于腾讯云 TDSQL 的新核心系统具有优异的性能。查询类交易的耗时在 100 毫秒之内，高频账户类交易的耗时在 300 毫秒之内，1 万笔批量代发代扣业务在 20 秒内完成，存款结息的耗时为 11 分钟，贷款结息的耗时为 3 分钟，日终跑批的耗时为 14 分钟，等等。从数据库的负载看，当批量业务运行时，负载均保持在 10% 以下，张家港银行未来五年到十年业务发展的需求均能被满足。

3. 昆山农商银行

2021 年 8 月，基于腾讯云企业级分布式数据库 TDSQL 打造的昆山农商银行新一代核心系统成功投产上线，该系统采用"微服务应用+国产分布式数据库"架构，在同类银行中尚属首次。

新核心系统采用长亮 V8 技术，无缝衔接国产分布式数据库 TDSQL，并融入微服务、读写分离、多源同步等技术，实现在保证金融级数据全局一致性的基础上，把大系统拆分成小型微服务，以降低系统的复杂性，消除耦合，有效解决了传统集中式核心并发量瓶颈问题，提升了核心系统的高可用性和动态扩容能力，同时大幅降低了系统建设、升级、运维的风险和成本，并实现了安全可控。

新核心系统有三个微服务集群：公共服务微服务集群、账务微服务集群和历史微服务集群。每个微服务集群都由一系列功能职责单一、高度聚合的服务组成，可支持灵活部署。这三个微服务集群运行在一套 TDSQL 集群中。

在架构部署细节上，整个昆山农商行的架构是两地三中心部署，数据库采用一主三备，中心间数据强同步，实现中心级别灾难快速自动恢复，且数据零丢失（见图 5-15）。

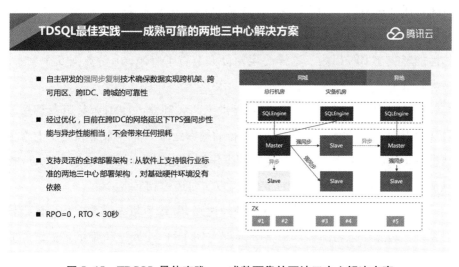

图 5-15　TDSQL 最佳实践——成熟可靠的两地三中心解决方案

昆山农商银行新一代核心系统整体处理能力可以达到 6300TPS（事务处理数/秒），可支持每日亿级交易量。在性能方面，高频账户类交易平均响应时间在 300 毫秒之内，查询类交易平均交易响应时间在 100 毫秒之内，日终批量时间缩短至 8 分钟左右，季度结息在 17 分钟左右，96 秒完成 10 万笔社保代发，性能远超原核心系统，在全国同类型银行中处于领先地位。

4. 微众银行

2014 年微众银行成立时就确定要用互联网分布式架构来支撑整个银行

的系统，实现整个基础架构体系的安全可控，但真正符合金融级场景要求的数据库产品并不多。

TDSQL 采用 Shared-Nothing 的分布式集群架构，具有较高的灵活性，也大大简化了各个节点之间的通信机制及对硬件的要求。基于这种灵活的架构，可以实现两地三中心、两地四中心、多地多中心等高可用方案。微众银行采用两地六中心的 IDC 架构，同城 IDC 两两距离控制在 10～50 公里，Ping 延迟控制在 2 毫秒左右。基于此 IDC 架构，数据库架构采用了 TDSQL "3+2" 的 noshard 部署模式，一主两备把三个节点分别部署在同城的 3 个 IDC 里面，并且做了 TDSQL 强同步。任一数据中心级故障，可以保障恢复时间目标（RTO）小于 30 秒、恢复点目标（RPO）为 0，实现秒级切换，应用层实现同城跨 IDC 多活，运维管理非常简单。TDSQL 同城跨机房部署的性能影响在 10%以内。这样的架构极大节省了资源，1 份数据 5 个副本，极大降低了数据存储成本。

在数据库运维问题上，TDSQL 提供了两大利器，使用赤兔运营管理平台和数据库智能管家扁鹊 DBbrain 进行数据库运维。赤兔采集和展示上百项数据库指标，并将大部分的运营管理操作整合到 Web 页面；扁鹊 DBbrain 提供 7×24 小时的无人值守运维系统，可以实时巡检和异常诊断。

2019 年，微众银行数据库数据规模达到 PB 级容量，承载数百个银行核心系统，包含了全行所有联机事务处理（OLTP）业务。在腾讯云数据库的支撑下，在服务连续性、成本架构等方面不断优化，以高弹性的服务能力轻松应对高客流场景，日金融交易量峰值在 3.6 亿次以上，最高的 TPS 峰值超过 10 万亿次。

通过使用腾讯云数据库，2018 年微众银行将每年每个账户的 IT 运维成本降至 3.6 元，是传统银行的 1/10。

九　上海跬智信息技术有限公司金融大数据 OLAP 云服务建设实践

随着金融业数字化转型的逐步推进，银行的数据量呈现爆发式增长，传统 MPP 数据仓库已经很难高效处理如此大规模数据的在线联机分析，且

Hive、Spark 等技术都只能覆盖联机分析处理（OLAP）的一部分场景。而大数据 OLAP 云服务，通过预计算、读写分离、智能查询路由、多租户等技术在大数据生态下的创新应用，实现了覆盖大数据 OLAP 全场景的统一大数据 OLAP 能力，具备海量数据敏捷、灵活、精细分析的优点，大大拓展了 OLAP 分析的场景。利用 Kyligence Enterprise 的多租户能力与云上大数据平台基础 PaaS 服务的深度融合，大数据 OLAP 能力实现了云服务，从而使得服务具备了敏捷部署和弹性伸缩的能力，有效解决了金融数字化转型和科技输出过程中普遍面临的重要难题。

（一）项目特色

上海跬智信息技术有限公司（Kyligence 公司）作为国内大数据技术的领导者，在企业级数据湖和数据仓库领域有着丰富的建设经验，在与金融科技公司、大型银行的合作中打磨出了一套行之有效、经过实践检验的金融大数据在线联机分析云服务架构方案和实施方法论。

相比过去，大数据时代下打造真正意义的全行统一 OLAP 平台是一个巨大挑战。业界普遍的做法是将过去的 OLAP 细分为不同业务领域，用不同系统或技术分别解决各领域的问题。与当前银行业普遍采用的基于传统数据仓库的 OLAP 平台不同，在 Kyligence 公司技术专家团队和某大型银行技术团队的共同努力下，某大型银行利用 Kyligence 公司核心产品 Kyligence Enterprise，在其大数据云基础设施之上建成了全行统一的金融大数据 OLAP 云服务。这项 PaaS 服务有两大亮点，一是通过基于 AI 增强引擎的预计算、智能查询路由、读写分离等技术，实现了大数据时代覆盖全场景的统一 OLAP；二是结合 Kyligence Enterprise 的多租户能力和云上大数据平台基础 PaaS 服务，打造了具有敏捷部署和弹性供给能力的统一的大数据 OLAP 服务，从而有效助力行内数字化工程关键项目的建设，赋能该银行金融科技战略和生态输出。

（二）解决的痛点与难题

OLAP 是银行数据分析的基础能力，在银行的数字化经营和管理决策中发挥着至关重要的作用。在大数据时代之前，通常传统的数据仓库即可满足银行的 OLAP 需求。随着金融业数字化转型的逐步推进，银行的数据量呈现爆发式增长，充分发挥数据作为关键生产要素的作用，在银行数字化转型中提升运营效率、驱动管理决策、推动业务增长和创新，成为银行的一个重大课题。然而，传统 MPP 数据仓库已经很难高效处理如此大规模数据的在线联机分析，随之出现了众多新的技术，如 Hive、Spark、Presto、MPP on Hadoop、Druid、Elastic search 等，虽然这些技术各有所长，但都只能覆盖 OLAP 的一部分场景。因此，大数据时代，亟须统一 OLAP 平台，降低大数据的技术门槛，提升海量数据在线联机分析的效率，快速与充分挖掘大数据的价值。

Kyligence 公司作为金融科技公司以及大型银行的重要技术合作伙伴，依托其在大数据和云计算领域的先进产品和雄厚的技术积累，帮助某金融科技公司和金融机构规划和建设统一的大数据 OLAP 能力，以其核心产品 Kyligence Enterprise 结合某大型银行大数据云成功打造了金融大数据 OLAP 云服务。随着大数据 OLAP 云服务在大数据云上的成功部署，该大型银行的大数据 OLAP 能力有了极大提升，有效解决了金融数字化转型和科技输出过程中面临的以下几个重要难题。

第一，大数据 OLAP 平台的设计、部署、维护和管理难题。大数据 OLAP 平台是一个非常庞大的生态和系统，尤其是用于 OLAP 场景的技术众多，搭建并管理好这样一个多种技术混杂的平台是非常困难的，需要投入大量的人力物力。大数据 OLAP 云服务以 Kyligence Enterprise 大数据多维分析引擎为核心，结合读写分离架构打造了统一的大数据 OLAP 服务，彻底扭转了过去多种技术大杂烩的局面，解决了大数据 OLAP 平台的设计、部署、维护和管理难题。

第二，金融业数字化程度高、数据价值密度大，但是大量的业务创新要结合外部数据，所以在大数据能力建设中，结合多种数据的大数据多维分析越来越重要。传统的技术和方案要实现海量数据众多维度的精细化分析非常困难。Kyligence 公司通过其核心产品 Kyligence Enterprise 的 AI 增强引擎实现了没有维度数量限制的灵活多维分析，成功破解了这个难题。

第三，在海量数据大规模应用的背景下，OLAP 服务的敏捷部署和弹性扩展是打造大数据 OLAP 服务面临的挑战，会成为驱动数字化转型和赋能生态伙伴的瓶颈。Kyligence Enterprise 的多租户弹性伸缩能力，结合某大型银行大数据云，量身打造了大数据 OLAP 云服务，点几下鼠标，30 分钟即可部署一套集群或者完成租户的扩容。

第四，大数据多维分析的设计开发难题。大数据的技术栈很多，应用开发的难度非常大，开发人员需要掌握众多的技术。Kyligence 公司的 Kyligence Enterprise 通过图形界面即可完成模型和 Cube 的设计，还支持智能化、自动化的建模，极大提升了应用交付的速度。

（三）项目的突破与应用

1. 技术突破

（1）多租户的 PaaS 数据服务

Kyligence 公司帮助某大型银行建设的大数据 OLAP 云服务属于 PaaS 服务，以云原生方式实现了多租户的大数据 OLAP 云服务，能够敏捷部署并实现弹性伸缩，支撑行内和生态企业多变和复杂的业务需求。

大数据云上的运营组件、项目组件、数据服务、数据资产组件、数据开发组件、运维组件等公共组件实现 PaaS 的基础服务能力；Kyligence 集群以云原生方式通过 API 与这些公共组件融合，Kyligence 集群由 Kyligence Enterprise（简称 KE）管理服务初始化，并由 Kyligence Manager 完成应用层面的管理，如租户的划分和管理（见图 5-16）。

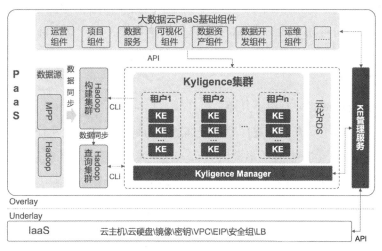

图 5-16　Kyligence 多租户 PaaS 服务

189

大数据 OLAP 云服务架构的好处有以下几点。

首先，这种架构采用弹性伸缩方式，应用部署只需增加租户即可，且高峰期可以增加计算资源，低谷期可以减少资源。在非云化的环境下，这种操作难度很大，现在借助大数据云 PaaS 服务，应用的上线和扩容非常容易。

其次，这种架构增加了系统健壮性，通过关键资源（如查询服务节点）硬隔离的方式，最大限度地避免了应用之间的相互干扰和影响。

最后，云原生的集成方式适应性和灵活性非常高，跟基础组件的集成都通过 API 融合，组件之间的耦合性大大降低。

该大数据 OLAP 云服务架构的方案设计解决了传统的大数据平台部署管理复杂的痛点，大大提高了服务的部署和管理效率。传统的大数据 OLAP 平台部署和运维管理是一项大工程，需要投入大量的人力物力。该架构实现了大数据 OLAP 的 PaaS 服务，通过云平台界面几个简单的操作即可自动化部署新的应用或者实现租户的扩容，真正实现了弹性伸缩的大数据 OLAP 服务能力。

截至 2021 年底，该大数据 OLAP 云服务支撑的数据应用每日访问量超过 10 万人次，支撑几十个部门和处室的经营决策，更多的应用正在陆续规划中。

（2）读写分离架构

该大数据 OLAP 云服务采用读写分离架构，如图 5-17 所示。

这种架构将共享的 Hadoop 平台作为构建集群，利用其充沛的计算资源实现 Cube 的预计算；查询集群为专用的小型 Hadoop 集群，保障查询服务的稳定可靠。

这种架构的好处有以下几点。

首先，构建和查询分离保障了查询服务的稳定可靠，构建任务产生的大量 I/O 和计算资源的消耗不会对查询产生影响。Hadoop 平台是一个生态，共享 Hadoop 平台上除了 Kyligence 还有众多丰富的计算负载和应用，读写分离架构将这种应用之间的扰动降低到 0。

其次，这种架构能够充分利用现有共享 Hadoop 平台上充沛的计算和存储资源，支持很大规模的海量数据 Cube 构建任务。

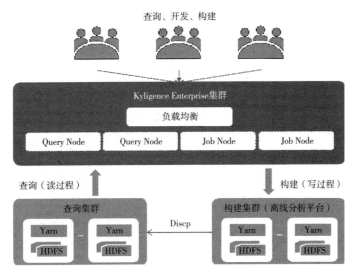

图 5-17　**Kyligence** 读写分离架构

最后，单独设立一个 Kyligence 专用的查询集群有利于对统一自助数据分析平台进行深度优化和相关的运维操作。

（3）智能查询路由

Cube 预计算的查询性能是最佳的。但当维度数量达到几十个甚至上百个后，各个维度之间的组合数量是天文数字。现实中因为计算资源和存储空间的考量无法将所有维度组合的结果都计算出来。这就是传统的 Cube 技术通常只能支持十几个维度的原因。Kyligence Enterprise 通过智能剪枝技术将维度的组合数量减少到可以接受的范围，同时利用明细索引和查询下推技术来回答这些被剪枝的维度组合的查询。这种重要创新就是智能查询路由，它能够将 Cube、明细索引和下推数据源查询结合起来，智能判断用户的查询在哪个地方能够最快得到答案。不仅如此，由于可以将查询下推到数据源，所以其能支持所有字段的灵活分析，从而将 OLAP 的服务场景拓展到了最宽。

基于智能查询路由的统一查询引擎见图 5-18。

该方案超越了众多大数据 OLAP 技术，实现了大数据背景下的敏捷、精

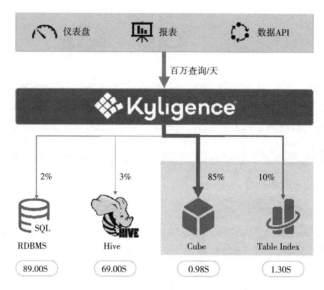

图 5-18　基于智能查询路由的统一查询引擎

细的 OLAP 分析，计算能力横向扩展可以用调动超过 1000 节点的 Hadoop 集群，支撑几乎没有数据量限制的分析。

2. 业务应用

目前某大型银行大数据 OLAP 云服务的对象主要分为两类，一类是行外客户，一类是行内客户。对外，该大数据 OLAP 云服务支持了多地的政府行业项目输出，在过程中完善了很多非金融特性。一方面让大数据 OLAP 云服务适用范围更广，另一方面也坚定了该银行将云平台产品化的决心，实现拓宽金融服务面、拉近客户与银行的距离、促进客户需求落地的功能。对内，该大数据 OLAP 云服务可以敏捷、弹性、灵活支撑各种大数据应用。应用可以根据自身需求，将此大数据 OLAP 云服务的海量数据多维分析能力和云上大数据平台其他组件提供的存储计算、数据加工、分析挖掘和数据可视化等能力组合，完成相应的业务功能，目前，已经上线运行了 40 多个全云化的大数据应用。

（四）项目的创新成果

如果说 Hive、Spark 等大数据技术针对海量数据在线联机分析做了某些局部尝试，大数据 OLAP 云服务则是一项成熟而全面的解决方案，不但有效解决了传统 MPP 数据仓库在大规模数据在线联机分析上面临的难题，还在智能化方面做了突破。

该服务的落地标志着该金融科技公司和银行进一步提升了面对多变、复杂的业务环境挑战的能力，今后将更加有力地驱动自身的数字化转型和赋能生态伙伴。

第三节　金融大数据发展趋势

一　应对数据要素市场化带来的金融数据安全挑战

数据的要素化和市场化能够使劳动力、资金、土地等生产要素在行业间、产业间、区域间进行合理配置，有助于推动数字经济与实体经济深度融合，实现高质量发展。在加快培育数据生产要素市场方面，金融领域将起到示范作用。金融企业需要开展金融数据要素价值评估，推动市场定价，配合政府完善数据要素市场监管机制，参与建设数据资产评估、登记结算、交易撮合、争议仲裁等市场运营体系，参与金融大数据在市场中的交易，参与金融数据交易平台的建设，探索多种形式的金融数据交易模式。这些工作的开展，对金融企业筑牢数据安全保障防线提出了新的要求。

（一）完善数据安全保障体系

金融企业需要根据网络安全和数据安全相关法律法规和政策标准，强化数据安全顶层设计，对数据分类分级管理。金融企业需要通过参与数据安全能力成熟度评估和数据安全管理认证等方式来提升数据安全保障能力，从而提升感知数据安全态势的能力，以及对敏感数据泄露、违法流动等安全隐患的监测、分析与处置能力，确保数据共享使用的安全合规。

（二）提升数据安全技术水平

金融企业需要加强隐私计算、数据脱敏、密码等安全技术在金融大数据收集、存储、加工、使用、传输全过程的应用，建立覆盖数据全生命周期的安全保护机制，提升数据安全防护水平和应急处置能力。

（三）统一数据标准和平台

金融企业需要参与金融行业大数据标准化的设计工作，贡献和分享经验，逐步统一金融行业大数据基础设施、底层技术、平台工具、行业应用、管理和安全的标准体系，统一不同部门、不同领域的标准资源，建立并完善跨部门、跨行业的数据标准体系。强化数据资源的采集汇聚能力，推动数据传输交互，推广各层级统一的数据交换架构，制定关键设备数据接口标准，构建出可信的基础设施，把数据转化为对企业或社会有价值的"数据资产"。

二 充分利用金融大数据完善创新过程中的风险管理

金融的特征是资金的流通和风险的控制，资金流对应的是信息流，经营资金其实是在经营信息，通过分析、监测信息流可管控资金风险。监管部门需要通过大数据精算、统计和模型构建，来完善现代金融监管体系，补齐监管制度短板，在审慎监管前提下有序推进创新。

2021年以来，各国金融监管部门不断强化金融领域新技术应用风险防控的监管政策，从技术、业务和主体等多个方面细化监管政策，明确各方责任。

一是各国持续加强金融数据安全顶层设计与立法工作，推动金融数据安全标准制定，并设立第三方数据安全服务机构，强化对金融机构数据安全能力的第三方风险评估和漏洞检测。

二是全球金融监管与协同合作持续强化，金融科技应用场景和应用领域不断深化，支付清算、证券结算、网络系统等金融业基础设施领域的数字化转型也在持续加速。优化风险识别、授信评估等模型，提升基于数据驱动的风险管理能力，也逐步成为全球金融监管协同的重点领域。

在风险管理的具体措施方面，金融企业可从各类渠道获取客户的全面数据，对客户的特征和行为进行全景分析和展现，从而更深入地理解、认识、分析客户，构建可信的、合理的、科学的风险评估模型和风控模式，建立覆盖全流程、全业务、全客户的风险管控措施，形成反欺诈、授信、贷中监测和贷后管理的全方位一体化的智能防护体系，为各个渠道高风险交易提供实时的预警支持，将事后风险防控更好地推送到事前和事中风险防控阶段。加大风险管理模式的创新力度，在稳健经营的基础之上，最大限度地支持金融业务快速发展。金融企业还可以通过建立丰富的指标库、模型库，打造模块化智能化的风控产品模式，推进数据分类管理体系建设，推动风控流程自动化、模型标准化。

三 逐步提升金融大数据管理能力和数据治理水平以达到全域可信

在金融大数据管理能力建设方面，若希望其在监管体系中发挥作用，需要企业适当调整原有的数据全生命周期管理控制机制，以符合大数据特征，通过建设金融大数据统一的目录管理能力，强化金融大数据质量监控与处置的自动化、智能化能力，实现新一代的数据全生命周期管理。规划、控制和提供数据及信息资产的一组业务职能，发挥数据和信息资产的价值，在确保数据隐私的同时，构建业务协作的可信环境。

在构建金融大数据治理体系方面，金融企业需要开展数据治理相关技术、理论、工具及标准研究，提升企业信息服务水准，制定相关流程、政策、标准以及相关技术规范，用于保证信息的可用性、可获取性、高质量、一致性以及安全性。构建涵盖规划、实施、评价、改进的数据治理体系，建立数据拥有者、使用者、数据以及支撑系统之间的和谐互补关系，增强全行业企业数据治理意识。助推金融大数据形成数据资产，实现数据管理的降本增效，提升数据管理能力与数据价值，让数据资产具备可控制、可量化、可变现的特性。

四 强化技术，提升数据汇聚、处理、流动和价值转化能力以实现深度智能

金融企业需要加强数据生成、采集、存储、加工、分析、服务、安全等关键环节大数据平台能力建设，在数据生成采集环节，着重提升产品的异构数据源兼容性以及大规模数据集采集与加工效率。在数据存储加工环节，着

重推动高性能存算系统和边缘计算系统研发，打造专用超融合硬件解决方案。在数据分析服务环节，着重推动多模数据管理、大数据分析与治理等系统的研发和应用。在数据安全环节，既要注重完善企业数据安全管理制度，又要注重大数据系统与安全技术和审计技术的结合。

金融企业需要提升数值、文本、图形图像、音频视频等多类型数据的多样化处理能力。促进多维度异构数据关联，创新数据融合模式，提升多模态数据的综合处理能力，通过数据的完整性提升认知的全面性。建设行业数据资源目录，推动跨层级、跨地域、跨系统、跨部门、跨业务的数据融合和开发利用。

金融企业需要建立数据资源目录和数据资源动态更新机制，适应数据动态更新的需要。参与建设安全可信的数据共享空间，形成供需精准对接、及时响应的数据共享机制，提升高效共享数据的能力。通过在中心城市与中西部城市共同发展云边端协同数据中心的存算模式，支撑大数据高效传输与分发，提升数据流动效率，降低使用成本。

围绕数据全生命周期，通过质量监控、诊断评估、清洗修复、数据维护等方式，提高数据质量，确保数据可用、好用。完善数据管理能力评估体系，实施数据安全管理认证制度，推动国家标准贯标，持续提升企事业单位数据管理水平。强化数据分类分级管理，推动数据资源规划，打造分类科学、分级准确、管理有序的数据治理体系，促进数据真实可信。

增强金融大数据在政府治理、社会管理等方面的应用，提升态势研判、科学决策、精准管理水平，降低外部环境不确定性，提升各类主体风险应对能力。实现金融由"感知智能到认知智能、创新智能"的逐步全域智能科技的落地，促进"千人千面"的全面普惠金融的实现。

五 金融企业将结合云计算技术与大数据技术加快数据服务能力的输出

云计算技术与大数据技术的结合，为金融企业提供了更低成本、更高效灵活、更自主可控的技术解决方案，使应用在稳定性、性能和总体拥有成本方面能够得到提升或优化。

一是通过优化或建设部署与升级、配置与日志管理、监控与告警服务、故障监测及诊断功能，提升对基础组件和服务组件的管理能力。

二是通过优化或建设多源数据目录服务、数据冷热分层、数据生命周期管理、数据隐私保护、数据安全和审计功能，提升平台支持数据应用的能力。

三是通过优化或建设数据资产管理、数据模型定义、数据服务发布、任务调度与监控和服务网格管理功能，提升平台的数据服务能力。

四是通过优化或建设业务语义管理、业务模型定义、指标与标签热度、数据预测与归因以及数据个性推荐功能，提升平台分析能力。

一些自身业务发展蓬勃、数据平台建设经验丰富、数据应用具有广度和深度的领先金融企业，将基于新一代基础技术架构，面向客户提供更加综合的数据服务能力输出。例如，面向政府提供 DaaS 形式的数据 API，为政府洞察行业及社会经济发展提供数据支持；面向内部和生态伙伴提供 SaaS 形式的指标管理和分析工具、客户全景分析工具；更加领先的金融企业可能面向同行业或其他行业提供 PaaS 形式的云上智能数据湖仓服务。

参考文献

工业和信息化部：《"十四五"大数据产业发展规划》，2021 年 11 月。

国家互联网信息办公室：《网络数据安全管理条例（征求意见稿）》，2021 年 11 月。

全国人民代表大会：《个人信息保护法》，2021 年 8 月。

全国人民代表大会：《关于国民经济和社会发展第十四个五年规划和 2035 年远景目标纲要的决议》，2021 年 3 月。

全国人民代表大会：《数据安全法》，2021 年 6 月。

中共中央、国务院：《关于构建更加完善的要素市场化配置体制机制的意见》，2020 年 4 月。

中国人民银行：《征信业务管理办法》，2021 年 9 月。

第六章　金融智能*

第一节　金融智能发展概况

人工智能作为发展数字经济的重要驱动技术，一直是全球各国关注的重点。特别是新冠肺炎疫情仍在全球蔓延，国际形势中不稳定不确定因素增多，世界经济形势复杂严峻，国内经济将长期面对疫情的影响，经济恢复基础尚不牢固，投资增长后劲不足，中小微企业和个体工商户困难较多。因此，要充分利用并发挥人工智能的技术优势，坚持金融为实体经济服务，全面加强金融监管，防范化解经济金融领域风险，激发各类市场主体特别是中小微企业活力。

我国对人工智能的发展高度重视，不仅发布了多项政策和多个指导文件布局人工智能产业，而且在"十四五"规划中强调要结合人工智能技术加快多个领域数字化转型。"十四五"规划指出，我国经济发展进入新常态，已由高速增长阶段转向高质量发展阶段，面临增长速度换挡期、结构调整阵痛期、前期刺激政策消化期"三期叠加"的复杂局面，传统发展模式难以为继，必须实现创新成为第一动力、协调成为内生特点、绿色成为普遍形态、开放成为必由之路、共享成为根本目的的高质量发展，推动经济发展质量变革、效率变革、动力变革。要鼓励商贸流通业态与模式创新，推进数字化智能化改造和跨界融合，线上线下全渠道满足消费需求。围绕强化数字转型、智能升级、融合创新支撑，布局建设信息基础设施、融合基础设施、创

---

　*　统稿：上海浦东发展银行股份有限公司杨洋、黄思，中国邮政储蓄银行股份有限公司金融科技创新部陆俊；课题组成员：中国邮政储蓄银行股份有限公司赵一薇、杨荔浔，上海浦东发展银行股份有限公司黄弘毅、向莉、徐义通、喻燕君、朱超、冯云青，浙商银行股份有限公司臧铖、陈嘉俊、张敬之、曹旭涛，中国民生银行股份有限公司苟志龙。

新基础设施等新型基础设施。加快数字化发展，打造数字经济新优势，充分发挥海量数据和丰富应用场景优势，促进数字技术与实体经济深度融合，赋能传统产业转型升级，催生新产业、新业态、新模式，壮大经济发展新引擎。特别是要加强关键数字技术创新应用，聚焦高端芯片、操作系统、人工智能关键算法、传感器等关键领域，加快推进基础理论、基础算法、装备材料等研发突破与迭代应用。加快推动数字产业化，培育壮大人工智能、大数据、区块链、云计算、网络安全等新兴数字产业，推进产业数字化转型。同时要深化金融供给侧结构性改革，健全具有高度适应性、竞争力、普惠性的现代金融体系，构建金融有效支持实体经济的体制机制。稳妥发展金融科技，加快金融机构数字化转型。在快速推进数字化转型发展的同时，国家高度重视个人隐私保护的问题，并自 2021 年 11 月 1 日起施行《个人信息保护法》，《个人信息保护法》从法律层面保护用户的合法权益，是继《网络安全法》《数据安全法》之后对我国网络数据法律体系的进一步完善。

一 人工智能技术发展概况

2021 年，人工智能在自然语言处理（NLP）、图像处理（CV）、语音处理等方面都取得了一定进步，持续推动了相关技术研究与应用的发展。

（一）自然语言处理方面

第一，百度推出文心（ERNIE）四大预训练模型，包括多粒度语言知识增强模型 ERNIE-Gram、长文本理解模型 ERNIE-Doc、融合场景图知识的跨模态理解模型 ERNIE-ViL、语言与视觉一体的模型 ERNIE-UNIMO。这四个模型在文本语义理解、长文本建模和跨模态理解三大领域取得了突破，也引起了金融机构的持续关注。

第二，大模型方面，在 2021 北京智源大会上，北京智源人工智能研究院发布超大规模智能模型"悟道 2.0"，参数规模达 1.75 万亿，是 AI 模型 GPT-3 的 10 倍，是中国首个、全球最大的万亿级模型。"悟道 2.0"具备大规模、高精度、高效率的特点，实现了"大而聪明"，拥有广泛的应用前景。

（二）图像处理方面

第一，在 SIGGRAPH 2021 大会上，NVIDIA 研究团队演示了一系列能够创建逼真的虚拟角色的 AI 模型，通过为数字化身技术作品注入 AI 模型，利用多种工具成功演示了从单张照片生成数字化身、制作具有自然 3D 面部动作的化身动画、将文本转换为语音等过程，并荣获"最佳展示"奖。该技术适用于大带宽高效视频会议和故事讲述等项目。

第二，谷歌大脑团队将标准 Transformer 应用于图像，提出了视觉 Transformer（ViT）模型，并在多个图像识别基准上实现了接近甚至优于当时 SOTA 方法的性能。Transformer 在 NLP 领域应用效果显著，基于注意力机制的 Transformer 架构已经席卷了 CV 领域，并成为研究和实践中日益流行的选择。

（三）语音处理方面

科大讯飞在情绪合成、实时变声、方言识别与合成方面成果斐然，成功研发了一系列能够商业化落地的技术。例如快速音库技术能够通过仅 15 分钟的音频数据训练得到一个基础音库，用于人机协呼的无缝切换。

（四）其他技术方面

第一，自动机器学习（AutoML）已经在多个领域中初步实现机器学习方法的自动设计，但其仍然存在场景化迁移困难、自动化程度不高以及可解释性差的问题。后续有望通过优化 AutoML 中模型的筛选、超参数的选择、神经网络结构搜索及可解释性，实现对机器学习的自动化设计过程的完善。

第二，无监督学习和弱监督学习基于无标签数据或少量标签数据，通过无监督、弱监督模型迅速降低对标注数据的依赖，使得多种任务的冷启动时间大大缩短，促进了企业中人工智能相关技术的快速落地。

第三，数据匿名化、联邦学习、差分隐私等方法可以处理机器学习中的隐私保护问题，基于这些方法论，金融机构已经开始研究更加灵活高效的 AI 学习方法并尝试场景的应用落地。

第四，多模态融合学习通过对图像、文字、语音等多模态信息的识别，实现不同模态信息的表征框架统一。随着金融数字员工的广泛应用，金融机构也开始重点关注多模态方法的前沿探索，持续关注用户体验的提升。

总之，2021 年人工智能技术向着安全、可信、普适的方向持续演化。一方面从算法的可解释性入手提升模型的鲁棒性，另一方面化被动为主动，通过主动安全检测机制对各类攻击进行侦测与拦截，再加上开放银行的生态支持，能够最终实现金融智能可用性、可信性、普适性"三轨并重"的现实需求。

二 金融智能助力金融体系建设

（一）金融机构自研加快

人工智能与金融业的深度融合推动着传统金融机构进入金融转型发展的快车道。金融机构有精准、可追溯的大量数据，天然具有与人工智能技术结合发展的巨大优势。为了加快人工智能技术自主研发与自主掌控，一方面，金融机构与科技公司合作研发人工智能应用，通过对科技公司提供的技术进行学习、消化，加快自主掌握人工智能技术；另一方面，金融机构自建人工智能团队，结合自身场景，打造更贴近金融业务的智能化能力。随着技术在金融场景的落地经验的逐渐增加，有实力的金融机构会通过成立科技子公司，来逐步摆脱对外部金融科技公司的依赖。

（二）金融机构流程重塑

科技推动着金融变革，从根本上改变了传统金融业务处理模式，科技与金融有效结合不断重塑金融行业各流程和环节。随着金融服务的覆盖面不断扩大，业务模式与风控模式也在不断向智能化、数字化、生态化演进。在科技的推动下，金融业发展正在迈入"互联网+金融"发展阶段，基于以人工智能为代表的新技术与金融业务深度融合，赋能资管、客服、营销、运营、风控等诸多领域。

（三）金融智能标准化建设

金融智能国家标准、行业标准、团体标准的制定，能够加快创新技术和应用的标准转化，支撑并引领技术的发展。为了加强人工智能领域标准化顶层设计，2020 年 7 月 27 日，国家标准化管理委员会等五部门联合发布《国家新一代人工智能标准体系建设指南》，指南中提出了具体的国家新一代人工智能标准化体系建设思路及内容，并规范了金融智能领域的线上支付、融资信贷、投资顾问、风险管理等应用技术。

（四）金融机构开放性增强

当前金融与科技的融合不仅仅体现在技术层面，更体现在思维模式、管理方式、业务模式等多方位融合上。在金融科技的浪潮下，金融机构强调对外开放，2018年各大银行率先聚焦开放银行生态概念，探讨以应用程序接口技术为核心，集成人工智能、大数据、模块封装拼接等技术，将银行数据、服务平台化共享，使银行服务嵌入人们生活的方方面面。2020年9月，浦发银行正式发布《开放金融之全景银行系列蓝皮书》，提出开放银行发展新阶段——全景银行，与2018年7月提出的API Bank无界开放银行相比，全景银行通过深度融合金融与技术构建生态场景和平台，与合作伙伴通过共享共建方式，为个人、企业、金融机构等客户提供全时域、全智联的泛金融服务。

（五）人工智能与数据融合

数据是人工智能的基石，人工智能系统的准确性依赖数据的数量与质量。因此数据处理对于人工智能项目开发非常重要，但由于数据基础不完善、处理方式以人工为主等问题，数据处理需要耗费大量资源。为了解决这些问题，金融机构高度关注数据处理的工程化，一方面通过建立数据处理平台，实现数据处理自动化、标准化，给人工智能应用提供统一的服务；另一方面在数据处理过程中融合人工智能，通过在数据接入、数据清洗、数据模型管理等方面采用机器学习、NLP等技术，提高数据处理的效率。

三　金融智能创造产业发展机遇

近年来，面对信息技术快速演进、软件架构愈加复杂、系统规模量级攀升、业务种类持续膨胀，人工智能技术体系不断发展，核心技术快速演进，产业生态持续完备，行业应用走深向实，成为推动经济社会实现数字化转型的重要抓手。

（一）促进新消费

随着"80后""90后"逐渐成为我国消费群体中的领头部队，智能化、个性化的消费需求剧增，为市场带来了新机会、新风口、新增长点。金融智能在超大市场规模需求的刺激下，也催生了很多新服务、新产品、新体验。例如电子支付的快速发展，解决了现金交易不便捷的问题，在疫情期间赋能无接触交易方面展现出巨大优势，并彻底改变了用户的支付习惯。

（二）服务小微企业

金融智能在解决普惠金融问题方面，也提供了很多优秀的方案。银行业针对小微企业提供了很多普惠金融服务，但并没有从根本上解决小微企业融资难的问题。人工智能新方案、新工具极大地改善了普惠金融的服务质量，通过将大数据、云计算、物联网等技术和金融业务融合，将数据流、物流、金融流等用于大数据风控，改善信息不对称问题，使得智慧金融能更多维度、更全面的掌握企业经营状况，有助于解决小微企业融资难问题。

（三）推动产业升级

随着中国经济步入新常态，经济结构逐步从要素驱动、投资驱动转为创新驱动、效率驱动。作为产融结合的重要方式，供应链金融得到了学术界和工业界的广泛关注。人工智能技术在供应链金融方面广泛使用，对原来狭隘的融资行为进行扩展，由此衍生的金融产品和金融主体通过创新形成支撑产业供应链的生态，优化了由核心企业主导、通过供应链向有效增值链提纯的全过程管理、信息管理、系统管理。这一横跨产业供应链和融资活动的创新日益成为解决中小企业融资问题的重要途径。

（四）服务实体经济

习近平总书记指出，"要推动形成以国内大循环为主体、国内国际双循环相互促进的新发展格局"。近年来，随着外部环境和我国发展所具有的要素禀赋的变化，市场和资源两头在外的国际大循环动能明显减弱，而我国内需潜力不断释放，国内大循环活力日益强劲，客观上有此消彼长的态势。在当前形势下，要利用国内市场的规模优势促进人工智能在金融领域不断发展，加快科技发展步伐，并以科技成果反推，创造更大的市场需求，促进产业链升级，解决中小企业融资问题，帮助中小企业发展，促进经济发展。

四 金融智能应用图景愈加清晰

（一）原创技术加速增长

金融智能是底层技术驱动的金融创新，本质上是通过技术手段来提升金融服务质量，技术能力已成为金融机构提升核心竞争力、赋能实体经济的关键。因此原创技术的重要性日益凸显，金融机构加速成立科技子公司，自建AI团队，自主研发、自主掌控原创技术，坚持技术自力更生，掌握核心技术产权，更好地实现场景化适配。近年来，AI的金融应用场景逐步展开，尤其是在银行业，从支付结算到消费信贷、信用卡、财富管理，再到普惠金融、产业金融、智能营销、智能风控、智能运营等领域，金融科技正重塑银行业务流程，变革银行的商业模式。

（二）技术风险日益凸显

在金融智能的新时代，技术发展在促进金融行业智能化发展的同时会带来一定的潜在风险。在算法上，会存在黑箱问题，即算法的透明性和可解释性较差，一方面将导致金融智能产品难以被普遍接受，智能风控系统的稳健性难以获得高度信任；另一方面，将导致金融智能产品存在极大的"暗箱操作"风险。在技术上，一旦技术不够成熟和安全，就会产生大量的技术风险，导致金融智能产品的营销、定价、风控等出现系统性偏误。例如，人为构造对抗样本攻击，可导致智能系统产生错误的决策结果；模型窃取攻击，可对算法模型进行逆向还原，使开源学习框架存在安全风险，从而导致金融系统的数据被泄露。

（三）个人信息保护加强

个人信息保护是金融领域尤为关注的一点，一方面，政府在政策上不断加大对金融数据和个人信息的保护力度，相关政策不断细化；另一方面，随着近年来金融科技的快速发展，企业愈加重视数据安全和客户隐私保护。金融智能改变了金融个人信息保护的局面，通过应用隐私计算、多方安全计算、联邦学习等"新方法"，实现在保证数据提供方不泄露原始数据的前提下，对数据进行分析计算，保障数据在流通与融合过程中的"数据可用不可见"以及"数据不动价值动"，构筑支撑数据跨机构、跨市场、跨领域安全共享的科技方舟。

（四）数字孪生萌芽

数字孪生是现实世界中的各种生产要素，如生产资料、资产、人乃至业务和流程的数字化表达和建模。在针对数字化转型的国家政策的支撑下，该项技术正在逐渐渗透并被尝试应用到金融行业。而金融智能可以助力数字孪生萌芽，未来成熟的数字化势必成为金融行业发展的坚固基础底座，依托大数据、人工智能、物联网、云计算等创新科技技术，从根本上开拓并实践出一种适合金融行业数字化发展的运营模式。

（五）金融智能伦理需求

AI 技术在金融领域的发展如火如荼，AI 与金融的结合异彩纷呈，创设了多样化的金融生态，促进了行业的发展，也带来了诸如伦理上的主体、歧视、黑箱悖论等问题。金融智能在服务社会的同时，应当符合社会的积极、向善的伦理。金融智能一方面要遵循 AI 的伦理，在设计时应当防范、控制技术的不可测风险，也应当通过制定规则防止破坏性技术独占等不恰当发展金融智能的行为；另一方面也要遵循金融的伦理，AI 能力不得加剧风险，也不得使得市场资源配置紊乱。只有这样才能谋求一个人机和谐相处的时代，实现技术造福人类的初衷。

五　金融智能反向推动技术创新

（一）大规模压缩与蒸馏技术

随着深度学习的发展，模型的预测能力不断增强。比如在自然语言处理技术中，出现了大量 Transformer 系列模型，从 BERT 到 GPT-2 再到 XLNet。然而随着模型体积的不断增大，模型遇到了训练困难、性能差、计算资源消耗大等问题，同时众多金融场景存在大量准实时交易、边缘计算等，如何将人工智能模块落地于上述场景中的问题推动了模型轻量化的技术发展。近些年，在学术界也提出了众多大模型压缩技术，如"基于教师-学生网络的方法""基于精细模型设计的方法"等。模型的轻量化使得大量金融场景能够快速迁移，提升线上运行性能，并便于部署。

（二）模型可解释性

随着机器学习的发展，涌现了大量机器学习算法，在深度学习领域，各类神经网络模型在图像识别、语音识别、自然语言处理等方面都已经取得了一定的成果。然而模型的效果往往是以牺牲模型的可解释性为代价，在深度学习中网络模型越来越复杂，导致其解释性越来越差，向非专业人士解释清楚预测结果越发困难。如果没有充分的可解释性，这类模型在金融领域的应用将受到很多限制。例如，银行的信用评分模型不仅要预测精确，各种决策理由也需要令人信服。类似问题在金融行业屡见不鲜，其也推进了模型可解释性的研究，使得该问题成为热门研究领域。

（三）模型抗攻击性

随着金融业数字化转型进程的深入，AI 技术逐步渗透到金融机构的各条业务线中。如何有效地防范层出不穷的 AI 安全攻击，是业界奋力研究的重要议题。特定 AI 模型中的漏洞可能会影响系统的最终性能，攻击者甚至可以利用金融 AI 应用的安全漏洞来进行破坏活动或者牟利。近些年，为提升模型抗攻击能力，针对诸多攻击手段如"窃取攻击""药饵攻击"等，研究人员都提出了相应的应对手段。

（四）基础设施国产化

我国金融信息化过去长期依赖进口设备和系统，金融行业尤其是银行业被 IBM、HP 的大型机深度捆绑，软硬件系统比较封闭且大多被外商垄断。这种深度依赖不仅需要花费巨额的外汇，还涉及我国金融业的安全可控。近些年，以六大国有银行为首的银行业不断推进金融国产化，加强金融行业的信息基础设施建设，稳步推进金融 IT 基础设施国产化，防止发生系统性金融风险，一切在向好的方向发展，但要彻底摆脱束缚尚需时日。

第二节 金融智能创新应用案例

一 智能金融服务

服务于新零售客群和场景金融的经营理念，使银行不断加强构建场景化智能金融服务平台，综合应用多种人工智能技术赋能金融业务场景。如利用生物特征识别技术提供统一、稳定、高效的身份核验服务，运用自然语言处理进行搜索优化，等等。智能金融服务逐步朝人性化、数字化、智能化的方向发展和转变，以自然、直接的交互方式渗透到金融服务的方方面面，提供场景化客群经营能力，提升客户金融服务体验，驱动银行向场景化金融的智能银行方向转型。

（一）中国邮政储蓄银行生物特征识别技术应用案例分析

随着生物特征识别技术越来越广泛的应用在金融服务场景中，资源分配问题也日益重要。中国邮政储蓄银行生物特征识别系统致力于将分布于不同系统中的生物特征识别能力进行整合，对相关的算力资源、模型资源和管理资源进行统一管理、统一规划、统一调度。高效、简便地将相关技术能力与场景应用连接，降低技术的使用门槛，增加技术的使用广度，简化技术业务结合的创新流程。通过对不同业务租户进行弹性扩缩容的隔离管理，实现业务场景分离，灵活应对不同时期的需求，保障各系统可以高效稳定地长期调用生物特征识别能力。

1. 需要解决的问题

生物特征识别技术如人脸识别、声纹识别等，均采用机器学习、深度学习的算法，如卷积神经网络、LSTM等进行的模型训练。算法运行对硬件环境资源要求较高，传统内存模式已经无法满足。而随着技术可应用金融场景的增多，越来越多的产品，如移动端的手机银行、微信银行，固定端的自助柜员机等，都需要应用生物特征识别能力。各个产品应用生物特征识别能力时，基于不同平台、不同架构进行研究、开发、部署，不利于技术的积累和迭代，无益于优化技术在业务场景中的应用。因此，提供统一的生物特征识别能力就显得尤为重要。通过能力的整合，不但可以使业务对能力的应用更加灵活便捷，也可以使金融机构的长时间的技术、业务经验积累作为能力沉淀下来，形成长久的竞争优势。

2. 解决方案

生物特征识别系统定位于为全行提供人脸识别、声纹识别等专项能力支撑，承接了相关技术能力规划。一方面对行内相关领域现有能力进行整合，另一方面可以通过邮储大脑机器学习平台开发、从合作伙伴采购等引入新的能力，以支持下游业务应用的快速扩展和创新。基于邮储大脑的平台级功能，把相关的技术整合作为接口，将能力应用进行标准化的输入输出改造，为用户提供便捷开发应用企业级生物识别能力的环境，将技术能力转化为对业务场景的提升。

系统主要功能是通过抽象能力开发、配置、部署以及调用流程，对不同的能力进行组件化改造，根据业务场景需要灵活配置处理流程，实现应用全流程线上可视化配置；实现一站式能力部署、维护管理；实现算力、存储资源灵活扩缩容管理，并且在不同业务租户间实现隔离；实现相关领域积累的人工智能模型接入、更新、维护等全流程跟踪管理。

3. 应用效果

目前，生物特征识别系统已完成上线并接入微信银行、信用卡 App 等系统。生物特征识别系统，高效、简便地将相关技术能力与场景应用连接，降低了技术的使用门槛，增加了技术的使用广度，简化了技术业务结合的创新流程，使业务技术人员专注于自身业务流程改进，打破了人工智能技术应用的技术壁垒，并且通过长期应用经验积累，沉淀能力应用方案、模式，为大规模技术应用推广创造了有利条件。对不同业务租户进行弹性扩缩容的隔离管理，实现了业务场景分离，灵活应对不同时期的需求，可以保障各系统高效稳定地长期调用生物特征识别能力。

（二）浙商银行自然语言处理在 e 家银商城搜索优化领域的应用案例分析

浙商银行 e 家银商城利用自然语言处理技术中的自然语言理解和自然语

言生成能力，帮助用户明确搜索意图，节约用户搜索时间，实现用户与商家、商品高效连接，提升用户搜索体验，提高商家售卖能力。搜索优化包括搜索词纠错、搜索词补全和类目预测，其中类目预测已试用上线。

自然语言处理研究是集语言学、心理学、计算机科学、数学、统计学于一体的科学，帮助人与计算机用语言进行有效通信。自然语言处理覆盖感知智能、认知智能、创造智能这样的学科，是实现完整人工智能的必要技术。

搜索功能是一个电商平台的核心功能，是用户快速触达所需商品的通道，起到了引导用户购买行为的重要作用，一个优秀的电商平台必然有成熟、体验良好的搜索功能。

1. 需要解决的问题

原始的搜索模式中，用户在首次查询中往往无法取得预期搜索结果，输入语句错误时无法智能修正，没有扩展联想功能，搜索效率低。搜索优化通过搜索词自动纠错和搜索词补全，协助用户输入更精准的关键词，减少用户搜索的工作量；通过类目预测模型，提高商品搜索准确率。

2. 解决方案

一个完整的搜索过程指的是，用户在搜索框输入搜索文本，系统通过自然语言处理技术对输入文本进行语义理解，召回相关商品。搜索优化技术流程见图 6-1。收集电商平台中的商品数据和通用词等外部数据后，对数据进行过滤停用词、LTP 分词等预处理，形成初步的语料库。使用搜索纠错模块确保用户输入文本的正确性；进行搜索词补全，以下拉框的形式显示已输入词的联想扩展，给用户提示选择，提升搜索效率；在用户确定最终输入内容后，对输入文本进行类目预测，确定用户搜索意图所属类目。

搜索词纠错首先进行文本检错，判断输入文本是否有错，其次通过拼音编辑距离、形似词、混淆词集等对出错部位进行纠错，增强对输入文本的理解，扩展文本的召回。

搜索词补全依据前缀匹配原则，完整词未出现时使用补全、联想功能，以品类引导词为主，当出现明显品类词后开始出现更细粒度属性及标签筛

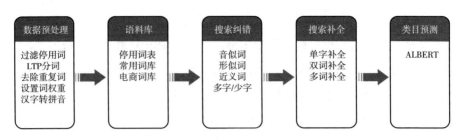

图6-1 搜索优化技术流程

选词。

类目预测使用深度学习模型ALBERT，将类目预测转化成多标签分类问题。最终实现查询词与商城三级标题关联，缩小搜索范围，提升展示商品与用户意图的符合度。

3. 应用效果

e家银搜索优化项目包括搜索词纠错、搜索词补全和类目预测，其中类目预测已经上线，用户可以在较为精确的类目下搜索意图商品，成功将预测准确率提升至93.03%。利用自然语言处理技术可以帮助用户更快地完成搜索过程，找到目标信息，加深对用户的理解，提升用户的搜索体验，同时提高电商平台交易量。

二 智能风控

随着智能化技术在贷前审核、贷后管理、反欺诈等风控领域的各个场景深化应用，智能风控技术在零售信贷业务、普惠金融和小微企业发展、防范金融风险等方面对提升金融机构的全面风险管控能力起到了重要的推进作用。智能风控将大数据、人工智能等技术作为风控工具应用到风险控制流程中，不断提升风控效率及精准度，并不断满足新行业态势、新市场环境对风险管理提出的新要求。在风控流程方面，结合多种创新技术优势，克服单一技术应用缺陷，实现对整个风控流程的精细化管理；在风控技术领域，运用计算机视觉、知识图谱等前沿技术，扩大风控范围以及丰富风险管理手段，实现无感风控的同时，提升风险发现、预警能力。

（一）上海浦东发展银行海星知识图谱体系应用案例分析

知识图谱作为近年来人工智能领域逐渐兴起的一项新技术，可以对海量结构化、半结构化以及非结构化数据进行知识萃取与分析。知识图谱是一种基于图的数据结构，由节点和边组成，每个节点表示一个"实体"，每条边为实体与实体之间的"关系"，其关键技术涵盖知识抽取、知识融合、知识推理等。知识图谱技术目前被运用于互联网行业、医疗行业、金融行业等各大行业的图谱分析、推理及可视化等应用场景。浦发银行一直致力于知识图谱技术的研究与探索，打造海星知识图谱应用体系，提供包含知识抽取、融合、加工、推理在内的一体化企业级知识图谱自动构建流程，结合 3D 动态渲染以及 NLP2 Cypher 智能交互技术，实现对多模、多源异构数据和多维复杂关系的高效处理与知识图谱可视化交互分析，为金融智能决策提供图数据分析应用支撑。

1. 需要解决的问题

数据是数字化经营的核心要素，如何突破既有的数据使用模式，更高效、精准、迅速地获得数据带来的价值，一直都是备受关注的问题。在大数据时代背景下，金融行业大规模数据来源多元化、数据异构碎片化，面对多渠道的海量金融数据，单一数据信息不足以全面刻画客户，单一手段无法实现多类型数据处理，单一数据可视化形式无法刻画出数据全貌。如何在市场瞬息万变、数据爆发式增长大趋势下，高效整合多源异构数据源，打造有效的数据共享模式和标准的共享机制，逐步摆脱线形或孤岛式分析，显得尤为重要。与此同时，在这些海量的数据中存在大量的"实体"和"关系"，将其建立连接，可以突破传统的计算模式，从"关系"的维度深度整合现有数据，并将数据信息以图谱的形式进行更加具象的表达，使数据更具可解释性、可读性以及交互性。

2. 解决方案

知识图谱技术可以帮助企业打破数据孤岛，挖掘数据之间的显性及隐性关系，并将数据信息以图谱的形式进行更加具象的表达，改善企业数据决策能力。而有效将知识图谱技术落地，并且使知识图谱技术更好地赋能业务经营，以下问题亟待解决。一是，目前企业大量的结构化与非结构化数据大多存储在传统数据仓库或大数据平台，需要具备一套完整的知识图谱技术体系架构，通过自动化的技术快速地将这些数据转换成图数据结构进行存储和使用；二是，企业真实业务场景中往往涉及大量复杂关系数据，整个企业级知识图谱体系架构需要具备存储和计算这些大规模复杂关系图谱的能力，充分挖掘图上隐含的数据信息，满足大规模复杂关系图谱分析与探索需求；三是，市场瞬息万变，企业业务决策往往是刻不容缓的，图谱分析计算的结果要能够实时响应和支持业务，满足真实业务场景下高时效的图谱联机查询需求；四是，不同业务场景对图谱的应用需求是具有差异性的且业务诉求是不断变化的，需要制定一套标准的服务模式和服务机制，从而使产出的知识图谱数据产品能够高效对接业务系统，实现批量输出、实时查询以及可视化展示等多种服务形式调用，引领业务决策。因此，需要打造一个多模态的自动化知识图谱分析管理平台，满足不同数据规模与不同时效性要求下图谱的查询计算需求，并以标准的服务模式统一对外输出图谱服务，实时助力业务经营决策。

知识图谱分析管理平台覆盖多模态知识图谱引擎、自动化建模平台以及图谱应用组件三大模块，如图 6-2 所示。

在多模态知识图谱引擎模块，通过开源和商用的图数据库与 NoSQL 数据库的结合应用，满足高性能联机查询以及大规模图分析场景。平台以多种数据库相融合的方式提供不同场景下的多形态数据存储及计算支撑，从而提供多样化知识网络分析算法服务、高性能知识网络查询服务以及多类型数据整合存储服务。除此之外，该模块支持高可用容错功能，提供了主节点、计算节点高可用能力，以保证系统能 7×24 小时长时间稳定运行。

在自动化建模平台模块，通过封装图谱结构、图谱构建算子以及分析算子，形成直接面向业务场景的自动化建模平台。知识图谱分析管理平台将知识图谱建模各个流程进行统一的通用配置与封装，打破了知识图谱建模的专业化壁垒，用户只需通过灵活化交互式配置即可零代码实现知识抽取、知识融合、知识推理等一体化知识图谱构建。同时，平台支持灵活的图算法调用，用户既可使用图数据库内常用算法，又可基于特定场景进行算法的自定义。

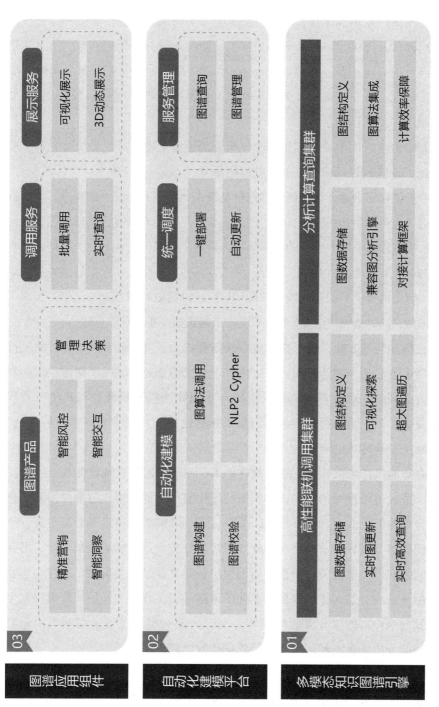

图 6-2 知识图谱分析管理平台

在图谱应用组件模块，平台支持批量、实时以及可视化等多种综合查询和调用模式，以满足不同业务场景应用。知识图谱分析管理平台应用组件使用了高可用、可扩展、松耦合的标准化 API 接口，支持实时查询调用、批量查询调用、异步查询文件调用等在线和离线多种服务方式，以及 2D、3D 等多维度知识图谱展示。

基于上述三大模块，知识图谱分析管理平台支持并孵化了智能洞察、精准营销、智能风控等多个企业级的应用场景。

在智能洞察方面，为了解决客户信息杂乱、分散且不统一的痛点，浦发银行打造了企业关联关系图谱。该图谱高效整合了全量对公客户基础数据、交易数据、投资数据等多个维度的数据信息，构建了全域的企业客户关系网络，实现了与企业客户有关的投资、担保、法人、实控人、交易、股东等多类关系的画像。该图谱提供了动态的搜索和展示页面，以高效的图查询方式服务于多个业务部门，同时该图谱也作为数据产品在上海数据交易所发布上架。

在精准营销方面，为了更好地提供拓客线索、降低获客成本等，浦发银行构建了企业拓客雷达应用。该应用基于全域的企业关联关系图谱，以核心客户为源客群，通过 PageRank、K-Core 等图算法挖掘源客群与其他行外客户的关联关系，为分行或业务部门提供拓客链路，从而实现新客拓展挖掘，有效解决了获客难的痛点。

在智能风控方面，为了更好地防范单一舆情风险扩散成群体甚至区域性风险，造成不可挽回的损失，浦发银行还构建了企业舆情风险事件图谱，充分结合内外部企业客户基本信息、关联信息、外部舆情信息等数据来源，使用知识图谱分析管理平台将企业外部舆情事件与企业关联关系相结合，形成全面的外部风险事件关联图谱，帮助用户快速掌握事件与事件、事件与企业之间的显隐性关系，掌握事件和企业的风险等级，预测和评估风险事件发生时波及的企业群体以及其影响程度。同时，该应用还提供了前端可视化页面，辅助分析人员洞察风险事件整体的传导链路。

3. 应用效果

企业关联关系图谱自推广以来，已服务于浦发银行的多个业务部门、分行以及外部企业，服务累计调用量达 10 万余次，包括 PC 端、手机端批量或实时调用，为客户洞察、客户管理提供了有力抓手。

企业拓客雷达应用自上线以来，有效赋能了浦发银行对公客户拓展活动，在客户营销方面取得了积极的效果，已累计对接多个省区市，开展 10 多场对公营销活动，已触达客户 2000 余户，成功拓客 200 余户。

企业舆情风险事件图谱自上线以来，图谱服务累计调用量达 3000 余次，同时为风险管理提供舆情和企业两个维度的各类风险指标共计 30 余项，已预警 20 余家企业，有效覆盖上亿元信用风险敞口。

（二）中国民生银行 Cybernetics 智能风控应用案例分析

中国民生银行站在金融科技视角，提出精细化的零售信贷风险管理思路和基于大数据的智能风控理念。以客户体验更优、信贷收益更大为风险管理的综合目标，规划设计了 Cybernetics 智能风控体系，充分释放大数据及人工智能的技术红利，缓解零售信贷供需双方信息不对称问题，对大众客群以收益覆盖风险，有序扩大信贷规模，提高服务可获得性，为头部优质客群适配更优的策略和定制化的信贷服务，提高客户体验。

1. 需要解决的问题

在"新常态"的经济环境下，利率市场化改革、新资本协议推行，银行业利差空间逐渐收窄。同时，移动互联网技术的高速发展和突如其来的新冠肺炎疫情，使得越来越多围绕客户的服务网络化、远程化，客户行为逐渐向线上线下融合的方向迁徙。数字化时代的客户可获得的信息更多，拥有的选择权更多，而银行业对数字化时代的客户却"知之甚少"，导致发展零售信贷成为口号，基于数据的精细化管理迫在眉睫。

另外，随着互联网金融兴起、金融"脱媒"深化，金融科技公司依赖大数据和人工智能技术，以客户为导向、以数据为驱动、以互联网低成本扩张为手段，在零售信贷业务领域建立起新的业务模式，给银行业的零售信贷业务带来了巨大的竞争压力。

在这个背景下，银行业零售信贷业务亟待解决的问题有如下三点。第一点是缺乏精细化管理，"存量"流失多。银行间同质化竞争严重、数字化时代下信息透明度高，在互金公司加入的竞争格局下，客户在各个领域享受到了更优质的数字化金融体验，彻底改变了客户对银行业的服务要求。第二点是风险识别能力不足，"增量"扩展难。一方面，由于业务增长压力和普惠金融要求，银行业需要逐步扩大服务客群范围，提升零售信贷规模；另一方面，传统的风控体系对人工经验依赖高、风险判别使用的信息有限，较难对风险做出前瞻性预测和差异化管理，导致产品设计初衷虽是覆盖大众客群，而信审流程却难以通过。第三点是数据应用能力不足，信息不对称加深、线上化难实现。传统信贷审批流程烦琐、耗时较长，在线下场景中可依靠人工判别等高成本投入的方式控制风险、服务信贷客户；然而在银行业主动下沉客群、发展线上场景的时代背景下，新零售信贷业务客户申请量大、时效性要求高，加之金额小、期限短、频率高等特点，传统风控模式已难以应对。

2. 解决方案

为解决以上问题，中国民生银行提出了 Cybernetics 智能风控体系，该体系可分为工具层、监控层、决策层和业务层。工具层通过完善数据存储、数据分析、数据挖掘等一系列基础设施，为风险管理过程中的数据驱动提供基础支持。监控层犹如老鹰的眼睛，全面精确地获取风险信号，主动发现并及时传递风险信号。决策层类似老鹰的大脑，利用人工智能技术深度挖掘风险信息，实现更精准的前瞻性预测，支持策略制定。Cybernetics 智能风控体系如图 6-3 所示。

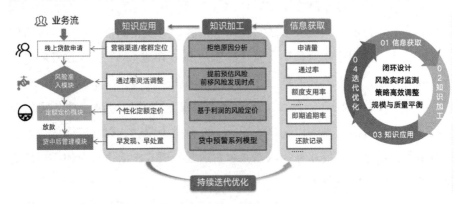

图 6-3　Cybernetics 智能风控体系

（1）贷前：动态调整信贷规模与资产质量的平衡

Cybernetics 智能风控体系依托大数据技术和数据驱动思维。一方面，利用大数据技术加工高维数据信息，精准量化客群风险，更精准的客户资质评估模型可以在相同通过率下取得更低的逾期水平，在相同逾期率下取得更大的通过率。另一方面，构建基于 Vintage 的风险预算模型推演预测最终风险，实现对风险的提前预判，及时调整通过率决策。

（2）贷中：差异化定额定价进一步提升客户价值

在贷中管理阶段，依托大数据与人工智能技术，实现差异化的定额定价策略。对于大众客群，通过差异化的授信策略实现收益覆盖风险，保障普惠金融可持续发展；对于优质客群，以客户资质和市场价格为参考，降低优质客户利率，提高客户体验，降低客户流失率。差异化定额定价示意如图 6-4 所示。

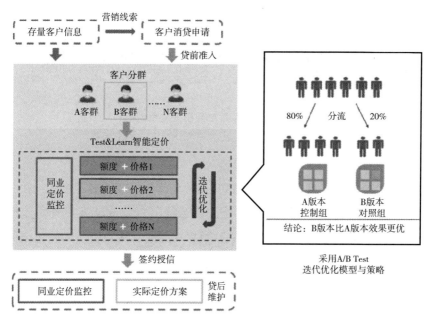

图6-4 差异化定额定价示意

（3）贷后：多时窗及时预警，防患于未然

贷款资产质量的劣化过程类似于人生病的过程，从亚健康、小病、大病甚至到不治之症是有一个发展过程的。Cybernetics 智能风控体系在贷后临时、短期、中期、长期等不同生命周期窗口，针对小微贷款、综合消费贷款及住房按揭贷款等不同信贷场景开发出临时性预警、短期预警、中期预警及长期预警总计 12 个模型。贷后预警系列模型应用说明如图 6-5 所示。

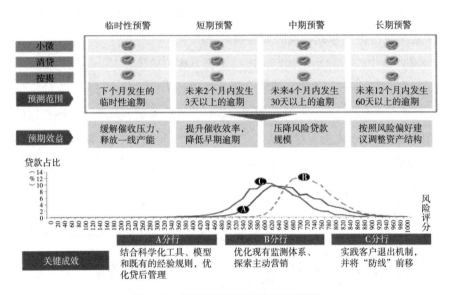

图 6-5　贷后预警系列模型应用说明

3. 应用效果

在监控层打造了可视化的覆盖信贷业务全流程的运营监控指标；在决策层，打造了"百川"数据产品被广泛应用于线上贷款导流客户资质监控和风控策略诊断分析等场景中；"牵星"数据产品结合客户资质和同业定价预测给予差异化定价建议和进行风险定价能力分析；"天眼"数据产品中一系列贷后预警模型有效压降了风险贷款规模。12 个模型各司其职，分别助力完成缓解催收压力、降低早期逾期、压降风险贷款规模、了解资产质量变化、合理调整资产结构等零售贷后管理工作。项目设计结束后进行了试点验证，选择的三家试点分行分别代表了行内零售资产质量的高、中、低水平，具有较强的代表性。在为期四个月的项目试点过程中，三家试点分行新增临时性逾期平均下降 42%；分行结合小微贷款短期、中期、长期预警模型，优化现有贷后监测体系，前移风险防线，形成有效退出机制，精准退出小微高风险贷款 2.3 亿元。

（三）浙商银行计算机视觉技术在反欺诈领域的应用案例分析

1. 需要解决的问题

随着金融科技的不断发展，银行业务正逐步向智能数字化转型。通过梳理历史风险案例发现，在客户准入申请过程中存在欺诈手段。例如，客户上传的准入材料中存在复印件代替原件、材料图像模糊不清等不符合银行相关规范要求的情况；在证件照或者单据照的上传审核流程中，存在使用翻拍显示器中真实材料的方法绕过传统风控机制的风险。

2. 解决方案

浙商银行针对典型欺诈手段，综合运用计算机视觉算法，对准入图像材料进行图像预处理、图像信号分析、深度学习等，实现对欺诈材料的自动识别，以加强准入材料的审核质效、提升欺诈风险的防控效果、降低手工审核的人力投入。目前，相关功能模块已在测试环境开展验证。

在图片模糊检测场景中，主要使用传统视觉处理方法中的 Laplacian 算法，通过计算图片二阶导数的方差来进行模糊程度的判断。输入证件图片后，首先对图片进行灰度化处理，得到灰度图；再使用算法中特定的 3×3 大小的滤波器对灰度图进行滤波处理；然后计算卷积滤波后图像的方差，并与预先设定的阈值进行比较，高于阈值判定为清晰图像，反之则为模糊图像，如图 6-6 所示。

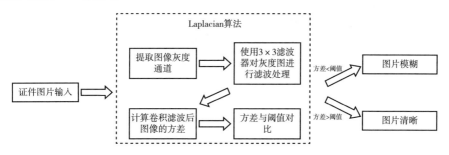

图 6-6　证件图片模糊检测流程

在黑白图检测场景中，首先计算该图像的通道数，若通道数为 1，则该图像是黑白图，属于不规范材料。若通道数为 3，首先对该图像进行 RGB 通道拆分；其次分别计算三个通道间的像素差；再次将三通道像素差合并，按通道计算该图像的像素方差；从次计算上个步骤得到的方差矩阵的平均值；最后将得到的平均值和设置的阈值进行比较，小于阈值的是黑白图，属于不规范材料，大于阈值的是彩色图，属于规范材料，如图 6-7 所示。

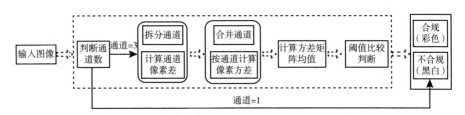

图 6-7　黑白图识别流程

在翻拍图像检测场景中，由于图像中的摩尔纹有深有浅且没有固定或规律的特征，使用传统图像处理方法很难进行判别。若使用深度学习方法进行检测，需要先对图像在频域进行采样变换，得到特征更加明显的高频或低频图像信号，再送入卷积神经网络进行特征提取与学习，从而实现基于摩尔纹特征的翻拍图片检测。首先将所有原始输入图像通过 Haar 小波分解，分别在水平和垂直方向进行高通小波和低通小波滤波，得到四个子带（频率）的图像信号，如图 6-8 所示。

水平高通+垂直高通　　水平高通+垂直低通　　水平低通+垂直高通　　水平低通+垂直低通　　原始图片

图 6-8　小波分解示意

神经网络结构大致可以分为三个部分：第一个部分包含一个卷积层，其包括 32 个大小为 7×7、步长为 1 的卷积核以及步长为 1 的池化层，通过两次最大值合并得到统一特征图。第二个部分包含三个卷积层，每一个都由

16 个大小为 3×3、步长为 1 的卷积核以及步长为 4 的池化层组成。第三部分包含 Dropout 和两个全连接层，输出层的激活函数为 Softmax 函数。

3. 应用效果

基于计算机视觉技术的反欺诈识别实现了对准入材料的图片模糊检测、黑白图检测、翻拍图像检测等功能，识别准确率在验证阶段达到较高的水平。该应用提高了对审核材料的自动判别能力，降低了手工审核的人力投入，进一步提升了业务系统的反欺诈能力。

三 智能运营

随着银行业数字化转型进程加速，客户大规模向线上渠道迁移，运营业务重心也逐步转向线上。围绕线上业务开展的精细化、智能化运营越来越成为新形势下金融机构管理、经营和发展的关键。随着运营体系的不断完善，智能化技术也从原本应用于前台业务中数据采集、简单数据处理、无纸化录入，渗透到后台的智能审核、推荐策略等多种业务中。将流程自动化机器人、智能语言语音等创新技术应用到金融运营工作中，借助新技术创造新工具、新模式，可以敏捷应对市场变化，驱动经营模式再造与能力重塑，提升业务运营效率与质量。

（一）中国邮政储蓄银行智能语言语音系统应用案例分析

智能语言语音技术目前已经深入银行多种多样的业务中，并在业务中发挥重要作用，但目前应用系统的接入方式大多采用竖井式的系统架构搭建，底层技术更新迭代周期较长，在系统弹性、资源利用率等方面仍具有较大提升空间。因此，提供统一的语言语音能力就显得尤为重要。搭建企业级的能力平台，不但可以使业务对能力的应用更加灵活便捷，也可以使长时间的技术、业务经验积累作为能力沉淀下来，形成长久的竞争优势，为业务人员消除探索技术的壁垒，为更多有创造性的场景提供技术保障。

1. 需要解决的问题

目前智能语言语音技术各能力分散建设主要存在以下两点问题。一是各业务系统虽然均已应用了智能语言语音技术，但竖井式的系统架构搭建导致人工智能技术也分散地分布于不同的系统中，相关的算力资源、模型资源、管理资源未完成统一管理、统一规划、统一调度，难免存在重复建设、资源分配不合理等情况。二是各个项目应用语言语音能力时，基于不同平台、不同架构进行研究、开发、部署，不利于能力的动态扩缩容，不利于技术的积累和迭代，无益于优化技术在业务场景中的应用。

2. 解决方案

智能语言语音系统采用微服务架构设计，采用多租户分布式部署方案，将接入、流程处理、评估、更新等功能模块分开设计并进行服务化改造，为新能力引擎的接入提供技术基础以及标准规范，形成了统一的语言语音能力技术平台。

在平台设计上，该系统基于 Kubernetes 对 Docker 集群进行管理，控制台调用 Kubernetes 提供的 API 以实现容器的部署、重启、复制、自动伸缩等功能，支持应用及能力的弹性扩缩容。应用的弹性扩缩容可以支持短时超租和根据业务量使用情况对应用资源进行迅速调整，保证资源分配均衡，避免业务因为资源量的限制受到影响。能力的弹性扩缩容在硬件资源满足的情况下，支持通过管理平台手动调整各语言语音能力资源的部署占比，从能力层进行资源调配，节省物理资源。

在技术上，该系统采用微服务的架构建设，屏蔽底层厂商技术差异性，支持灵活扩展和调度，支持能力间的组合编排，支持构建统一的、标准的接入模式。在业务上，该系统通过租户-应用-能力的三级管理体系，实现各业务间资源隔离，并构建了共享资源池的概念，同时支持资源分租户、分时段的精细化管理与全局资源的动态调整，缓解了业务间资源争抢以及忙闲不均的问题，提升了资源有效利用率，保证了业务的稳定性。在运维上，该系统提供了完善的运维监控功能，管理各个服务的状态，实时获取资源统计信息，实现能力全局的可管可控。

3. 应用效果

中国邮政储蓄银行智能语言语音系统，一方面通过分布式微服务架构，将原本分散的算力资源、节点资源、容器资源等整合到一起，形成了平台级的、标准化的技术基础和接入规范，使得能力的应用变得简化，大幅度提升了技术应用落地的速度；另一方面通过对语言语音能力进行统一管理、统一规划、统一调度，提升了资源的分配效率。同时，该系统是引擎容器化、资源租户化的创新应用，提升了资源管理能力及平台的可扩展性。目前，该系统已完成上线并接入移动展业、在线客服、手机银行大字版、双录稽核机器人等系统，运行状况良好。

（二）上海浦东发展银行智能文档审核系统应用案例分析

上海浦东发展银行智能文档审核系统，通过 NLP 和 OCR 技术，充分结合债券承销业务中债券募集说明书审核需求，提供先进、高效、可靠的智能 OCR、表格提取、文档信息抽取以及智能文档审核等服务，建设落地特定类型文档的文本纠错、上下文一致性校验、数据钩稽关系校验以及跨文档交叉审核等智能应用场景，以提高文档审核效率，节省人力资源，使文档质量满足监管要求。

1. 需要解决的问题

在银行领域中，有大量的文档需要人工来进行审核。如在债券承销业务中，注册、备案、发行的材料众多，审核人员工作量大，费时费力，且审核过程中常常出现数字错误、文字重复等现象，效率低，出错率高。而债券募集说明书作为审核工作中的重中之重，监管部门对其质量要求也越来越高。

2. 解决方案

为提高债券发行材料审核效率和质量，浦发银行充分结合"AI+金融文档审核"业务场景，通过打造智能高效、稳定可靠、部署迅速的金融文档智能审核平台，利用先进的语义分析、机器视觉等技术，为投行业务部门提供智能审核债券募集说明书的解决方案。

该平台利用前沿 OCR、NLP 技术对合同文档进行解析、抽取、定位、展示以及人工核验，依据预定的规则和要求，可精确追溯到信息来源，分析文本信息，自动化审核文本，智能化检查文字错误、数据遗漏等，实现对财务报表、债券募集说明书、上市公告书等文档内容的准确性和一致性进行自动检测。同时，基于自动化审核功能，该平台还可以提供财务分析、风险提示等服务。与传统人工审核相比，现有平台弥补了在低级错误上审核不足的缺陷，依靠现有产品可快速并且自动的审核并导出结果文档，平均审核时长约为 3 分钟，使人力有更多时间重点关注经验性审核，大大提升了审核的质量和效率。

该平台首先结合业务审核点进行梳理，通常会对文档中的错字、漏字、叠字和叠词、形近字、音近字、数字格式、表格单位等进行审核，这是对文档的最基本的审核诉求。其次是财务钩稽关系的审核，财务披露是募集书中的重中之重，所以对财务钩稽关系的审核也尤为重要。财务数字繁多，钩稽关系也更规范化，可以用机器来自动审核。上下文同一科目有多处披露的情况要审核一致性，单表内合计的正确性、表与表之间同一科目的一致性、表文同一科目的一致性以及科目占比、逐年变化趋势等隐形钩稽关系，都可以用平台来规范化审核。最后是 AI 审核结果的可视化展现，如图 6-9 所示，前端支持导出批注版募集书文件，方便线下修改错误；支持在线修改内容，导出修改好的募集书文件，方便直接使用；支持人工复核，修改机器误判的审核点，可以接受和拒绝审核结果；支持新增错误项，方便人工复核时，发现错误可以及时添加错误；支持 API 对接审核结果，方便与内部系统集成等。

3. 应用效果

金融文档智能审核平台的应用，充分释放了人力资源，将原有 2~3 天的审核时长缩短至分钟级，并极大地提高了审核质量，满足了监管要求，为人工智能技术在金融行业的进一步应用奠定了坚实的基础。

四　智能营销

随着服务的线上化和移动端的广泛应用，线上渠道、创新技术、用户体验逐渐成为银行在营销方面的核心驱动力。智能营销紧密围绕用户个性化需求，充分利用大数据、人工智能等技术，通过模型分析及预测，挖掘信贷产品的潜力客户并进行精细化营销，结合前置的客户信用风险分析，为客户提

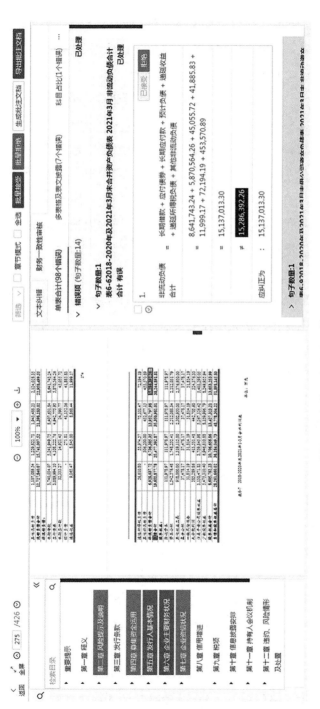

图 6-9 智能文本审核系统的 UI 界面

供差异化营销服务的同时，充分考量风险管理要求，实现企业经营能力与客户体验的提升。未来，金融机构将营销智能化、移动化和客户体验极致化，作为智能营销体系建设的重要目标。

以中国民生银行"新竹+灵犀"存量客户信贷智慧营销应用为案例进行分析。为加快布局数字经济，抢占数字时代发展先机，中国民生银行创新推出"新竹分"和"灵犀分"两款数据产品。"新竹分"运用大数据风控技术整合行内数据生态，精准预测客户信用风险，"灵犀分"旨在量化客户融资意愿，助力精准营销。中国民生银行项目组打造了"风控前置的信贷营销"及"薄征信客群信用风险量化"解决方案，通过数据赋能提升零售信贷能力，优化客户信贷服务体验。

1. 需要解决的问题

在日新月异的宏观局势下，商业银行面临新的考验，其多年来延续的经营管理理念也在发生变化，新的考验主要来自日渐加剧的泛同业竞争、不断收窄的息差空间，以及逐渐严峻的风险管理挑战。虽考验重重，然危与机往往并存，银行业数字化转型便是运用数据和量化技术重新审视企业与客户的关系、优化自身产品与服务流程的系统性工程。

在这个过程中，业务人员主要面临以下几个痛点问题。一是传统客群红利增速见顶，长尾客群规模效应显现。传统商业银行的服务模式以线下为主，受限于服务成本高、信息获取难、风控信息源有限等客观因素，优质金融服务很难触达长尾客群。随着互联网技术、数据科学的应用，单客服务成本大幅压降、信息不对称问题显著缓解。二是"获客"与"风控"之间的平衡问题。在信贷产品营销过程中，如果只考虑客户的信贷意愿，会导致营销客户的申请通过率难保证，甚至会略低于自然申请通过率，背后的原因之一是，在实际信贷场景中，对贷款产品有兴趣、申请意愿最强的那部分客户，往往还款能力稍弱，信用风险偏高；反之，若只考虑客户资质而不考虑意愿，也难以取得良好的营销效果。

2. 解决方案

为解决以上问题，我们提出"新竹+灵犀"的数据产品解决方案，"灵犀"筛选高意愿潜客，"新竹"对客户资质进行把关，两者结合将风控前伸至营销阶段，平衡"获客"与"风控"间的矛盾。该系统基于银行自有数据生态开发，基于数百维特征构建机器学习模型。"新竹分"模型纳入基本信息、资产变动、产品持有、标签资质、交易人脉等各类变量，而"灵犀分"模型又在此基础上引入手机银行行为数据，两个模型从多维度全面评估客户的贷款意愿，可覆盖大部分自有消贷产品申请人。

为深耕存量客群的贷款业务，我们分别根据贷款违约率与营销提升度对"新竹分"与"灵犀分"进行了划档，并基于两款产品设计了风控前置的精准营销解决方案，旨在通过"风险+营销"深度结合应用，筛选出低风险高意愿的优质客群，优化营销资源分配，从而助力提升全行消贷规模及盈利水平。

为了在保障营销转化率的同时提升客户申请通过率，达到有限营销资源下申请通过人数最大化的目标，我们设计了一套基于数据驱动的精细化营销策略，引入营销效率指标，利用"新竹+灵犀"营销效率二维矩阵中各子客群历史消贷申请的贷款申请率及申请通过率，建立营销资源与营销效果的映射关系，如图 6-10 所示。

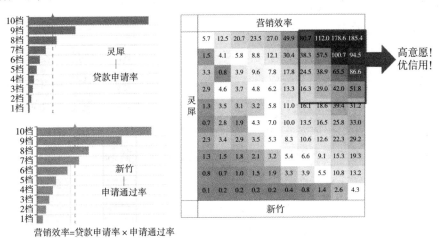

营销效率=贷款申请率×申请通过率

图 6-10 "新竹+灵犀"营销效率矩阵

营销效率矩阵可以帮助精准预测针对某一客群的营销转化率及申请通过率，进而估算出最终申请成功的人数。结合矩阵中窗格的客群基数，可以更加合理地配置营销资源，优化营销效果。

3. 应用效果

"新竹+灵犀"解决方案将风险与营销结合，综合考虑客户的申请意愿与信用风险，极大地提高了贷前营销环节的获客效率，帮助经营机构差异化配置营销方案，达到有限营销资源下获客效率最大化。在消贷场景中，对比非精准营销，营销效率可提升 6 倍，在小微贷款营销场景中，电呼意向率可达 30%，是数据产品应用在银行数字化转型过程中的一次有效实践。

第三节　金融智能发展趋势

一　提高自主创新能力

随着金融行业智能化进程的不断推进，我国金融智能应用场景愈加丰富，相关功能越发完善。金融智能的持续发展需要人工智能技术为其源源不断的注入新鲜动力，而人工智能技术的每一次革新都离不开各类算法框架、算法模型以及底层计算资源的支持。

然而，近年来以美国为首的西方国家不仅限制中国学者的学术交流以及科学工具的使用，例如美国部分高校限制人工智能、微电子等关键专业中国籍学生的招生，限制部分中国高校的建模软件的使用；而且还针对中国关键科技企业实行出口限制甚至禁运，例如从 2018 年开始，美国大范围打击中国科技企业，先后分多批将数百家中国科技企业加入限制名单。同时，美国还严厉限制中国企业对海外先进技术企业的收购，阻止海外先进技术企业对中国的投资，企图切断中国与其他国家的技术交流和合作。

在这种逆全球化的趋势下，为了保障我国金融智能的可持续发展，产业链不受制于外国技术，我们需要坚定不移的实施自主可控战略，不断提高自主创新能力，加强人工智能与云计算、大数据、区块链、物联网等关键技术的融合应用。在算法框架领域，国内企业近些年研发出一些比较优秀的国产算法框架，例如 MindSpore、PaddlePaddle 等。在算法模型领域，国内科研机构和科技企业也持续发布效果更好的国产模型，金融机构出于监管考虑也纷纷开展模型可解释性研究，建设自己的企业级 AI 模型管理平台。在底层计算资源领域，一些优秀的国产芯片、国产 GPU 企业崭露头角，开始填补我国在底层计算资源方面的技术短板。

二　建立健全监管法律法规

推动金融智能应用更加健康和快速的发展，需要不断建立健全金融应用相关的监管法律法规，制定各类行业标准及规范，使金融智能应用更加规范化。切实解决责任主体认定、隐私保护、数据安全、算法模型等方面的共性难题。同时，要健全人工智能在风险处置、风险评价、运营监管、责任追究、市场准入和退出等金融领域应用的制度规定。只有健全且完善的监管制度才能高效有序地推进人工智能技术在金融领域的健康可持续发展。

未来金融智能相关政策将呈现新的趋势。人工智能行业标准体系将逐步建立，金融智能的责任与安全将更加受到行业内各类机构重视。相关政策可以在北京、上海、深圳、杭州等具有人工智能先发优势的重点城市先行开展试验，形成示范效应，逐步推广到全国。

三　加强产业政策引导

目前我国金融智能产业的发展程度和基础设施有较大的提升和改造空间，为人工智能技术的加速落地提供了广阔的市场空间。我国金融智能产业的发展将持续提速，推动我国人工智能应用由过去的技术输出模式逐步转变为全产业链场景模式，这需要管理层面和行业层面共同努力，不断革新优化，为金融智能的发展保驾护航。

未来，管理层面将加大对金融智能的政策扶持力度，加强金融智能产业基金引导，开拓市场融资渠道，鼓励产业间互通共鉴；行业层面将不断组建科研团队，学习并借鉴国内外先进发展经验，提高应用水平，充分利用多方力量推动智能金融的创新研究。

此外，金融智能领域将更加重视基础性和复合型人才培养，在基础教育上投入更多资源，加强基础研究支持力度，鼓励高校、研究机构与产业企业和机构展开产学研合作，加快产学研成果向应用落地转化，寻求可持续发展源动力。

四 拓宽金融智能应用场景

得益于以人工智能为代表的新兴技术近年来的快速发展和完善，金融领域的智能应用场景也逐渐丰富。随着我国金融行业的智能化水平的不断提升，越来越多的金融服务场景对人工智能技术提出了新的需求，优秀的落地案例实践也不断涌现，目前业内公认的主要落地场景有以下几个。

（一）风控场景

风险防控是传统金融机构面临的核心问题，与金融业务相伴而生。与传统的风控手段相比，智能风控改变了过去满足合规监管要求的管理模式，转向以依托新技术进行主动监测预警的管理模式，运用机器学习、深度学习以及知识图谱等人工智能技术构建风险识别预警模型，全面提升了风控的效率与精度。

（二）支付场景

消费者不再满足于传统数字化支付手段，以人脸识别、指纹识别、虹膜识别、声纹识别等生物识别技术为载体的智能支付逐渐兴起，为商户和企业提供了多样化的消费场景解决方案，全方位提高了商家的收单效率，并减少了顾客的等待时间。

（三）营销场景

传统营销方式对于客户需求把握不够精准，客户容易产生抵触情绪，标准化的产品以群发的方式进行推送也无法满足不同人群的需要。人工智能等新技术，对收集的客户交易、消费、网络浏览等行为数据利用机器学习、深度学习和知识图网络等相关算法进行模型构建，改变传统营销模式，为消费者提供"千人千面"的精准化营销服务。

（四）客服场景

利用人工智能等技术可构建知识管理体系，为客户提供自然高效的交互体验方式。基于大规模知识管理系统，可面向金融行业提供企业级的客户接待、管理及服务智能化解决方案，对相关内容进行信息抽取、业务分类及情感分析，了解服务动向并把握客户需求，为企业的舆情监控及业务分析提供支撑。

（五）投研场景

智能投研能克服传统投研模式弊端，快速处理数据并提高分析效率。以数据为基础、算法逻辑为核心，利用人工智能技术和知识图谱体系由机器完成投资信息获取、数据处理、量化分析、研究报告撰写及风险提示，辅助金融分析师、投资人、基金经理等专业人员进行投资研究。克服传统投研流程中数据获取不及时、研究稳定性差、报告呈现时间长等弊端，扩大信息渠道并提升知识提取及分析效率，在文本报告、资产管理、信息搜索等细分领域形成广泛应用。

（六）理赔场景

智能理赔综合运用声纹识别、图像识别、机器学习等核心技术代替传统的劳动密集型作业方式，能够明显简化处理流程，减少运营成本，提升用户满意度。

金融智能的应用场景几乎涵盖了整个金融产业链，涉及资金获取、资金生成、资金配置、资金管理、资金对接等资金流通的全过程。金融科技从业者应积极探索发现新的应用场景，丰富人工智能的应用范畴，做好国内市场的同时，主动参与国际市场竞争，以竞争促发展。

五 可解释性等技术不断创新应用

人工智能已经成为通用型技术渗透到金融智能几乎所有的应用场景，产生了非常丰富的应用。但是在实际使用中，却暴露了 AI 在自动化决策（Automated Decision-Making）中的难解释性和黑箱性等缺点。这不仅影响到用户对 AI 应用的信任，而且可能会带来算法歧视、算法安全和算法责任等方面的问题。

在这样的背景下，可解释 AI 逐渐成为立法和监管关注的焦点。我国《个人信息保护法》、《关于加强互联网信息服务算法综合治理的指导意见》以及《互联网信息服务算法推荐管理规定》等相关法律和政策文件也开始对人工智能算法应用的透明度和可解释性提出要求。

在内外部因素的共同作用下，可解释 AI 成为金融智能行业的新兴领域，学术界与产业界等纷纷开始探索可解释 AI 系统行为的方法和工具。未来会有越来越多的可解释性工具被发布出来，对不同的金融智能模型进行解释。在金融智能行业各方的共同努力下最终会打造出可信、负责任的 AI，从而确保科技向善。

参考文献

陈天晴主编《从算盘到键盘——中国金融科技发展历程（1991—2004 年）》，中国金融出版社，2021。

郭为民：《2020 年金融科技瞭望》，《中国电脑金融》2020 年第 3 期。

国家标准化管理委员会、中央网信办、国家发展改革委、科技部、工业和信息化部：《国家新一代人工智能标准体系建设指南》，2020 年 7 月。

江浩然：《智能风控还需更智能》，《人民政协报》2020 年 5 月 19 日，第 5 版。

李东升：《准确把握全球金融科技发展新趋势》，《中国金融家》2019 年第 12 期。

《2021 年最值得关注的 10 大人工智能趋势》，搜狐网，2021 年 6 月 9 日，https：//www. sohu. com/a/471254860_ 120411615。

《人工智能在金融行业应用场景》，知乎，2020 年 8 月 14 日，https：//zhuanlan. zhihu. com/p/183814556。

《数字乡村建设指南 1.0》，中国网信网，2021 年 9 月 3 日，http：//www. cac. gov. cn/2021-09/03/c_ 1632256398120331. htm。

伍旭川：《人工智能发展趋势、挑战及对金融安全的影响》，《财经智库》2018 年第 6 期。

杨望、冯贺霞：《创新视角下的智能金融应用场景》，《金融博览》2017 年第 11 期。

张誌、张延彬、邢庆文、杨滨：《人工智能能力平台建设思路》，《网络安全和信息化》2020 年第 3 期。

中共中央、国务院：《关于全面推进乡村振兴加快农业农村现代化的意见》，2021

年1月。

中国银联技术管理委员会金融科技赋能乡村振兴工作组：《金融科技赋能乡村振兴工作研究报告》，2021年10月。

《中华人民共和国国民经济和社会发展第十四个五年规划和2035年远景目标纲要》，中国政府网，2021年3月13日，http://www.gov.cn/xinwen/2021-03/13/content_5592681.htm。

中共中央、国务院：《关于全面推进乡村振兴加快农业农村现代化的意见》，2021年1月。

第七章　金融物联网[*]

第一节　金融物联网发展概况

物联网以感知设备和通信技术为手段，通过连接人、物、系统和信息资源，可提供信息感知、信息传输、信息处理等服务，具备万物互联、实时感知、智能管理等功能，已成为新型基础设施。根据《中国互联网发展报告（2021）》的数据，2020年中国物联网产业规模达1.7万亿元，同比增长13.3%，报告预测2022年中国物联网产业规模将达2.1万亿元。

金融物联网以物联网技术为基础，将物联网技术应用于金融风控、供应链金融、动产管理等金融业务与金融场景中，以物联网技术持续赋能金融生态，催生"金融物联"新业态。通过对传感器采集的海量信息进行分析、挖掘，金融物联网使得金融业具有了感知能力，大大拓展了金融业可触达的数据维度，加快了金融业数字化转型步伐，壮大了经济发展新引擎。

在政策支持和技术成熟的基础上，金融物联网通过金融新产品、新模式，积极深入产业链场景，促进产业数字化转型，推动数字经济发展，服务国家战略。

一　自上而下多项政策发布，夯实金融物联网发展基础

2020年，国家发展和改革委员会首次明确了"新基建"的范围，物联网被纳入"新基建"信息基础设施中；2021年，"十四五"规划发布，物联网被纳入数字经济重点产业，发展物联网技术正式被上升为国家战略。

---

　* 统稿：平安银行股份有限公司战略发展部陈曼如；课题组成员：平安银行股份有限公司邓一哲，浙商银行股份有限公司臧铖、陈嘉俊、张文翰、黄蓉。

2021 年 9 月，工信部等八部委联合印发《物联网新型基础设施建设三年行动计划（2021—2023 年）》，行动计划指出物联网应持续扩大应用规模，在智慧城市、数字乡村、智能交通、智慧农业、智能制造等重点领域形成行业解决方案。此外，从中央到各省区市都密集出台了大量物联网产业政策，对物联网技术的应用与发展进行了鼓励与引导。政策文件的密集发布显示了我国各地对积极发展物联网技术与产业的决心，也夯实了金融物联网的发展基础，成为各省区市发展数字经济的重要驱动力。物联网重点产业政策举例详见附录中的表 1 和表 2。

二　关键技术持续突破，驱动金融物联网发展进步

立足"云、管、端、边、用"，物联网技术涵盖感知层、传输层、平台层和应用层四个层次架构。其中，感知层是物联网采集数据获取信息的基础，是物联网的底层架构，由传感器、识别技术、通信模组等组成。传输层通过接入网络所需的通信模组和通信网络将传感器等感知层设备采集到的信息向下一层传输。平台层是物联网数据存储和计算的中枢。应用层则是物联网技术在各个产业领域具体应用的实现。在四层架构的层层递进、互相协同中，物联网实现实时感知、万物互联、智能管理的功能，这背后得益于以下关键技术的突破成熟。

（一）数字孪生技术助力物联网实现产业数字化

数字孪生技术是使物理对象和数字空间能够双向映射、动态交互和实时连接的数字化技术。数字孪生技术中的数字虚体通过物联网、传感器技术获取物理实体数据，进行大规模仿真、推演、预测，系统地规划生产工艺、设备、资源等，以便于对物理实体的生产进行监视、分析推理、运行优化，实现更优决策功能。数字孪生技术可以有效帮助物联网服务实体企业，提高产业研发创新能力、运营监控能力，进一步推动产业数字化。

（二）通信技术成熟进步使万物互联更加稳定、高速

以 5G、Wi-Fi、蓝牙等为代表的无线通信技术不断发展成熟，可以使物联网覆盖低、中、高三种速率场景。尤其是 5G 技术的成熟应用加快了物联

网的发展进程，5G 技术有增强型移动宽带（eMBB）、超高可靠低时延通信（uRLLC）、海量机器类通信（mMTC）三种网络切片类型，其广连接、高速率、低时延的功能特点，使物联网连接更加稳定、高速。2021 年，中国 5G 基站总数突破百万，进入 5G 深度建设期。2020 年 7 月，5G R16 标准冻结，针对中低速领域的 NB-IoT 标准被纳入 5G 标准，以 NB-IoT 为主的低功率广域网络（LPWAN）主要覆盖物联网低功耗场景。Wi-Fi 6 成新一代无线局域网技术，相较之前技术标准其具备高无线传输速率、低功耗、多设备连接的能力，与 5G 技术互补，能更大范围服务工业、家庭等室内场景物联网。

（三）边缘计算缓解上云带宽压力，保护隐私安全

云计算的蓬勃发展使物联网拥有庞大算力支撑，边缘计算的发展满足了物联网连接对实时感知、数据隐私、节省带宽等方面的需求。边缘计算能够在数据生产端处理数据，无须将全部数据上传至中心云端，减轻了网络带宽压力和减少了系统延迟，将用户隐私数据存储在网络边缘设备上能够降低数据泄露风险，保护数据安全和隐私。

（四）人工智能技术助力物联网智能感知能力跃升

自然语言处理技术通过智能语义理解、语音识别、语音合成等关键技术，使物联网连接交互更智能、更有效率。计算机视觉技术对传感器沉淀的大量图片、视频等感知数据进行智能学习，帮助相关产业和金融机构做到智能监控、智慧决策，提高物联网智慧服务产业能力。

（五）区块链与隐私保护计算合力提高物联网信息安全防护能力

物联网信息易面临隐私数据泄漏风险，区块链具有去中心化的结构和数据加密防篡改的特点，能够有效提高物联网的信息安全防护能力，使万物互联更加可信、有序运行。隐私保护计算的应用，可以实现数据可用不可见，解决物联网数据协同计算过程中的数据安全和隐私保护问题，助力金融机构与企业安全高效地完成联合风控等跨机构数据合作任务。隐私保护计算、区块链技术保证了产业链各环节的数据信息安全可靠、可追溯，易于金融机构和企业间的价值共享。

（六）卫星终端为物联网广域触达提供更多可能

2020 年 4 月，国家发改委正式将卫星互联网与 5G、物联网等其他通信网络基础设施共同列入"新基建"范畴。卫星终端凭借对地观测的动态感知能力，帮助物联网设备和金融机构多维度、高效连接和监控企业生产。卫星终端还可以服务偏远农村、山区这些通信设施弱覆盖地区。在上有卫星下有传感设备的空天地一体化网络支持下，物联网将触达更多区域，服务更多产业，连接更多价值。

三 多场景应用驱动需求爆发

金融机构的需求是促进金融物联网技术发展、场景应用的关键驱动力。

（一）提高风控能力需求

由于金融机构和企业间的信息不对称问题，金融机构需要提高风控能力，创新信用体系，拓宽金融服务范围。通过应用金融物联网技术，金融机构可以更准确地了解企业的生产经营情况，监控贷款使用情况，实现金融业务和企业流程的整合，从而减少对抵押物、核心企业兜底或第三方担保的要求，能够低成本、大规模地帮助银行提升贷前、贷中、贷后风控能力。在此基础上，金融机构可为更多过去难以覆盖的"三农""中小微企业"客户提供融资服务，做到敢贷、愿贷、能贷、会贷，实现真普惠、真小微、真信用。

（二）实践绿色金融需求

2020 年 12 月，中央经济工作会议将碳达峰、碳中和列入重点任务。在国家大力发展新能源产业、推动产业结构绿色低碳转型的进程中，金融机构勇立潮头，成为服务实体经济的重要力量。金融机构在为绿色能源企业提供信贷支持，为更多传统企业提供碳减排项目贷款时，需要采集数据，监测和评估企业碳排放量。金融物联网可通过传感设备，智能监控、分析企业真实的碳排放量和生产经营情况，支持政府制定政策推动碳达峰、碳中和目标实现，协助中国人民银行发放碳达峰、碳中和金融支持工具。

（三）推动产业转型需求

数字经济已进入加速创新阶段，金融机构需与时俱进，促进数字技术与实体经济深度融合，赋能传统产业转型升级，在加快自身数字化转型的同时，服务国家产业数字化转型升级的战略规划。立足"金融+科技"战略，银行等金融机构通过应用物联网技术，帮助中小企业提升信息化数字化水平，通过数据共享、产业协同将金融物联网能力输出，帮助企业实时了解运营状况，为企业提供科学决策依据，在打造战略性全局性产业链的同时，促进产业数字化转型升级，赋能数字经济健康发展。

四　多维度数据建模，勾勒产业图景，把握经济脉搏

金融物联网为银行等金融机构提供了多维度数据，极大地丰富了大数据风险建模的数据来源，增强了信贷风险管理能力，实现了对微观企业行为的深刻掌握，在大数据分析的基础上见微知著、以点及面勾勒出产业的生态图景，分析区域经济的趋势，把握宏观经济的脉搏。

（一）提供多维度数据，支持信贷风控模型

金融物联网的智能传感设备，如同触达企业生产经营的"神经末梢"，敏捷感知突触间的每一次信息传递，实时感知企业生产经营、设备运行、生产要素流转等多维度数据，源源不断地为银行大数据风控模型的"大脑"提供决策依据。据此，描绘出微观企业的精准画像，帮助银行等金融机构深刻了解企业投融资需求、生产经营情况和还款能力，支持贷前审核、贷中监控、贷后管理。从雾里看花到心中有数，银行可构建风险全景视图，实现以更高效、安全、便捷的融资服务赋能实体企业。

（二）从1到N，描绘产业生态蓝图

物联网数据极大地丰富了银行等金融机构构建微观企业风控模型的维度，在对微观企业数据进行建模分析的基础上，大数据模型仍可挖掘同一产业下不同企业间的共性信息，将微观个体串联成线，为金融机构提供基于产业生态的中观视角。金融物联网所提供的多维度企业生产经营信息，在大数据模型的挖掘下，聚类分析输出特征，察觉产业内的发展态势、不同产业间

的生长规律，前瞻性地描绘出产业生态蓝图，实现从支持"1"家企业到赋能产业生态中"N"家企业的跨越。金融物联网的多维度数据，有理有据地为银行分析产业运行的内在逻辑，为制定产业差异化发展政策提供决策依据。

（三）从 N 到 1，把握宏观经济脉搏

产业发展有各自的规律，数据告诉我们的远不止这些。向上升维，产业分化的背后是宏观经济的演进，是国家发展的大势。感知经济形势，除了相对滞后的统计数字，还有真实的企业生产运营数据可以依据。一叶知秋，透过金融物联网提供的多维数据，借助大数据模型的分析能力，银行等金融机构可管窥区域经济的分化和宏观经济的走势，前瞻性地感知经济的运行状况，把握区域和宏观经济脉搏，积极配合国家政策，顺应国家发展、民族复兴的大趋势。

面向各场景需求，在建设安全可靠的物联网体系基础上，金融物联网通过设备接入、数据处理、平台运营、服务输出持续赋能金融机构和产业生态。金融物联网运作和功能架构如图 7-1 所示。

第二节　金融物联网创新应用案例

金融物联网发展紧抓金融本质，从以单纯打造智慧网点、智慧客服为主的服务机构自身数字化转型的模式，发展至通过升级风控手段凭借创新金融服务切入实体产业场景的模式，躬身入局助力实体经济发展，支持产业数字化转型，服务国家战略。通过底层数据采集、数据分析处理、行业模型构建等环节，金融物联网帮助金融机构穿透其与实体企业之间的信息不对称壁垒，形成信息流、商流、物流、资金流"四流合一"的业态体系，支持银行敢贷、愿贷、能贷、会贷，输出全链条数字化金融服务，赋能实体企业。

金融物联网已覆盖智慧制造、智慧物流、智慧农业、智慧能源等产业应用场景。在养殖领域，奶牛戴上了智能耳钉，银行可通过物联网设备智能监控生物活体，感知监测饲养、产奶情况，为奶源企业提供生物资产抵押的养

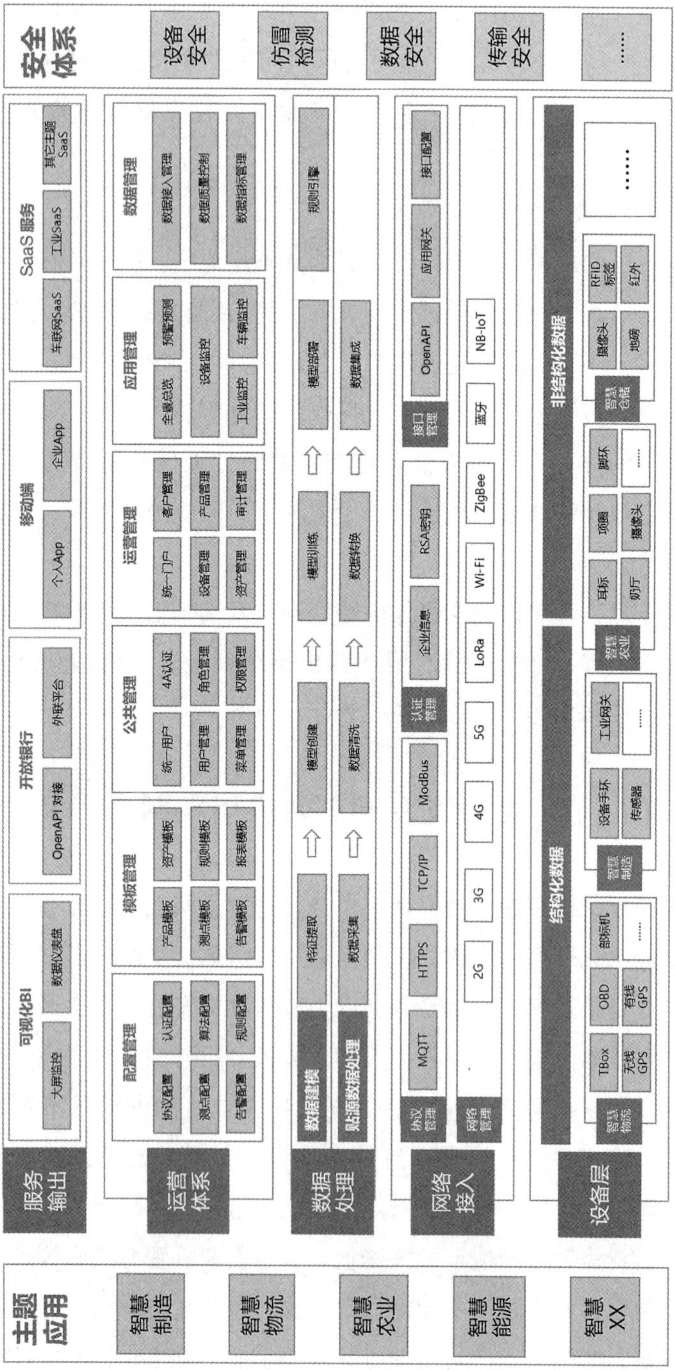

图 7-1 金融物联网运作和功能架构

殖贷业务，高效管控贷后风险。在能源领域，光伏电站接上了传感器，物联网平台通过监控光伏设备的运行和售电情况，确保售电数据的可信性。在运输领域，货运车辆加装了 GPS 等物联网传感硬件，车辆联网、动态追踪的功能不仅能提升银行贷后风险管理能力，还可以帮助运输企业完善车辆管控预警机制，助力产业协同发展。金融物联网赋能实体场景蓬勃发展，消除了金融机构与企业间存在的信息不对称，大幅降低了小微企业获得金融服务的门槛与成本。

一 智慧农业

在养殖行业，传统生物资产难以估值、难以监控。在传统贷款业务重视抵押物的背景下，养殖企业面临活体生物资产难抵押、风险难度量、融资价格贵等难题，养殖行业是较难获得金融服务的行业。在服务乡村振兴、实现共同富裕的战略下，如何提升风险控制能力，让普惠金融服务覆盖更多地区，助力传统养殖产业数字化转型升级，是银行面临新的机遇和挑战。

（一）待解决的问题

由于传统养殖产业中生物活体行为难以规范化、数字化，对奶牛的饲料、健康状况、产奶量进行有效监控的手段较少，银行对养殖产业授信贷款的风控难度居高不下。一方面，养殖业投入产出周期长，相比其他行业利润空间不足，经济效益不高，是金融资本覆盖的薄弱领域。另一方面，传统奶企资产中生物资产占很大部分，缺乏实物抵押资产，银行无法实时核实其经营情况，更无法把握养殖活体的状态，金融助农信用风险较大，造成奶企融资难度较高，融资成本较贵。

（二）解决方案

在智慧农业领域，以牧场为例，金融物联网可以围绕牧场奶牛产奶量进行数字化智能监管，汇集奶牛数量、饲料喂养、产奶厅产奶量、生牛乳出厂量及核心企业的牛乳签收量等上下游数据，打通金融机构与企业间的数据孤岛，并进一步通过对生物资产数量、饲料库存量、牧场产奶量等多维度数据的校验，使金融机构能够实时掌握企业经营状况，从而降低风险暴露程度，实现对生物资产抵押的浮动估值和贷中资产监管，满足信贷业务的风控需求，达到降低农牧企业信贷成本、抵押比例，提升金融服务可得性的目的。

在具体实施方案中，一方面，将采用射频识别（RFID）技术的牛耳钉作为奶牛独特的身份标识，与养殖场其他设备连接匹配；让奶牛佩戴牛项圈，用于监测奶牛生命体征、奶牛位置、设备完整性三个重要指标；让奶牛佩戴牛脚环，用于奶牛活动量、卧床信息的监测和个体识别等。

另一方面，在奶厅、草场连接物联网监测设备，实现养殖环境信息的智能感知。环境传感器可监测养殖环境的空气温度、湿度、氨气浓度等指标。饲喂智能监控对投入原料实时监控，对操作步骤实时大屏预警和监管。奶牛挤奶监测系统实现智能监测奶牛日产奶量，分析奶牛健康状况，评估养殖效益。部署在养殖场所的智能摄像头，结合 AI 技术，用于养殖现场的视频查看，分析生物活体的身高、肩宽等指标，智能测定肉产量。通过人工智能技术分析物联网实时采集的数据，金融物联网平台开放相关接口，可为奶企生产决策和银行信贷风险管理输出服务。养殖场景所用物联网传感设备和相应的技术标准如图 7-2 所示。

单体监测

牛耳钉 采用RFID技术，用于养殖牛的唯一标识，并与奶厅等设备匹配

牛项圈 用于监测奶牛生命体征、奶牛位置、设备完整性三个主要个体指标，可与TMR饲喂、饮水实时监测群体指标结合，建立个体生物资产多维度监测模型

牛脚环 用于活动量监测、卧床监测、个体识别等，可以同步用于奶牛奶厅个体识别；固定式天线安装于牛舍、奶厅等需要接收奶牛活动量等数据的位置

环境传感器 用于监测养殖场的空气温度、湿度、氨气浓度等环境参数

饲养环境监测

饲喂智能监控 达到对每一种投入原料的实时监控，实现按配方、畜群计划制订投料计划，对操作步骤实时大屏预警和监管

奶厅智能监测 奶牛挤奶监测系统可以自动采集每头牛日产奶量，进而分析奶牛健康状况，发现隐性疾病；也广泛用于奶牛分群喂养，进行营养调配。监控牛奶产量可精确评估牧场饲养效益

智能摄像头 用于查看养殖现场，结合AI技术对牛身高、肩宽等指标进行分析，智能测定肉产量等指标

图 7-2　养殖场景所用物联网传感设备和相应的技术标准

金融物联网能够提高银行风险定价能力，为养殖企业提供融资支持。当物联网检测设备发现生物数量异常、生物健康异常、产奶量异常或养殖场环

境异常时，监管体系将启动预警系统并及时通知银行，多维度丰富银行授信业务的风险管控手段。为生物活体穿戴物联网设备后，生物资产变身为数字资产，使银行愿贷、能贷，为奶企提供"金融+科技+生物资产抵押"的融资方案。银行养殖贷业务行为预警模型及处置机制如图7-3所示。

图7-3　银行养殖贷业务行为预警模型及处置机制

金融物联网可反哺养殖企业，提升其数字化经营管理水平。金融物联网平台为养殖企业提供物联网监控数据，在饲料喂养、疾病预防、奶源生产、牧场管理等生产决策环节，解决养殖企业可靠数据和高效决策方面的痛点。通过对生物资产全周期进行监控和跟踪，并打通上下游产业链，养殖产业实现了数字化经营，提升了经营效率。

（三）案例应用实践及效果

平安银行星云物联网通过采集奶牛RFID耳标个体信息、健康状况数据、产奶数据及牧场视频，智能监控奶牛饲养情况、健康状况、产奶量、数量和牧场环境等生物个体、环境情况，为养殖企业打造新型供应链融资模式——乳业养殖贷。实践证明，星云物联网智慧养殖模式对平安银行成本控制、授信风险控制、牧场生产增效成果显著。平安银行在智慧农业领域累计接入设备超20万台，推动银行监管成本下降50%，奶企饲料、人工成本分别降低10%~15%、17%~20%，奶牛出栏时间缩短23~26天。

中国建设银行持续推进物联网建设，支持裕农通物联应用。以裕农通为载体，中国建设银行研发"陕西农牧行业服务平台"服务奶山羊全产业链，打通了产业链上农产品收购的最后一公里，奶农可在裕农通App进行交奶信息查询、奶山羊防疫预约和全天专家咨询。该平台通过建立大数据风控模型，开发基于纯产业链数据的信贷产品，截至2021年11月，已为1000户奶农授信 3700 万元，并为某乳业企业授信供应链资金贷款 2000 万元。

贵阳信息技术研究院研发云上畜牧系统，为生猪养殖场内能繁母猪佩戴智能监测耳标等传感设备，实时采集生猪体温、检疫、屠宰加工等数据。贵阳信息技术研究院已与保险公司、银行、养殖企业等多家合作方达成合作协议。将生猪数据实时上链后，合作方均可获悉生猪生长、存活情况，便于养殖企业规避生产经营风险，助力银行等金融机构为养殖户提供贷款。

二 智慧物流

随着经济的发展，人民对美好生活的向往，让线上化、数字化生活走入千家万户，货物运输行业蓬勃发展，解决远距离运输、快速送达的痛点，提升人民生活水平，成为经济运行必不可少的环节。在物流领域，运输车辆难动态监控、货物保存不当易造成价值损失、资金用途鉴别不明等问题长期存在，导致中小微物流企业动产抵押能力弱，难以获得银行授信支持，面临融资难题。

（一）待解决的问题

从动产抵押角度来看，物流企业的运输车辆开展抵押贷款业务时，银行难以获取物流企业运输车辆实时位置、货物运送路线和车辆状况等信息。在仓储、运输环节，物流企业有可能因为货物保存不当、外界环境等因素，使货物价值受损。由于缺少货物仓储、运输预警手段，无法实时监测货物，及时止损，传统银行货物抵押的融资业务面临诸多风险。信息不对称问题使得信用风险居高不下，传统银行基于动产抵押为物流企业开展信贷支持业务面临诸多痛点。

（二）解决方案

有"千里眼""顺风耳"的金融物联网，已创新应用在智慧物流领域，在多场景下实现融资与非融资的个性化、定制化服务。

在物联网、人工智能、GPS 技术及遥感技术支持下，物联网平台可实现物流车辆位置定位、轨迹跟踪、视频监控、里程管理、异常分析、油量识别、安全预警等功能，解决传统信贷模式中驾驶员不良行为、油耗管理不当、运输在途情况不明等信息的不对称问题。通过接入 RFID 设备、红外感应器、激光扫描器、电子围栏和边缘服务器等装置，物联网平台可实时感知仓储中货物数量、储存状态、出入库情况等信息，构建货物仓储环境监测系统，提升银行对货物仓储的监控能力，消除银企信息不对称问题。

金融物联网帮助银行智能监控车辆行驶、货物仓储、货物运输的情况，拓宽了银行风控数据来源，提高了银行的风险管控能力，有效解决了动产抵押贷款模式的痛点，降低了银行面临的物流企业信用风险，使得银行能够以较低成本向物流企业发放贷款。此外，金融物联网还可以通过可视化方式在平台展示，帮助物流企业智能分析车辆轨迹数据、货物仓储状态、仓库货物出入库情况等，通过创新融资和非融资服务，提升物流企业数字化、精细化管理能力。

（三）案例应用实践及效果

平安银行基于星云物联网平台，围绕某物流园，为园区内客户提供新型供应链货押融资服务，实现批量获客。通过 GPS 终端、摄像装置、射频识别设备、传感器、红外感应、激光扫描、电子围栏等物联网设备和技术，平安银行实现了对仓库环境、边界、货物状态的不间断监控，基于多维度数据构建独有的大数据风险模型，实时感知抵押物在库监管、出入库作业、库存数量、重量等情况，并对人和车异常闯入、非作业时间异动、库存盘点异常、设备异常进行及时预警，提升银行大宗业务风险管理能力。通过开放银行接口，星云物联网向相关企业输出服务，为仓储货物日常管理提供支持，助力物流企业运营能力升级，将数字化、智能化仓库升级为"物联网监管仓"。

中国银行苏州分行车辆抵押监管平台通过引入物联网和图像识别等技术，对库存车辆抵押资产进行联网动态监控，实时采集数据、智能预警，显著提升了银行风险管理水平，助力银行开展动产质押授信业务。

腾讯云运用区块链、物联网、人工智能等技术打造融资易-动产质押区块链登记系统，支持智慧仓储监管、电子仓单供应链金融、电子仓单交易流转等业务场景，可提供仓单抵押、仓单融资、仓单保险等各类供应链金融服务，解决中小商贸企业资金需求问题。与钢聚人合作打造钢聚人区块链仓单登记系统，货主将货物存入该平台监管仓，并将货权质押给金融机构获取贷款，归还贷款后，即可解押出监管仓。

普洛斯金融打造集货权追溯、物流追溯、数字监控、货值分析、多方认证等功能为一体的数字仓单体系。借助智能装备技术，实时获取商用车辆、叉车、库内设备等租赁物的定位、运营状况等相关数据，并运用物联网、大数据等技术实现对租赁物的监控，实现设备资产的全方位数字化展示，创设融资租赁产品"普易租"。该解决方案已经在苏州工业园区、重庆普惠金融服务平台、广州"信易贷"平台、青岛市南区国际航运贸易金融创新中心进行推广，并且与数十家银行、金融租赁公司等金融机构达成业务上的合作。

三 智慧制造

2021年12月，工业和信息化部等八部门联合发布了《"十四五"智能制造发展规划》，规划指出：70%的规模以上制造业企业基本实现数字化网络化，智能制造装备市场满足率超70%。在加快解决"卡脖子"难题，发展"专精特新"中小企业的国家战略下，金融机构积极探索创新业务模式，支持制造业数字化发展。

（一）待解决的问题

制造业是我国国民经济中最活跃的成分，但是广大制造业企业，尤其是中小企业通常面临融资困难带来的资金短缺问题，影响其续存与发展。制造业中小企业融资困难的原因包括：实物资产较少，流动性差，负债能力有限，缺乏融资必要的抵押品；企业信息化程度低，和金融机构之间的信息不对称严重；企业自身存续受外部风险影响较大；等等。

（二）解决方案

在智慧制造领域，金融物联网平台通过对企业水电能耗、关键设备开工率、人车进出流量等状况进行监控，并通过区块链进行可信同步共享，使得金融机构可以对企业生产经营状况进行智能化、数字化分析，从而打破企业与金融机构之间的信息壁垒，将金融机构对企业的信用监管从线下转换到线上。金融机构可以通过金融监控平台对企业用贷过程进行监控，形成企业经营评估报告，掌握其偿还能力，实现对企业经营风险的预警，增强信贷风控水平。

水电能耗反映了企业整体的开工运营情况，可以通过水电表采集终端获取；人员流量反映了企业员工的上岗率；车辆流量反映了原材料与成品的物流情况；关键设备开工率可以反映企业关键工作过程是否稳定。这些数据指标如果异常下降或波动，则说明企业可能出现经营不善的情况。银行智慧制造场景下授信业务行为预警模型及处置机制如图7-4所示。

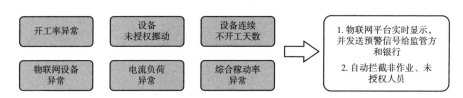

图7-4 银行智慧制造场景下授信业务行为预警模型及处置机制

此外，通过金融物联网平台感知机器设备的运行情况，一方面可以为实体经济经营管理提供支持，使得管理人员在远程和线上实现对企业的管理，提高运营效率；另一方面能够实现机械设备的预防性维修、风险预警、质量监测等功能，实现企业数字化升级。

（三）案例应用实践及效果

浙商银行供应链金融平台利用物联网设备对企业生产状况进行监控，并通过区块链进行数据同步。"区块链+物联网"产业链金融服务在机加工、金属加工等制造业企业进行了落地，在全国各地完成了45家商品仓库的物联网改造，服务企业授信总金额逾90亿元。

平安银行通过星云物联网平台部署工业级设备手环，实时采集设备电流、定位等运行数据，联合平安租赁为制造业企业提供线上化设备抵押融资贷款"设备E贷"。"设备E贷"支持的设备种类广泛，包括机械及金属加工设备、注塑加工设备、印刷设备、包装设备、机械手等。平安银行推出数字口袋 App"小设备专区"，为"设备 E 贷"客户提供一站式设备管理工具，实现设备运行状态数字化、设备健康监测、设备整体利用率提升等服务。该产品自 2020 年推向市场以来，已服务超 14000 家小微企业。

四　智慧电站

低碳可持续发展是全人类共同目标，全球多国相继确立并践行碳减排承诺，而我国则明确提出双碳目标国家战略，此举将不断促进绿色能源的发展。2020 年中央经济工作会议将碳达峰、碳中和列入重点任务，提出要加快调整优化产业结构、能源结构。2021 年中央经济工作会议再次指出要正确认识和把握碳达峰、碳中和。中国人民银行推出碳减排支持工具，支持新能源、节能环保、碳减排等重点领域发展，精准触达绿色能源产业需求，撬动社会资金参与碳达峰、碳中和行动。

（一）待解决的问题

我国能源结构中，清洁能源占比已稳步提升，其中光伏由于能量密度大、安全系数高、生态友好等特点，是我国绿色能源的重点发展方向。光伏行业的不断发展，带来了较大的融资需求，且主要集中在中小型分布式光伏，但是分布式光伏借款人实力一般较弱，缺乏完善的信用结构，可抵押资产有限，且贷后管理成本较高，因此存在融资过程信息不对称、金融机构缺乏管理抓手等问题，而通过数字化实现经济跨越式发展，打造可持续发展的供应链，已成为实现分布式光伏产业升级的必由之路。

（二）解决方案

金融物联网平台可接入传感器、气象站、光伏子阵、逆变器、组串等设备，自动感知光伏发电设备使用情况，同时实时监控电站地理信息、气象条件、上网电量等数据，确保电站发电、售电数据的真实性，使金融机构能够实时评估电站生产经营效率，提前预警信贷风险，进而完善光伏电站信用体系，助力信贷资金投放。金融物联网平台还可为光伏企业输出服务，帮助企业智能监测生产设备的运行情况，实施故障诊断，有效解决电站系统故障、组件老化及发电效率低等问题。物联网技术支持企业减少运营、人力成本，提高科学决策能力，实现信息流、资金流、物流和商流的"四流合一"。智慧光伏场景下金融物联网业务模式如图 7-5 所示。

图 7-5　智慧光伏场景下金融物联网业务模式

（三）案例应用实践及效果

平安银行在星云物联网的支持下，围绕某新能源核心企业，为光伏电站项目实施及部署提供绿色金融项目贷款，并通过接入气象站、光伏子阵、逆变器、组串等设备，扫除对新能源企业的感知盲点，实现对电站的全天候有效监控。物联网设备可提供电站地理位置信息、所处环境气候条件、设备运行、上网电量等数据，提升了监测数据的可信度，确保了电站发电、售电数据的真实性。在该绿色金融项目贷款中，平安银行还借助工商、财务、税务、征信等数据进行交叉验证，完善光伏电站客户画像，多视角多维度提高贷后风险管理水平，真正做到能贷、会贷，显著降低贷后管理的人力及时间成本。此外，星云物联网平台也可以将物联网数据、金融数据、第三方数据的组合模型及应用通过 App、PC 等向中小型场站输出，帮助场站主体通过线上方式快速掌握场站整体运行、设备运行、充发电量、用户访问行为等运营数据，有效监测生产运行状态，及时进行设备管理维护，减少经营运营成本，发掘潜在商机。

五　智慧园区

在共建智慧城市的背景下，智慧园区是以提升用户服务体验为核心，围绕基础设施智能化、企业管理现代化、用户服务精细化而打造的综合园区解决方案。

该方案依靠物联网、云计算、人工智能等新技术，通过全面提升园区人财物管理和基础设施运维、内外部服务、用户多渠道接入的信息化、自动化、可视化、平台化、智慧化水平，建立全面智能、精准及时、主动前瞻的风险控制体系，实现园区运行管理的集中、集约、集智，力求提供一致和极致的客户服务体验。

（一）待解决的问题

园区运营和管理涉及资产安全、基础设施运维、物业管理等多个方面，同时需要向进驻单位提供日常生活、工作保障。园区运营工作内容多、涉及领域广、工作频度高，传统管理手段大多采用"人海战术"，劳动力密集，集约化程度低。同时，受制于人员管理密度，一旦发生安全生产事故，应急响应无法提前预知，运营效率亟待提高。

传统管理手段下，园区运营的主要痛点有以下几个方面：①高度依赖线下流程，缺乏信息化管理；②园区管理依赖人工巡检，缺乏数字化、远程可视化手段；③管理信息零碎分散，统筹决策时数据支持相对滞后；④智能化尚在起步阶段，缺少统一的资源调度和配置视图。

智慧园区解决方案旨在打造解决园区管理痛点、提升企业管理水平和赶超业内智慧园区水平的运营管理平台。智慧园区投产后，可为生产园区提供运营管理支持，为园区入职员工提供智慧服务。

（二）解决方案

园区管理涉及人、设备、空间等多方面的"物"，物联网平台拥有巨量的设备接入能力，同时具有链接灵活、扩展性出色、安全可靠的特性，通过物联网平台可建立物与物、人与物的有机互联。比如，在日常运维管理工作中，通过北斗定位等技术，可以获取巡检人员的巡检轨迹、巡检任务平均时长、日常出入范围、面部表情等信息，同时物联网平台可获取设备运行数据、设备位置的空间数据以及设备的外部环境信息，快速实现园区人、物、空间、环境的全面数字化；通过物联网、移动互联网等技术可进一步打破信息孤岛，突破时空限制，对人和物进行精准识别、定位、跟踪、控制、管理，全面打通设施设备和服务管理，实现线上线下无缝交互、园区运营全景可视、风险监控实时预警，使园区的服务管理更加便捷高效。

物联网技术将"物"数字化，产生了大量的数据，大数据云平台统一存储智慧园区各类数据，包括物联设备采集数据、业务运行数据、资产数据等。可整合相关数据资源，通过云计算、大数据等技术进行连接，形成统一的数据视图，从而帮助各类应用进行快捷部署，实现数据融合、业务协同和敏捷创新，为智慧园区转型提供动力。数据统一视图的实现，可以更深入的挖掘数据资源的潜力，实现数据共享、数据分析、决策辅助功能，打破数据壁垒，建立起园区范畴的企业级数据图谱，支持数据挖掘成果向应用场景快速转化，最终实现企业级数据支持全局决策。

在全面感知和互联互通的基础上，物联网平台可以形成量级庞大的数据仓库，通过人工智能、机器学习等技术对数据的深度融合分析，精准地向各管理方推送信息，量身定制服务，打造高度智慧型园区。依托物联网技术的统一链接，智能决策信息将通过数据共享分发机制，实现自动分发、推送个性化的智能服务，为园区所有人员提供快速、便捷、高效的智能体验。例如在巡检过程中发生应急场景，经过人工智能和数据模型的分析后，识别事故现场附近的、拥有处置能力的专业人员，自动下发指令，指导监督应急人员的操作，并将操作和处置结果保存更新到知识库，知识库不但可以用于对专业人员的进一步培训，还能够继续训练人工智能，优化下一次处置部署。

按照企业级架构设计，将智慧园区平台分为三层，首先通过基础层完成数据采集，再由能力共享层实现集中管理，形成各项服务以更好的支撑最上层的业务应用。其中，基础层基于物联网技术，统一规范接入园区各类设备及子系统，及时完成信息采集和共享。能力共享层包括公共服务、数据服务和公共技术三大部分，为业务应用提供统一支撑和统一链接，构建业务应用与基础服务的运转闭环。公共服务组件包括用户管理、消息中心、新闻资讯、日程管理、事件管理和智能检索模块，为各类业务应用提供全面、易用的公共服务。数据服务组件基于大数据平台，提供数据集成、数据储存、数据清洗加工、数据供给等数据服务，打造园区数据集成处理平台。公共技术组件包括流程引擎、规则引擎、可视化引擎等技术模块，为业务功能实现提供标准化的接口及开发工具，为业务标准化和用户一致体验提供可靠保障。

（三）案例应用实践及效果

建信金科推出智慧园区解决方案，基于"预测性维护管理"理念，实现对数据中心机房运维设备和系统运行状况的智能可视化监控，通过零接触的巡检帮助巡检人员提前发现风险。智慧园区解决方案以用户体验为中心打造"物业管理模块"，主要功能包括自助扫码报修、人流检测、智慧机器人、智慧会议等，根据日常管理和办公需求，部署了丰富的用户场景。2021年3月，智慧园区解决方案在中国建设银行北京稻香湖生产园区投产，服务模块包括机房基础设施运维管理、物业管理、员工服务、资产管理等内容。随着项目正式上线投产，园区运营管理有了强有力的工具抓手，安全生产和服务保障迈入新时代。

中国人寿依托先进的物联网技术，构建全国职场电子化设备集中管控的物联网平台，实现所有职场机构设备可视化、数字化、智能化，建立一对一的职场数字孪生空间，实现数据实时感知、信息实时展示、决策实时下达、应用实时监控、安全实时管控、资产实时盘点的目标。中国人寿物联网系统接入全国36家分公司总计20万台硬件设备，每日在线人数30余万人，采集终端信息40余万条，为公司管理层、分公司内勤人员以及职场主管展现了多维立体的职场数字孪生空间，助力感知职场运行情况，支持开展职场智能管控。

第三节　金融物联网发展趋势与展望

顺势而为，金融物联网将进一步抢抓机遇，提升金融机构风险管理能力，赋能传统产业数字化转型，更好地支持中小企业发展，服务国家战略。

一　顺应国家战略，赋能金融创新

（一）服务"专精特新"，推动产业升级

《中华人民共和国国民经济和社会发展第十四个五年规划和2035年远景

目标纲要》提出，实施"上云用数赋智"行动，赋能传统产业转型升级，催生新产业新业态新模式，壮大经济发展新引擎。金融物联网将与时俱进为产业数字化转型升级提供解决方案。借助物联网的万物互联信息优势，银行等金融机构通过创新金融支持工具，重点布局相关产业，培育"专精特新"小巨人企业和单项冠军企业，在打造战略性全局性产业链的同时，赋能数字经济的健康发展，提高国家科技硬实力。

（二）落实普惠金融政策，助力乡村振兴

以万物互联为目标，通过融合更多技术手段，金融物联网将触角进一步延伸至广大基层、农村地区，势必成为银行等金融机构落实普惠金融政策的重要抓手。在金融物联网的大力支持下，智慧农业、智慧养殖、智慧茶园等将成为乡村振兴的不竭动力。更完善、更创新的金融产品将覆盖广大乡村地区的长尾群体，金融机构将更加全面地服务国家乡村振兴战略，助力实现共同富裕。

（三）践行双碳目标，实施绿色金融

依托金融物联网，金融机构将积极响应国家碳减排目标，继续加码绿色金融领域，助力碳达峰、碳中和目标成功实现。金融物联网通过对新能源生产设备的属性、运行状态、产能数据进行实时采集，帮助更多中小型绿色能源企业获得信贷支持，为更多传统企业提供碳减排技改项目贷款。金融物联网可通过监测设备，采集企业真实的碳排放量，对比项目支持前后的排放量变化，评估碳减排贷款的实施效果，为企业获得政府和中国人民银行的碳减排相关优惠政策提供支持。

二 规范技术标准，促进行业发展

统一的金融物联网应用标准，可以规范各行业的应用，便于建立安全、广覆盖、易对接的万物互联网络，促进产业健康发展。

第一，规范设备标准。在物联网终端设备使用层面，应根据相关应用需求，对终端设备的稳定性、安全性、功能匹配度、性能满足度、连接方式等多个维度进行规范和准入。

第二，规范数据标准。物联网数据蕴含着巨大的商业价值，但是标准不一的行业数据会阻碍数据分析应用与数据生态构建。金融物联网发展应建立统一规范的物联网数据管理、分类、使用标准，提高数据质量，丰富数据产品，发挥数据价值。

第三，规范业务标准。基于金融服务流程和行业生产业务流程，规范金融物联网各环节输入输出内容，制定统一的业务操作标准，促进物联网产业链的共享协作。

未来，在国家政策的支持下，物联网核心技术将迎来突破。国家大力布局"卡脖子"技术相关产业，支持"专精特新"企业发展，鼓励核心骨干企业、科研院所、高校协同创新，对高端传感器、物联网芯片、新型短距离通信、高精度定位等核心技术进行科研攻关。

信息基础设施的自主可控是保障国家网络安全、信息安全的前提。物联网技术作为"新基建"中的信息基础设施，其核心技术自主创新、关键组件自主可控是国产物联网基础设施的基本要求与共识。在当前的国际环境下，信息基础设施的核心技术无法自主可控意味着我国信息安全可能会受制于他国，而关键技术国产化可以保障我国的信息安全整体在掌控之中。物联网基础设施的知识产权、相关企业机构的科研团队都做到自主可控，才能构建从技术研发、场景应用、软件环境到硬件环境的全栈国产化体系。基于全栈国产化体系打造的国产物联网基础设施将能够更安全地支持各行业、各产业链的垂直领域物联网金融应用，促进各行业数字经济发展。

除物联网核心技术创新发展之外，金融物联网也将融合其他创新技术，延伸服务能力，推动金融物联网应用更上一层楼。一方面，加快射频识别技术、传感器技术、无线通信技术、视频监控技术、定位技术、遥感技术等物联网关键技术的研究与突破，挖掘物联网技术发展潜力；另一方面，深化物联网技术与边缘计算、区块链、大数据、人工智能、5G等新兴技术的融合交叉创新发展，以物联网为数据采集核心，以区块链、边缘计算、5G、数字孪生等技术为基础设施支撑，以大数据、人工智能等技术为判断决策大脑，通过各类新兴技术的集成创新与融合应用，激发技术创新的活力，为金融、产业链与物联网等数字化技术的结合应用提供广阔的空间与无限的可能性。

展望未来，以金融服务实体经济为本，金融物联网将继续融合创新科技，引导资金和技术拓宽应用场景，促进实体经济与数字经济融合。小荷才露尖尖角，金融物联网势必为乡村振兴等国家战略贡献更大力量。

参考文献

工业和信息化部办公厅：《关于深入推进移动物联网全面发展的通知》，2020 年 4 月。

工业和信息化部、国家发展和改革委员会、教育部、科技部、财政部、人力资源和社会保障部、国家市场监督管理总局、国务院国有资产监督管理委员会：《"十四五"智能制造发展规划》，2021 年 12 月。

工业和信息化部、中央网络安全和信息化委员会办公室、科学技术部、生态环境部、住房和城乡建设部、农业农村部、国家卫生健康委员会、国家能源局：《物联网新型基础设施建设三年行动计划（2021—2023 年）》，2021 年 9 月。

国家发展改革委、中央网信办、工业和信息化部、国家能源局：《贯彻落实碳达峰碳中和目标要求 推动数据中心和 5G 等新型基础设施绿色高质量发展实施方案》，2021 年 11 月。

《建行渭南分行 打通一条服务乡村振兴新通道》，网易号，2021 年 12 月 23 日，https：//www. 163. com/dy/article/GRR6RN6L0552QH1Q. html。

平安银行、平安证券：《平安银行企业用户数字化价值体系白皮书 1.0》，2021 年 10 月。

平安银行、中国信通院：《中国物联网金融发展与展望 2021》，2021 年 12 月。

中国人民银行、银保监会、发展改革委、工业和信息化部、财政部、市场监管总局、证监会、外汇局：《关于进一步强化中小微企业金融服务的指导意见》，2020 年 5 月。

浙商银行、易企银科技等：《基于"区块链+物联网"的产业链金融应用白皮书（2021）》，2021 年 12 月。

中共中央、国务院：《关于支持浙江高质量发展建设共同富裕示范区的意见》，2021 年 5 月。

中国互联网协会编《中国互联网发展报告 2021》，电子工业出版社，2021。

中国信通院：《中国 5G 发展和经济社会影响白皮书》，2021 年 12 月。

中国信通院：《中国数字经济发展白皮书》，2021 年 4 月。

《中华人民共和国国民经济和社会发展第十四个五年规划和 2035 年远景目标纲要》，人民出版社，2021 年。

《中银金科：物联网技术赋能动产质押融资业务》，腾讯新闻网，2021 年 10 月 28 日，https：//view. inews. qq. com/a/20211028A0DFNO00。

第八章　金融区块链[*]

第一节　金融区块链发展概况

一　区块链行业发展概况

2019 年 10 月 24 日，中共中央政治局就区块链技术发展现状和趋势进行第十八次集体学习。习近平总书记在主持学习时强调区块链在民生领域的运用，指出要把区块链作为核心技术自主创新的重要突破口，加快推动区块链技术和产业创新发展。

区块链与金融的相互融合创新，已成为行业共识。区块链作为数字经济时代的基础设施，关键是实现技术通用、标准兼容、互联融合。区块链与金融产业的融合是未来国内、国际区块链应用的重要落地方向，在不同的产业领域真正用区块链改造产业底层，实现产业数据的可信、互联互通，对中国未来的产业基础强化和产业优势提升有重要的集成作用。

区块链技术进一步促进了数字经济与实体经济的深度融合。传统的纯中心化治理和监管模式已不能完全满足数字经济与实体经济深度融合发展的新形势，因此，每个城市、每个行业都在探索多方参与的协同治理体系，探索产业数字化和数字产业化，共同支撑数字平台建设与发展。区块链技术在促进跨部门、跨区域、跨层级的协同治理、工业互联、数据共享方面发挥着越来越关键的作用。让"数据多跑路，人员少跑腿"，加快打造数字化企业，

---

* 统稿：中国银行股份有限公司数字资产管理部王越，招商银行股份有限公司区块链工程师陈鹏；课题组成员：招商银行股份有限公司陈曦、张育明、陈夏漾、王韻霏，中国民生银行股份有限公司王连诚、张梦涵、林冠峰，浙商银行股份有限公司臧铖、陈嘉俊、张文翰、黄蓉，北京百度网讯科技有限公司肖伟。

构建数字化产业链，培育数字化生态，支撑经济高质量发展，是未来数字化建设的主要目标。

数据成为生产要素，数据资产流通助推区块链应用。2020年4月9日，新华社正式刊发了中共中央、国务院发布的《关于构建更加完善的要素市场化配置体制机制的意见》，明确要进行市场化配置的要素主要有五种：土地、劳动力、资本、技术、数据。数据作为生产要素，被国家正式纳入要素市场化配置中。未来，以数字资产为核心的金融创新是重要发展方向，即通过可信区块链技术的赋能，把数据与价值真正聚合成"物理层面和逻辑层面一体化"的数字资产。资产在形式上变成了数字，具有可分割性和流动性且可标准化时，将使得融资成本更低、流通范围更广、交易效率更高。

二 金融区块链发展概况

产业生态是产业链条中各类参与者以及相关角色构成的产业赖以生存和发展的环境，在成员类别、关联方式、领域范围、关系结构等方面灵活多变。成熟的产业生态具有共生、互生与再生特性，能够在产业链中分享价值、相互支撑、创造新的发展空间。产业生态圈的金融服务具有时空阻隔、体制分离、批零差异、传统人工所造成的信息不通畅等特点，其中信息不对称正是传统供应链成本高、效率低的一大原因。区块链技术以其链上数据不可篡改、可溯源的特性，可以以较低成本通过技术手段解决生态圈内各企业在互联互通中所最为关注的信任问题和信息不对称问题，此时，区块链技术与产业生态圈的金融服务的融合，就成为区块链技术的重要应用场景之一。

区块链技术去中心化、链内信息传递公开透明、数据处理效率高的特质，是化解上述问题的思路之一。在供应链融资业务中，针对核心企业应付账款的信用承付、存货质押、订单融资等业务场景，以及垂直行业数据贷的税金发票贷、ERP交易数据网贷、产业平台流水贷、订单数据贷等业务场景，区块链技术可以确保数据信息不可篡改，在关键数据不公开但可以交叉验证的基础上，为参与各方的身份认证提供技术支持。在数据安全方面，各方上传的数据都经过加密处理，所有逻辑运算均在密文状态下完成，采用零知识证明或全同态加密等先进密码学技术，保证了数据私密性。

利用区块链技术建立起的互信机制，可共享各行业内各方提交参考的数据源，通过信息交叉验证、互信共享，避免重复工作，加快数据处理，便于有效地跟踪物流、资金流、信息流，有利于监管，也有利于更为精准的运输移库、托管和结算。

采用区块链技术穿透式管理，减少了信息从源头至末梢的不公开、不透明，大量信息交互效率的提升和数据上链后无法篡改的特质，简化了审批流程，大幅缩短了底层资产池形成、组包和正式发行的周期。在资产管理阶段，每一笔资金均可做到上链管理监控，多节点主体间基于加密的交叉验证，在资产证券化众多参与方如资产来源方、原始权益人、计划管理人、投资人、中介机构、监管机关等之间实现信息即刻同步，从而在源头上防范数据造假或误操作的风险。引入智能合约之后，还可以实现多环节的自动化管理，包括资产的循环购买、单笔或多笔核验等，律师法律意见书、评级师尽调报告、中介机构资产服务报告以及监管要求的各项备案文档，均可在智能合约的约束下，自动生成。在正式交易阶段，链内公开透明但数据又完全保密的分布式记账方式最大限度地消除了投资方与发行方之间的信息不对称和数据隐私的矛盾，在降低发行成本的同时助力了合格资产的公允定价，可在区块链上完成双方撮合交易和资产所有权的转移。

在交易流程之外，传统的大宗商品交易的一个特点是存在大量纸质单据，需要人工审核、反复校验，而通过区块链底层技术可实时匹配相关数据，采用智能合约技术替代大量传统合同登记、开证、备案所需的人工，可全面提升交易效率降低业务成本。对于监管部门而言，各节点共同记账、信息公开透明有效解决了信息不对称问题，也有利于迅速发现异常情况，实现智能监管。

区块链作为数字经济的基础性技术，技术特征和运行方式决定了其在金融领域的巨大应用价值，但在实践中能否落地则受法律政策、基础设施、社会接受程度等诸多因素制约，现阶段仍存在治理机制不成熟、智能合约在实践中难以履行完全契约职能、数字资产价格波动过于剧烈以及无法支撑安全商业应用等局限性。这增大了区块链在金融领域落地的难度，克服这些局限性，是进一步推进区块链金融落地的关键所在。

尽管区块链作为一种跨领域的复合技术还有诸多需要完善之处，但其必将成为金融参与者的重要竞争工具，并深刻地改变全球金融的业态和格局。国内外诸多大型金融机构已在快速谋篇布局和抢占赛道之中。中国金融业也一直在区块链金融方向不停地做探索。

三　金融区块链应用中面临的技术风险

区块链技术处于初始发展阶段，技术研发尚不完备，因此，在金融区块链发展的前期，可能会由于技术"漏洞"而引发一些金融难题。

首先，区块链的性能问题主要表现为吞吐量和存储带宽远不能满足整个社会的支付需求。比特币交易结算每秒钟可完成 7 笔到 10 笔，但这个速度不能满足银行和广大客户对于交易效率的需求。如果应用于大频次、大资金的证券交易场，更是对其性能形成了严峻挑战。这是因为，交易记录的生成需要大多数节点进行区块确认，这就意味着节点基数越大，就需要达成越多共识，确认所需的时间就越长。尤其是对向用户完全开放的公有链来说，虽然节点越多意味着非法行为者依靠强势算力篡改数据的难度越大，系统的安全性和公平性也越高，但节点的增多也意味着效率的相应下降，节点数和效率就成为一个悖论。

其次，虽然相较传统交易模式，区块链所采用的密码学技术能够增强系统的安全性，但也并非无懈可击，随着计算能力的不断进步，这些技术的基本弱点更加难以消除。例如，量子计算机能够破解性能最强的普通电脑难以破解的加密算法。一旦密码被破解，交易信息乃至数字签名均有被篡改的可能。

最后，由于区块确认遵循少数服从多数的原则，一旦不法行为人掌握了足够（51%以上）的挖矿能力（算力），便能够成功篡改和伪造区块链数据。

由此可见，区块链研发者还需在技术层面不断攻坚。这种技术本身引发的风险是创新过程中的"试错"机制所允许的，随着研究的不断深入，势必能够对症下药、弥补技术漏洞。因此，这种风险是无须过于戒惧的，只是在金融领域，未经风险测试前不宜全面铺开。

第二节　金融区块链创新应用案例

一　招商银行数字时代金融司法融合平台

近年来，随着金融科技的广泛应用，互联网金融得到快速发展，并为消费者提供了快速、便捷的金融服务，与此同时，新的业务模式也给商业银行带来了一定冲击，主要表现在两个方面。

一是互联网金融不良贷款已逐渐成为部分金融机构的管理"痛点"。该类产品的行业不良率等资产质量指标虽然相对稳定，但由于笔数多、金额小，对金融机构的内部管理造成了不小的冲击。

二是司法机关受理能力与商业银行追索诉求并不完全匹配。在多数情况下，不良贷款的追索需要通过司法诉讼实现。由此，对司法机关产生了巨大的管理压力，尤其是金融机构集中的区域，案件受理压力更是呈几何倍数增长。

上述问题已逐渐发展成为行业突出矛盾，并对行业发展造成较大影响。2021 年 8 月，招商银行率先响应司法机关关于"微法院+区块链"的号召，在深圳地区通过区块链技术，搭建了线上诉讼的完成形态，不仅为基层员工赋能减负，而且大大减轻了司法机关的工作负担，有效化解了业务矛盾，取得了良好的业务效果。

自 2015 年 1 月以来，为大力贯彻轻型银行战略，主动拥抱 FinTech，招商银行推出国内首款基于大数据和云计算风控应用的移动互联网贷款产品——"闪电贷"，客户通过手机在线自助申请贷款，7×24 小时全线上、全自助的申请模式，60 秒即可完成发放，不再受时间、空间限制，所有的合同、证据均以电子方式存储。

法律诉讼作为商业银行贷后管理的重要一环，在不良贷款清收中发挥着重要作用。但是，面对互联网金融产品，传统的业务模式已不再适应业务发展。

（一）待解决的问题

互联网金融不良贷款诉讼管理主要面临以下四大难题。

一是操作之"繁"：诉讼程序链条长。原本在传统法律诉讼流程下，管理节点多达 45 个，单笔案件管理压力已经很大，在叠加大批量风险案件的情况下，管理压力更是呈几何倍数增长。

二是取证之"杂"：证据审核涉及多方协作。从银行到法院，一笔诉讼档案需要经历系统提取、整理目录、线下移交律所、线下核对证据、线下刻录光盘、线上提交法院、法院线下核验、提交档案系统、整理档案、档案入库的过程。但诸如此类的工作环节，几乎在每个案件的重要环节重复演绎，不仅加大了整体管理成本，也严重降低了效率。

三是人工之"重"：证据档案线下衔接环节多。诉讼流程中，除银行案件管理人员外，还涉及律所、法院的协作。律所案件管理仍依赖人工整理法律文书、人工审核证据；法院案件审理仍依赖法官"逐案核验、逐个核验、逐笔审查"，流程效率受合作方、司法机关效率影响。

四是流程之"长"："一案一诉"周期长。线上贷款金额小、笔数多，对诉讼效率提出了较高要求，传统"一案一诉"的诉讼模式，使得立案周期较长，难以满足大批量的案件管理要求，也影响催收效果。

（二）解决方案

在深圳市中级人民法院、深圳市福田区人民法院指导下，2021 年 8 月，招商银行区块链在线诉讼项目正式上线。区块链在线诉讼流程如图 8-1 所示。

区块链在线诉讼主要实现以下几个方面的功能。

一是电子证据的规范化、标准化。经过与司法机关多次共同梳理，目前招商银行诉讼案件实体证据已实现标准化，已被广泛应用于案件审判当中。在系统串联后，证据举证功能将进一步规范化。

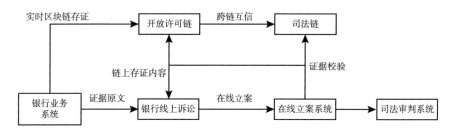

图 8-1　区块链在线诉讼流程

二是电子证据互信的标准化。在诉讼证据高度标准化的前提下，同一套区块链体系，为加强数据互信、共同验证案件证据提供了网络基础。

三是业务流程的轻型化改造。在标准的数字化链路下，诉讼证据的线下作业流程基本被线上自动化替代，诉讼流程中的各方重复作业环节将显著减少。

四是案件的批量化管理。通过系统合作的功能改造，案件管理能够适应新的业务需求，支持批量化管理。

（三）案例应用实践及效果

区块链在线诉讼项目上线后，取得了以下几个方面的良好业务效果。

"轻"——立案流程缩短 90%。全流程人工审核流程节点，从原本 25 个流程节点压缩至 2 个流程节点，个案效率大幅提升，为批量化作业提供了强大支持。

"简"——审查效率批量化提升。在前期合作试验的模式下，截至 2021 年 8 月，线上贷款立案量较去年同期增幅明显，同比增长超 100%，同时，得益于电子证据简便化处理，审查效率提升超 100%。

"便"——电子证据核验"零人工"。参考招商银行 2020 年案件情况，每一宗案件，电子证据均需逐一提交第三方网站进行审查，现在系统线上传输的同时即可实现自动校验，释放银行业务人员、合作律所律师 45~65 人。

"捷"——档案整理"零纸质"。长期以来，纸质档案管理是拉长银行、司法机关案件管理周期的重要因素。得益于招商银行对电子化证据体系化打包和整理，银行、司法机关档案管理实现线上化管理。

二　招商银行家族云信托项目

家族云信托项目通过招商银行 App 实现客户从申请到信托合同签署全流程线上化便捷成立家族信托。引入 CFCA 电子签名和区块链存证的技术来保证客户签署合同文本的有效性，同时引入深圳市公证处作为链上节点，对签署行为进行自动存证，在必要时候可以出具具备法律效应的举证书，满足客户对签署的安全性的要求。截至 2021 年 11 月底，家族云信托项目签约数量近 400 笔。家族云信托项目的上线不仅大大提升了客户体验，同时提高了家族信托业务的办理效率，设立时长（从申请到签署）由原来的 1.5~2 个月缩短至 20 天左右，进一步向社会展示了招商银行的技术实力和创新能力，提升了招商银行的品牌价值。

（一）待解决的问题

随着客户的财富保障与传承的观念日益加深，境内家族信托市场的竞争日益白热化，如何进一步占领市场，使招商银行优势持续扩大，继续保持业内领先地位，是招商银行需要考虑的问题。

在这个体验为王的时代，服务趋于同质化，客户需求又在不断变化，因此服务的质量和体验比服务内容更加重要。实现家族信托业务线上化处理，不仅能有效提升业务办理效率，满足高净值客户便利、安全、私密的服务体验，同时还能极大地激发和满足客户财富传承需求。

（二）解决方案

招商银行提出家族云信托项目，融合传统家族信托服务和前沿科技，满足客户便捷安全、"一站式"快速线上设立家族信托的需求。家族云信托项目如图 8-2 所示。

第一，通过手机银行 App，实现客户一站式全流程线上成立家族信托。客户家族信托申请、提交资料、双录、合同签署等各项业务办理环节均依托手机银行 App 进行，手机银行 App 可以满足客户一站式便捷办理家族信托业务的需求。通过手机银行 App 中的分配设计，客户可在一定范围内自由选择信托受益人范围、信托利益支付类型（如婚嫁金、教育金等）、信托利

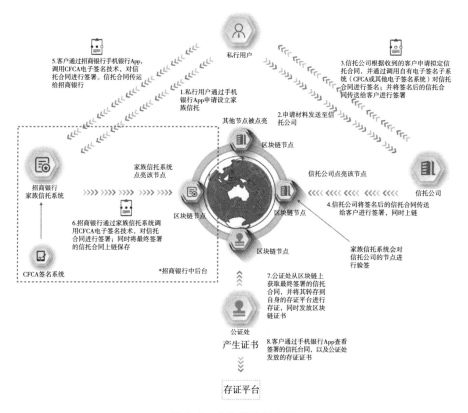

图 8-2　家族云信托项目

益分配方式、支付时间、支付金额等，在一定规则内实现利益分配的个性化选择。该方式能极大提升业务办理效率及客户服务体验，为无法现场办理的境外客户、受疫情等特殊情况影响无法面见的客户提供了新的渠道，也为招商银行扩展了业务办理的方式和范围，进一步推动了家族信托业务的发展。

　　第二，以"CFCA 电子签名+区块链存证"的方式完成信托文件及相关资料的签署和保存。CFCA 电子签名是符合《电子签名法》要求的电子签名，招商银行其他业务（如闪电贷）中也已启用 CFCA 电子签名签署相应法律文件。使用 CFCA 电子签名签署信托文件及相关资料可简化客户签署流程，满足客户远程签署需求，解决电子签名的相互认可、冒签、验签等问题。协议约定，各自将自己签署后的合同上链则表示认同上链的法律效应与签章相同，由于链上信息具有不可篡改、去中心化、共识机制的特性，区块链成为非常好的合约有效性载体。

第三，引入公证处作为区块链节点。考虑到极端情况下如果发生纠纷，任何一方若要进行举证则需提供证据，而电子技术在当前尚是一个新生事物，这类证据除部分互联网法院认可外，大部分司法机关是否接受不得而知，但承载客户至少千万资产的家族信托合同需要确保万无一失。因此，招商银行引入深圳市公证处作为链上节点，对上述签署行为进行自动存证，并在必要时候出具具备法律效应的举证书。

第四，针对保险金信托业务，招商银行手机银行 App 增加客户办理保单保全变更的功能。为提供一站式业务办理服务，针对保险金信托业务中涉及将保单投保人或受益人变更为信托公司的环节，线上化流程也支持客户通过招商银行手机银行 App 办理，即在保险金信托业务中，除家族信托文件及相关资料外，客户也将同时利用 CFCA 电子签名签署办理保全变更业务所需的"保全变更申请书"。这在业内已经存在的保险金信托线上化业务中也属于首创（其他机构均需在信托机构和保险公司的不同应用软件间切换办理）。

（三）案例应用实践及效果

1. 大大优化客户体验

云信托项目上线后，客户可足不出户在招商银行手机银行 App 上完成所有流程，从时间和空间上解放客户。截至 2021 年 11 月底，云信托签约数量近 400 笔。

2. 家族信托设立效率提升

全流程线上化办理使设立效率进一步提升。通过手机银行设立的家族云信托的设立时长从过去的 1.5~2 个月缩短到了现在的 20 天左右。

3. 区块链技术使云信托具有极大延展性

参与签署云信托的机构可以是一方，也可以是多方，为未来引入新的信托公司或保险公司等合作方打下基础。

三　中国民生银行场外债券交易市场信息服务平台

（一）待解决的问题

中国债券市场分为场外债券交易市场与场内债券交易市场（交易所），场外交易市场的交易占比在80%以上。不同于具备统一询价场所的交易所，场外交易市场是一个分散的无形市场，缺乏统一的组织和章程，只能采取一对一的方式协商议价。信息不够透明导致中小企业融资难、融资贵，周转效率低，产业链金融难以大规模开展。机构交易员根据机构或产品的配置策略来寻找交易对手进行询价，因此交易信息获取渠道和效率尤为重要。同时，银行等机构对询价议价、沟通过程、交易记录等有留痕可回溯的需求。

（二）解决方案

中国民生银行已跟踪研究债券行业的发展多年，采用基于自主安全可控的区块链、智能推荐与隐私保护相结合的技术方案，探索构建场外债券交易市场信息服务平台，服务于资金业务、现券业务，未来将扩展到新债、存单等业务。该平台利用区块链的密码学、共识算法和分布式存储等技术，保证链上数据的不可篡改、可追溯，对债券交易全生命周期进行记录与存证，目的在于提供便捷高效、公平竞争、稳定透明的交易环境，实现场外债券交易市场供需的有效实时对接。同时，利用区块链等技术实现双方或多方共赢的交易目标，最终形成"多方参与主体共商、共建、共享、共赢，监管机构穿透式监管"的场外债券交易市场。

中国民生银行场外债券交易市场信息服务平台如图8-3所示。

平台现有功能主要分为以下几部分。

1. 信息聚合层面

信息聚合层面通过区块链的数据共享机制，实现各零散渠道报价信息的分布式接入与汇聚，大幅提升债券交易对手匹配效率，拓展债券交易深度。

2. 询价效率层面

平台采用强大的自然语言解析技术对发布的非标准报价数据进行高效、精准的处理，提高了从业人员处理报价信息的效率。

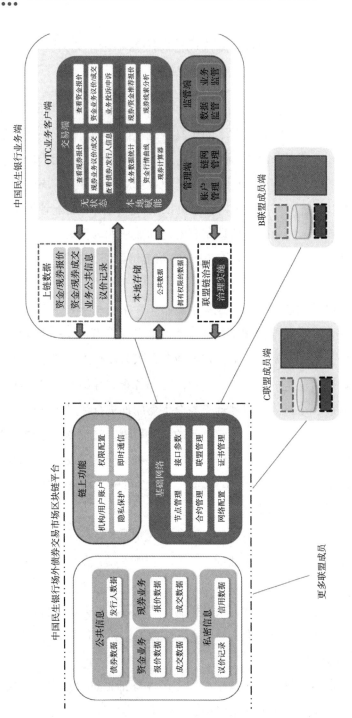

图 8-3　中国民生银行场外债券交易市场信息服务平台

3. 数据保护层面

平台基于同态加密、零知识证明、可信执行环境等隐私保护技术，化解链上数据共享与隐私保护之间的矛盾，成功将链上数据进行确权、流转，使隐私数据共享，构建了用户既是数据生产者又是数据使用者的金融服务业态。

4. 风险控制层面

平台基于区块链数据的公开透明、不可篡改、集体维护等特点，对债券全生命周期进行记录与存证，减少了使用低可信度第三方议价工具带来的违约风险。

5. 监管服务层面

平台基于区块链分布式存储技术，建立新的监管体制，为监管机构基于数据源的穿透式监管提供有力抓手，推动场外债券交易市场有序发展。

（三）案例应用实践及效果

通过区块链、隐私保护、人工智能等技术，中国民生银行建设以其自身为核心节点的分布式智能场外债券交易市场信息服务平台。该平台具备现券业务和资金业务服务功能，服务于场外债券交易市场的询价撮合阶段。平台基于区块链技术进行数据确权、授权共享和可信流转，实现各类业务供需有效匹配对接；采用智能合约技术，实现关键业务规则自动执行和多方交叉验证，提高场外债券交易市场询价效率，极大节省了人力操作成本，提升了企业融资效率；提供区块链节点等加入方式，形成多主体参与的新型信息服务平台。基于区块链的场外债券交易市场处于平台建设第一阶段，后续将结合中国民生银行同业生态互联的发展策略逐步完善功能，积极构建同业间共商、共建、共享、共赢的新格局。

四　浙商银行产业链金融服务

浙商银行的产业链金融服务，以实体企业在供应链上下游的应收、应付账款为切入点，应用区块链技术，充分发挥区块链技术信息共享可信、不可篡改、不可抵赖、可追溯的特征，将企业供应链中沉淀的应收账款改造成为高效、安全的线上化"区块链应收款"，实现产业链条圈内"无资金"交易，减少了整个产业链条的外部资金需求，有利于构建健康稳定的供应链生态圈，能够有效缓解企业融资难、融资贵问题，降低企业负债。

产业链金融服务的本质是银行围绕核心客户管理上下游中小客户的资金流和物流，并把单个客户的不可控风险转变为供应链客户整体的可控风险，通过立体获取各类信息，将风险控制在最低的金融服务。

（一）待解决的问题

传统产业链金融模式下，信息不够透明导致中小企业融资难、融资贵，资金周转效率低，产业链金融难以大规模开展。

一是应收账款确权困难。核心企业的确权工作难度较大，操作手续烦琐，银行需要花费大量的人力、物力来证明核心企业确权的真实性和有效性。

二是质物管理困难。银行通常会委托第三方仓储企业对质物进行保管，共同参与质押融资业务的贷中及贷后管理，业务流程复杂且存在操作风险；同时，银行和仓储企业对货物的鉴别能力有限，合理确定质物价值存在困难，容易产生坏账风险。

三是可融资主体范围窄。银行主要依赖核心企业的控货和销售能力签发应收款信贷，由于其他环节的信息不够透明，银行出于风控考虑往往仅愿意对上游一级供应商提供应收账款保理业务，或对其下游一级经销商提供预付款或存货融资相关服务。这导致了二三级供应商和经销商的巨大融资需求无法得到满足。

四是融资工具流转较难。交易过程中，采用商业承兑汇票作为融资工具，使用场景受限且转让难度较大。

（二）解决方案

应用区块链技术，充分发挥其多中心化、不可篡改、高安全性和智能合约的技术特征，可有效解决上述难题。

一是应用区块链技术，将基于产业链核心企业与上下游企业基础交易产生的各类资产转换成区块链金融工具，依托核心企业的自身信用或银行信用，这些区块链金融工具可在商圈内封闭流转，打通产业链上下游，降低产业链融资成本，解决中小企业融资难、融资贵的问题。

二是基于区块链多中心化的共识机制，可实现对区块链数字资产份额化登记，并将交易合同、交易证明等的影像件经交易相关方电子签名后在区块链上进行存证，方便各交易方查验，消除信息不对称，降低欺诈、虚假交易及重复融资的风险，打通数据信任"最后一公里"。

三是通过智能合约技术，可将供应链业务各项规则添加到区块链资产中，实现业务规则智能化自动履行，有效防止人为干预，提升操作效率，降低操作风险与成本。

四是区块链技术解决了产业链商圈各个交易参与方的信息平权问题，同时通过多级签名机制，锁定了交易链条上的相关记录，并在每个分布式记账节点上都记录了数据和信息，保证交易可追溯，防止信息被篡改，从而真正保证区块链资产交易的安全性。此外，加密技术实现了对透明数据的保护，切实保护了企业信息和隐私。

（三）案例应用实践及效果

浙商银行的产业链金融服务，除了通过区块链技术解决供应链业务中普遍存在的应收应付账款问题，还围绕企业全流程的生产经营活动设计定制化的产品和服务方案，满足客户在采购、仓储、销售、分期还款等不同应用场景的个性化需求，打造了订单通、仓单通、分销通、分期通等一系列平台产品。截至2021年5月底，浙商银行产业链金融服务已经在食品、医药、粮食、制造、安防、物流、汽车、养殖、租赁等20多个行业形成特色化、差异化的解决方案，共签发154650笔区块链应收款信贷，签发金额为5764.73亿元，服务了29566户用户。

五　中国人民银行数字货币研究所、香港金融管理局、泰国央行及阿拉伯联合酋长国央行多边央行数字货币桥

2021年11月3日，香港金融科技周召开之际，在国际清算银行香港创新中心支持下，中国人民银行数字货币研究所、香港金融管理局、泰国央行及阿拉伯联合酋长国央行共同发布多边央行数字货币桥（m-CBDC Bridge，mBridge）项目用例手册，简单介绍了项目应用场景及测试进展。

（一）待解决的问题

多边央行数字货币桥项目原是泰国央行与香港金融管理局进行双边试点的项目。2021 年 2 月，Inthanon-LionRock 项目进入第三阶段，中国人民银行及阿联酋央行加入，Inthanon-LionRock 项目迎来扩容，从原来的两方变成四方。与此同时，国际清算银行创新枢纽辖下香港中心也支持该项目。项目名称正式更名为多种央行数字货币跨境网络，即多边央行数字货币桥。

（二）技术路线和解决方案

mBridge 脱胎于 Inthanon-LionRock，技术原理和一些理念都继承于 Inthanon-LionRock。mBridge 还将秉持不伤害、合规和互操作性三大原则，以"针对高成本、低速度和复杂的操作性等痛点问题，设计和迭代新一代高效跨境支付基础设施"为总体目标。

如图 8-4 所示，mBridge 的系统拥有三层体系。

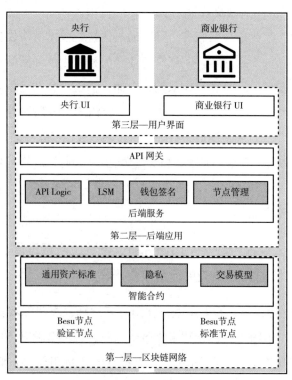

图 8-4　多种央行数字货币跨境网络（m-CBDC Bridge）系统

第一层是核心层，这一层包含了区块链分布式总账技术（Blockchain Ledger）及其相关数据，即智能合约逻辑编程的实现层。

第二层是后端应用层，为一层提供身份识别、权限访问、路由、钱包签名、密钥管理、外汇兑换等功能。

第三层是前端层，这一层为接入核心系统提供接口，为最终用户提供所需功能。

在技术原理上，mBridge 仍然沿用了 Inthanon-LionRock 项目的基础。采用了走廊网络，所有参与银行在国内网络和走廊网络都各自运行自己的节点，只有各国的央行才有管理节点的核心权利。采用区块链和分布式账本技术能够保证整个链路足够安全。

在走廊网络上，通过 Token 化资产，各方可以在不需要中间账户的情况下，以点对点的方式进行交易，通过这种方式，该项目提供的平台能够无缝地在不同货币和不同司法管辖区之间提供代币化 PvP（Payment vs Payment）转账。

跨境支付中，双方兑换了多少数字货币，就会有相应的数量映射在走廊网络上，映射的产物又名为"存托凭证"。央行以核心层的角度，可以非常详细的了解走廊网络上的数字货币运营情况。

（三）案例应用实践及效果

多边央行数字货币跨境网络（m-CBDC Bridge）能够直接在走廊网络上实现点对点的交易，省去中间环节，交易速度能够达到秒级。省去许多中间环节，可以显著降低成本、消除外汇操作风险、提高透明度并减少监管工作。总之，mBridge 能够带来低成本、易操作、无汇兑风险、高透明、低申报负担的跨境支付体验。

六　中国光大银行年金区块链平台

年金区块链平台项目是中国光大银行与招商银行合作共同发起建立的年金业务领域的区块链联盟链项目。年金区块链平台项目基于杭州云象网络技术有限公司提供的区块链底层技术，与中国光大银行现有年金托管业务相结合，与招商银行的年金链合作，致力于解决现有业务中信息交互过程中的难点痛点，优化年金托管跨行业务合作流程，利用区块链技术数据不可篡改的特点，实现跨机构业务数据可信、安全外延。

（一）待解决的问题

国家"十四五"规划中，明确提出要大力发展多层次、多支柱的养老保险体系，提高企业年金覆盖率。在我国养老保险体系三大支柱[①]中，包含企业年金在内的第二支柱占比仅为 21%，而发达国家已高达 58.2%，企业年金业务提升潜力巨大，发展空间广阔。各大商业银行作为该业务的重要承载机构，既面临潜在的发展机遇，也承担着义不容辞的社会责任。

然而，当前业内的企业年金运营模式却制约着业务的发展。企业年金业务由人社部统一监管，客户与多家金融机构共同参与，涵盖委托人、受托人、账管人、托管人和投管人五种角色，业务需要经过多方流转。目前多方之间通信仍采用邮件或传真单线的传统交互方式，一方面因缺乏统一可靠的业务指令传输通道引发流程长、效率低等问题，另一方面数据无法实时共享导致业务过程管理薄弱，限制了业务规模发展。

年金区块链平台项目以区块链的去中心化、不可篡改等技术优势，解决年金托管业务多方业务协作流程长、效率低、操作风险高等痛点、难点问题。年金区块链平台项目创新性地将年金托管业务由传统的平面两两交互模式转变为立体多方协作模式；同时，与国内其他联盟链项目相比，年金区块链平台项目在技术上使用异构跨链对接模式，为将来联盟的业务拓展打下了坚实的技术基础。

（二）技术路线和解决方案

年金区块链平台项目从总体上基于区块链 BaaS 平台跨链子平台、泛资管阳光链系统、托管业务系统等行内平台和系统设计，主要包括四大部分（见图 8-5）。

---

① 第一支柱是政府主导的基本养老保险，第二支柱是企业年金和职业年金，第三支柱是居民个人买的商业养老保险。

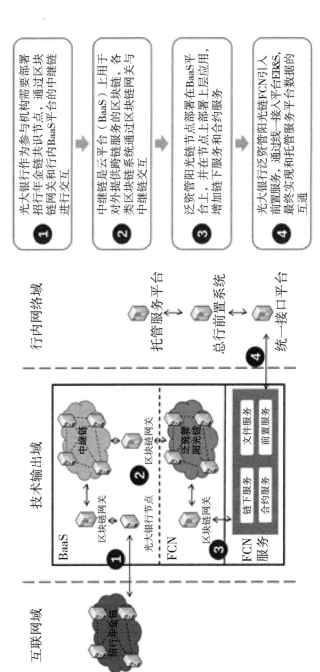

图 8-5 年金区块链平台项目总体设计

① 光大银行作为参与机构需要部署招行年金链共识节点，通过区块链网关和行内BaaS平台的中继链进行交互

② 中继链是云平台（BaaS）上用于对外提供跨链服务的区块链，各类区块链系统通过区块链网关与中继链交互

③ 泛资管阳光链节点部署在BaaS平台上，并在节点上部署上层应用，增加链下服务和合约服务

④ 光大银行泛资管阳光链FCN引入前置服务，通过统一接入平台ERXS，最终实现和托管服务平台数据的互通

招行年金链平台：部署联盟链光大银行节点，通过该节点与联盟内其他合作方进行数据交互。

光大银行 BaaS 平台跨链子平台：部署中继链跨链服务，实现招行年金链平台与光大银行年金链平台之间的跨链交互。

光大银行泛资管阳光链：基于 BaaS 平台跨链子平台将现有以太坊底层重构为 Fabric，实现年金业务相关智能合约。

光大银行托管业务系统：实现年金托管相关业务接口，并与招行年金链平台交互。

年金区块链平台项目基于企业年金业务场景，致力于解决委托人、受托人、托管人、账管人之间的信息交互问题。年金区块链平台功能主要包括业务功能和技术功能两类。从业务角度看，年金托管的主要业务流程包括年金计划建立、年金缴费、资金投资、日常查询四大类，对应到系统中四类主要的业务合约服务。从技术角度看，年金区块链平台项目基于中国光大银行的区块链 BaaS 平台跨链子平台底层服务和杭州云象网络技术有限公司的区块链底层技术。其中，区块链 BaaS 平台跨链子平台服务负责与招商银行年金链交互，中国光大银行年金链负责跨连服务相关的交易检查、交易处理、交易路由以及行内年金链的管理服务；杭州云象网络技术有限公司提供的区块链底层技术功能主要包括文件传输服务、链下业务交互以及与光大银行行内业务系统和平台数据互通等，具体如图 8-6 所示。

（三）案例应用实践及效果

年金区块链平台致力于解决年金相关业务的痛点，实现跨机构间信息安全互通，提升年金业务效率，实现内容包括以下几点。

第一，中国光大银行年金区块链平台与招商银行实现跨机构信息安全互通，形成统一的区块链基础设施平台；同时在此项目里搭建统一的区块链 BaaS 平台跨链服务，支持更多的合作机构加入并实现多机构间信息安全互通。

第二，从具体业务场景来说，年金区块链平台实现年金托管业务相关区块链智能合约，主要包括年金计划、缴费到账、估值成交、投资划款等业务合约。

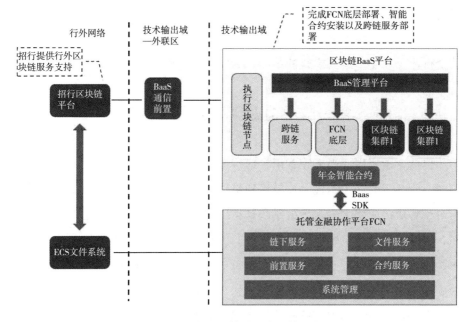

图 8-6　年金区块链平台总体架构

第三，基于杭州云象网络技术有限公司的区块链底层技术，年金区块链平台部署年金托管业务区块链相关节点，实现与中国光大银行区块链 BaaS 平台跨链服务、招商银行区块链服务、托管业务系统之间的跨域互联。

第四，年金区块链平台满足一定的非功能性需求，包括性能需求、系统可靠性需求、易用性需求、安全性需求、扩展性需求、兼容性需求、可维护性需求等。

年金区块链平台建设始于 2021 年 1 月，并于同年 4 月上线了首个版本；2022 年 3 月，历时 1 年多的艰苦奋战，年金区块链平台全功能节点投产上线，并正式落地第一笔年金链平台交互业务。从传统模式下两两邮件交互到实时对接，常规下一笔业务全流程处理 12 分钟的耗时可缩短至 4 分钟以内，时效提升近 67%，这也标志着自主创新开发的企业年金运营新模式开始向行业模式输出。

年金区块链平台项目坚持数字化转型和金融科技创新战略，拓展了服务渠道，深化了对客户、对行业的专业认知，为核心客群生态圈的经营提供了强有力的组织和服务支持。未来中国光大银行将持续拓展加盟机构，共同推动全行业企业年金运营模式的革新，为实现老有所依贡献绵薄之力。

第三节　金融区块链发展趋势

目前，国家层面尚未正式出台区块链技术应用相关的监管法规，近年来国家监管部门的相关态度是支持区块链作为底层技术赋能实体经济，地方政府对于区块链应用大多表示鼓励与扶持，多个地方颁布了区块链发展专项政策，将其列入当地金融业发展规划中，为技术支持、标准推动以及区块链政用和商用营造了良好的氛围。针对虚拟货币，央行有明确的态度，对于 ICO 与虚拟货币的监管不会放松，相反仍会加大力度。

近年来，工信部出台的相关白皮书、实施意见，央行发布的区块链金融实施标准规范等，均为金融机构实施区块链技术应用提供了相关指导，在区块链监管环境日益完善的发展态势下，金融区块链也将逐步发展形成领先的"中国模式"。

一　区块链技术将不断发展演进

一是构建企业级应用的联盟链将成为区块链应用的主流方向。企业级应用更关注区块链的管控、监管合规、性能、安全等因素，因此许可链的强管理的部署模式，更适合企业级应用落地。二是可扩展性将是驱动区块链技术持续演进的关键因素。要实现规模化的企业级应用，区块链技术需要克服信息查询验证慢、单节点存储空间小、并发处理效率低等问题。未来，共识机制、分片处理、加密机制等技术环节都将成为区块链技术攻克的重点。专注于扩展区块链主链应用范围与创新空间的侧链技术也将迎来发展。三是安全性是金融领域区块链应用的根本保障。未来需要从技术和管理上全局考虑，加强基础研究和整体防护以及信息安全管理，确保应用安全。四是链上链下数据一致性问题是区块链应用的核心问题。在数据上链前，通过物联网等技术使得链上链下数据一致，是区块链打通数字世界和物理世界的关键。五是通过跨链技术构建更高层级多中心的问题。目前行业应用存在大量的私有链和单一应用的联盟链，不同的机构之间、不同的应用之间未能达成链与链之间的信息、价值传递，形成了区块链孤岛。跨链技术能够联结不同的链，将原本覆盖单个、数个节点的联盟链组装成为覆盖成百上千节点的超联盟链，形成更高层级的多中心。六是融合创新成为区块链技术应用的重要方向。区块链为人工智能提供可信数据源，基于区块链的人工智能，是可信的人工智能；区块链为"元宇宙"用户提供底层数据的可追溯性和保密性，保障用户身份、虚拟资产的安全，真正实现数字价值流转。

二　区块链与金融的结合将日趋紧密

实体经济方面，区块链将与其深度融合。一是区块链有望从以金融应用为主的 2.0 时代向经济社会多领域、大规模、产业化应用的 3.0 时代迈进，形成一批"产业区块链"项目。带有智能合约技术的新生态系统将被整合到现有行业中，新型的商业模式将不断涌现，从而推动实体经济转型升级、提质增效。二是利用区块链技术，可解决实体企业和金融机构信息不对称的难题，为金融机构投资、贷款提供大量可靠的基础信息，极大地降低金融机构服务实体经济的风险。同时，"上链"后的数据能显著提升实体企业融资的便利性，实体经济的融资方式将更加多元化。

数字经济方面，区块链将与其相互促进。数字经济已上升为国家战略，各行各业均以数字化为发展动力，逐步完善信息科技基础，与商业银行合作逐渐形成技术对接条件。区块链技术天然支持了多方在信任的合作背景下开展金融业务，数字化发展将持续推动区块链技术应用蓬勃发展。

三　监管对区块链应用呈现了积极支持的政策倾向

除虚拟货币专项整治外，区块链服务于实体经济的创新应用受监管支持，从央行公布的监管沙箱创新项目试点来看，区块链相关申请数量占比较高。目前监管多以规划、意见等规范性文件形式指导金融机构实施区块链应用，尽管缺乏一定适用性，但随着区块链应用日益成熟，监管政策性意见将逐步完善，除出台相应的监管法规外，运用监管科技实现区块链技术监管也将成为现实。

四 区块链跨链技术需求增长

在各行业区块链应用规模不断增长的同时，不同区块链应用之间的业务协同需求也在不断增长，引来了不同链之间巨大的数据和价值流通需求。然而，不同链间无法快速互通的现象普遍存在，导致新的"区块链孤岛"显现，区块链行业生态割裂，网络碎片化严重，链间协同治理与监管更无法实行，这将制约区块链在全社会的大规模应用。

区块链的跨链技术是实现区块链互联互通、提升区块链互操作性与可扩展性的重要技术手段。近年来，跨链技术引起了广泛的关注，得到了一定程度的发展，出现了比如瑞波实验室的 Interledger、Blockstream 团队的侧链机制、Tendermint 团队的 Cosmos、Web3 基金会的 Polkadot、趣链科技的BitXHub 以及云象团队的跨链平台 YunCross 等诸多技术。不同行业业务需求复杂多变，不同区块链系统选择的底层区块链平台各异，平台在数据结构、共识机制、通信协议、安全机制等方面千差万别，跨链技术发展面临的巨大挑战也逐渐引起各界人士对产业应用需求的关注。

参考文献

慕楚：《多边央行数字货币桥，颠覆国际支付体系的开始》，移动支付网，2021 年11 月 8 日，https：//www. mpaypass. com. cn/news/202111/08094516. html。

Kwon，J.，Buchman，E.，*Cosmos Whitepaper*，https：//v1. cosmos. network/resources/whitepaper.

何帅、黄襄念、陈晓亮：《区块链跨链技术发展及应用研究综述》，《西华大学学报》（自然科学版）2021 年第 3 期。

中国宝武等：《产业金融区块链联盟白皮书》，2020 年 11 月。

第九章　金融网络安全[*]

第一节　金融网络安全概述

一　2021年我国网络安全相关政策

2021年是我国"十四五"规划的开局之年,"十四五"时期是我国在全面建成小康社会、实现第一个百年奋斗目标之后,开启全面建设社会主义现代化国家新征程、向第二个百年奋斗目标进军的第一个五年;"十四五"时期也是我国加快数字化发展、建设数字中国的信息化新阶段。

2021年3月,《中华人民共和国国民经济和社会发展第十四个五年规划和2035年远景目标纲要》正式发布,14次出现的"网络安全"成为我国加快数字化发展、建设数字中国的重要议题。该纲要明确提出,培育壮大网络安全等新兴数字产业。加强网络安全保护,健全国家网络安全法律法规和制度标准,加强重要领域数据资源、重要网络和信息系统安全保障,建立健全关键信息基础设施保护体系,提升安全防护和维护政治安全能力。加强网络安全风险评估和审查。加强网络安全基础设施建设,强化跨领域网络安全信息共享和工作协同,提升网络安全威胁发现、监测预警、应急指挥、攻击溯源能力。

---

* 统稿:中国建设银行股份有限公司郭汉利、陈德锋;课题组成员:中国建设银行股份有限公司王秋卉、付明,中国建设银行股份有限公司建信金融科技有限责任公司闫立志、王晖、苏晨、田涛,国泰君安证券股份有限公司侯亮、陈凯晖、徐小梅,腾讯云计算(北京)有限责任公司徐展、高林杰、姜江、陈明。网络安全(Cyber Security)是指通过采取必要措施,防范对网络的攻击、侵入、干扰、破坏和非法使用以及意外事故,使网络处于稳定可靠运行的状态,以及保障网络数据的完整性、保密性、可用性的能力。

2021 年 12 月，中央网络安全和信息化委员会印发《"十四五"国家信息化规划》（以下简称《规划》）。《规划》依据《中华人民共和国国民经济和社会发展第十四个五年规划和 2035 年远景目标纲要》《国家信息化发展战略纲要》等制定，是"十四五"国家规划体系的重要组成部分。《规划》中明确指出，网络安全也是"十四五"国家信息化规划的"主攻方向"及"重大任务和重点工程"。

《规划》的"主攻方向"中提出，要防范化解风险，确保更为安全发展。全面加强网络安全保障体系和能力建设，深化关口前移、防患于未然的安全理念，压实网络安全责任，加强网络安全信息统筹机制建设，形成多方共建的网络安全防线。开发网络安全技术及相关产品，提升网络安全自主防御能力。

《规划》的"重大任务和重点工程"中强调，要全面加强网络安全保障体系和能力建设。加强网络安全核心技术联合攻关，开展高级威胁防护、态势感知、监测预警等关键技术研究，建立安全可控的网络安全软硬件防护体系。强化 5G、工业互联网、大数据中心、车联网等安全保障。完善网络安全监测、通报预警、应急响应与处置机制，提升网络安全态势感知、事件分析以及快速恢复能力。

2021 年是网络安全相关法律法规条例及配套实施标准正式颁布实施的元年，如《中华人民共和国数据安全法》于 2021 年 6 月 10 日正式发布，自 2021 年 9 月 1 日起施行；《中华人民共和国个人信息保护法》于 2021 年 8 月 20 日正式发布，自 2021 年 11 月 1 日起施行。国务院于 2021 年 8 月 17 日发布《关键信息基础设施安全保护条例》，自 2021 年 9 月 1 日起正式施行；等等。

网络安全是"十四五"时期建设数字中国的基础，其关乎国家安全、社会安全、基础设施安全，也关乎人民生活的方方面面。

二 2021年金融网络安全形势

2021 年新冠肺炎疫情依旧肆虐全球绝大部分地区，导致了远程居家办公等混合办公模式盛行，也为网络攻击开辟了新的途径。在远程工作状态影响下，世界各地的网络攻击急剧上升，勒索攻击、钓鱼攻击、漏洞攻击等导致数据泄露不断增加，分布式拒绝服务攻击达到新的峰值，致使全球范围内多家金融机构暂停网上业务。

（一）勒索攻击

勒索攻击是指网络攻击者通过锁定设备或加密文件等方式阻止用户对系统或数据的正常访问，并要挟受害者支付赎金的行为。勒索软件黑色产业层级分明，全链条协作，软件开发者的主要工作是更新病毒库，网上传播渠道则通过各种方式释放勒索病毒，下游参与者仅通过点击鼠标就可以从中瓜分利润。这种产业化模式降低了勒索攻击的门槛，使勒索攻击快速成为2021年网络攻击首选方式。

2021年，勒索病毒在全球范围内造成的影响不断扩大，常有金融企业在勒索病毒攻击后面临业务瘫痪。

2021年10月，厄瓜多尔最大私营银行皮钦查银行遭受勒索攻击，导致该银行业务大面积中断，ATM机、网上银行、移动客户端、数字渠道和自助服务、电子邮件均无法运行。

2021年5月，Avaddon勒索软件团伙攻击了法国安盛集团（AXA）在泰国、马来西亚、中国香港及菲律宾的多家分支机构，并宣称成功窃取到3TB数据。

2021年3月，美国第七大商业保险公司CNA金融公司遭遇Phoenix CryptoLocker勒索软件攻击，攻击方窃取了包含客户信息的重要文件。

2021年，LockBit 2.0勒索病毒入侵我国，该病毒1.0版加密破坏的文件无有效解密工具，升级到2.0版，攻击者的入侵手法更加多样。LockBit 2.0宣称是全世界加密最快的勒索软件，其窃取速度快，20分钟可窃取100GB数据，同时其具备在域控内自动传播的能力。

2021年，勒索攻击开始进一步演变为"多重勒索"模式，勒索攻击已经从单纯的支付赎金即可恢复被加密数据，逐渐演变成先窃取商业信息和内部机密，而后威胁企业不缴纳赎金将公开数据，攻击者还威胁受害者如果不支付赎金就会发动"拒绝阻断服务攻击"，使得受害者服务器超负荷运转，直至服务器瘫痪。这种新模式使得勒索攻击杀伤性增强，被勒索企业缴纳赎金的可能性变大，诱使勒索攻击者发动更多攻击，而且极易引发大规模的行业内部数据泄露事件，受害企业同时承受数据公开、声誉受损、行政处罚等多重压力。

（二）DDoS 攻击

分布式拒绝服务（Distributed Denial of Service，DDoS）攻击随着 IT 网络的发展，已脱离了纯粹黑客行为的范畴，形成了完整的黑色产业链，轻则导致客户流失、业务受损，重则会导致信誉受损、数据泄露。目前全网大量存在安全缺陷的物联网（IoT）设备、数据中心（IDC）服务器以及个人计算机等持续被非法利用，沦为攻击资源，充足的攻击资源也导致 DDoS 攻击大量增加。

来自国外的 DDoS 攻击持续增加，疫情的影响遍及全球，中国经济仍然保持持续增长，随着国内金融行业大部分线下业务持续向线上迁移，线上业务的繁荣引来了国外 DDoS 攻击黑产团伙的觊觎，中国以外区域的 DDoS 攻击呈现持续增加趋势。

（三）钓鱼攻击

钓鱼攻击是社会工程学攻击的一种方式，不法分子使用电子邮件、恶意网站等诱骗人们提供个人信息、金融信息。当用户根据要求提供自己信息的时候，攻击者就利用信息访问用户的账户。

2021 年 3 月，中国银保监会消费者权益保护局发布 2021 年第一期风险提示，一些不法分子通过群发短信，以多家银行名义发送服务信息，声称客户手机银行、银行卡、身份证等过期或失效，诱导客户点击短信中网站链接访问虚假手机银行系统，客户一旦受骗提供银行卡号或手机号、账户密码、短信验证码等信息，不法分子将迅速冒用客户身份进行转账，盗取银行卡内资金，使客户资金遭受损失。甚至有不法分子冒充银行人员，邀请受害者参与投资项目。在某些情况下，诈骗者强调投资非常稳定且不存在风险。为了确保投资者不会产生怀疑，受害者会被邀请参加在线测试或填写一份表面上需要一些时间才能"处理"的申请表，一旦用户输入了他们的银行卡详细信息，卡内资金就会被骗光。

（四）漏洞攻击

2021年，超高危漏洞、零日漏洞比率大幅增加，漏洞影响面逐步扩大。特别的是来自IoT设备的漏洞被广泛利用，由于IoT固件开发者在开发过程中对于安全开发的忽视，导致很多低级漏洞频发，攻击者挖掘漏洞的门槛大幅度降低。

2021年12月10日公开的Log4j漏洞迅速成为2021年最令人担忧的安全威胁之一。自公布开始，被称为"史诗级漏洞""核弹级漏洞"的Apache Log4j 2远程代码执行漏洞威胁在全球范围内蔓延开来，包括Apple、Amazon、Cloudflare等诸多世界顶尖公司也在"受害者"名单之中。

2021年5月纽约大学阿布扎比分校的安全研究员发现了一种堪称"核弹级"的Wi-Fi安全漏洞——破片和聚合攻击（FragAttacks），该漏洞存在于1997年Wi-Fi技术诞生以来的所有Wi-Fi设备（包括计算机、智能手机、园区网络、家庭路由器、智能家居设备、智能汽车、物联网等）中。FragAttack是一组漏洞，其中三个影响大多数Wi-Fi设备，属于Wi-Fi 802.11标准帧聚合和帧分段功能中的设计缺陷，而其他漏洞是Wi-Fi产品中的编程错误。黑客只要在目标设备的Wi-Fi范围内，就能利用FragAttacks漏洞窃取用户敏感数据并执行恶意代码，甚至可以接管整个设备。

（五）供应链攻击

供应链是指创建和交付最终解决方案或产品时所牵涉的流程、人员、组织机构和发行人。在网络安全领域，供应链涉及大量资源（硬件和软件）、存储（云或本地）、发行机制（Web应用程序、在线商店）和管理软件。

供应链攻击至少是两起攻击的结合，是针对供应商的且后续被用于攻击目标以访问资产。该目标可以是最终客户或另外的供应商。因此，归为供应链攻击的，供应商和客户都必须是目标。

开源组件大量被引用大大增加了供应链攻击的风险。根据Sonatype最新发布的《2021年软件供应链状况报告》，全球对开源代码的旺盛需求导致软件供应链攻击同比增长650%。全球的开发商累计从第三方开源生态系统

"借用"超过 2.2 万亿个开源软件包或组件，这些开源软件包和组件中存在各种漏洞，导致供应链被攻击的风险增加。

（六）网络安全规划和建设

2021 年是金融行业开展"十四五"规划之年，网络安全是《"十四五"国家信息化规划》的"主攻方向"及"重大任务和重点工程"组成部分。在实际网络安全规划和建设中，金融行业亟须重点关注以下几个方面。

1. 网络安全规划的系统性、全面性、科学性

网络安全规划是指导企业未来一段时间网络安全建设的纲领性文件，是企业的安全愿景及目标，为企业科技战略、业务战略的实现保驾护航，是保障企业数字化服务系统的完整性、机密性、可用性的系统全面、科学的思考。

网络安全规划关注的重点如图 9-1 所示。

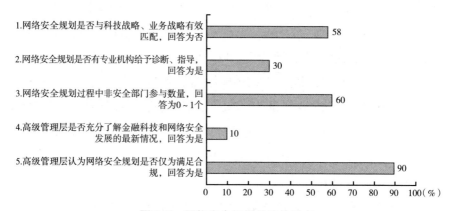

图 9-1　网络安全规划关注的重点

资料来源：《腾讯云金融业网络安全现状调研报告》，2021 年 11 月。

上述网络安全规划出现的问题，主要原因有以下几个方面。

第一，高级管理层没有充分认识网络安全的重要性，更多满足合规为准，不愿花费更多的成本进行网络安全建设。

第二，高级管理层不完全了解金融科技与网络安全发展的新情况和新趋势，缺乏必要的了解渠道，不利于网络安全的规划和执行。

第三，规划制定与建设缺乏全局观，网络安全人员仅根据发现的问题找解决方案，缺乏对企业本身业务战略、科技战略的理解。

第四，自身网络安全能力薄弱，网络安全规划主要依赖自身人员现有能力及安全厂商提供的素材。

第五，就技术谈技术，网络安全相对专业，在规划过程中其他相关人员难以提供建议，网络安全人员较少征询其他部门人员意见。

2. 网络安全建设需要形成体系化

针对金融行业，中国人民银行于2020年11月发布《金融行业网络安全等级保护实施指引》。该指引以国家网络安全等级保护2.0为原则，以金融行业自身特性为基础，形成兼顾技术与管理的金融行业网络安全保障框架，包含两项要求和两个体系，遵循技管交互、综合保障的原则。

金融网络安全建设是伴随金融科技应用发展起来的，结合一系列的国内外的网络安全框架体系构建而成，但是在实际的网络安全建设中仍然存在一些通用性的问题，主要体现在管理、技术、人员三个方面。

（1）网络安全管理

金融机构按照信息化建设进程的实际需求，逐步建立起安全管理组织架构和各项适合的安全管理制度。针对实际运行监测情况，通过调研发现金融业网络安全管理的主要关注点有三个（见图9-2）。

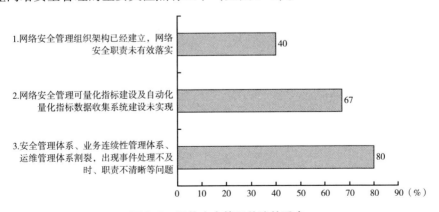

图9-2 网络安全管理关注的重点

资料来源：《腾讯云金融业网络安全现状调研报告》，2021年11月。

上述网络安全管理出现的问题，主要原因有以下几个。

第一，领导层在网络安全工作中未有效履职，监督层缺乏有效工具，执行层缺乏安全考核机制。

第二，可量化指标主要集中在滞后性指标，不能有效预测安全风险。自动化量化指标数据收集工具需要定制开发。

第三，安全管理、业务连续性管理、运维管理三个体系分属不同部门，需要高级管理层组织协调进行有机融合。

（2）网络安全技术

金融行业网络安全技术建设的成熟度普遍处于较高水平，通过购买、自研基本可满足网络安全技术体系的需要，但这也导致了安全操作的复杂和安全人员数量的增加，以及安全运维人员每天面对多达几万条的告警处理疲于奔命，其中包括虚报、低风险告警等。

目前在网络安全技术方面，通过调研发现其主要关注点有四个（见图9-3）。

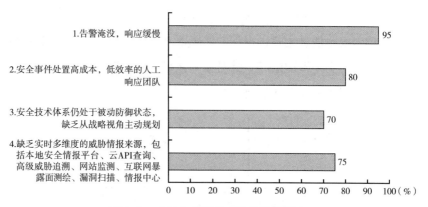

图9-3 网络安全技术建设关注的重点

资料来源：《腾讯云金融业网络安全现状调研报告》，2021年11月。

上述网络安全技术出现的问题，主要原因有以下几个。

第一，部署众多异构的安全工具，虽然可实现纵深防御，但也带来了更多的安全告警，安全运维人员无法准确研判、处置这些告警。腾讯云推出的SOC，集成了SOAR的安全编排、自动化与响应功能。

第二，传统协作方式缺失安全成员之间的交互（作战室）、机器与机器的交互（API）、人与机器的交互（NLP）。

第三，想打赢一场"战争"没有精准的"情报"是不可能。在网络安全的攻防战中，威胁情报是智能化安全的基础，是基于证据的知识，包括场景、机制、指标、含义和可操作的建议。作为金融网络安全技术的有效支撑，威胁情报必须是全方位、多维度、海量的，其来源包括本地安全情报平台、云 API 查询、高级威胁追溯、网站监测、互联网暴露面测绘、漏洞扫描、情报中心。

（3）网络安全人员

网络安全人员的数量和质量是我国网络安全发展的短板。2021 年 10 月 12 日，网络空间安全学科专业建设与人才培养论坛暨第十五届中国网络空间安全学科专业建设与人才培养研讨会发布《网络安全产业人才发展报告》（2021 年版），报告显示，疫情防控常态化时期网络安全人才需求快速增长。由于疫情的影响，2020 年网络安全行业的人才需求和供给明显下降，人才需求增幅为-8.48%。但 2021 年上半年，网络安全人才需求快速回暖，增幅达到 39.87%，超过 2019 年的 16.11%。

目前情况，IT 信息技术行业和互联网成为网络安全人才的集中地，千人以上规模的大（中）型民营企业抢占了部分网络安全人才市场。金融行业特别是传统金融行业，也急需一大批专业的网络安全人员，但他们在招聘的时候却要求网络安全人员学历高、能力强、吃苦耐劳（值班）等，这严重缩小了招聘范围，加上互联网企业的高薪影响，传统金融行业流失了一部分人才，因此金融行业网络安全岗位难以招到合适人员，始终处于缺人的状态。

在金融网络安全人才方面，除了人员短缺问题还需要关注图 9-4 所示的重点。

针对图 9-4 中安全人才建设出现的问题，其主要原因是网络安全人才队伍建设方面的投入不足，需要周期性开展可持续的培训、竞赛、演练、交流和评估活动，强调安全技术能力、业务能力的提升，建立和完善多层次的网络安全人员晋升机制和考核方法。

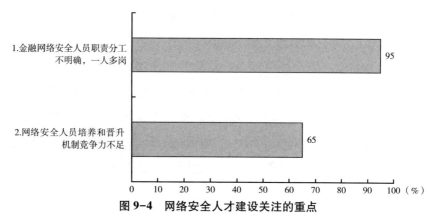

图 9-4　网络安全人才建设关注的重点

资料来源：《腾讯云金融业网络安全现状调研报告》，2021 年 11 月。

三　2021年网络安全技术及应用现状

2021 年世界主要国家和地区推出关键信息基础设施保护、供应链安全、数据安全、个人信息保护等方面的法规和政策，与此对应的各国网络安全企业积极探索以网络弹性为代表的网络风险防范技术、以多方安全计算为代表的数据隐私保护技术。

（一）零信任网络安全架构开启应用

新冠肺炎疫情促使了混合办公模式流行，零信任网络安全架构得以启用，降低了金融企业被攻击的风险。零信任的核心思想是"永不信任、始终验证"。零信任通过假定人、终端、资源等都是不可信的，建立人到终端到资源的信任链，并动态实时校验信任链，实现对资源的安全可信请求，阻断对数据的攻击。

在零信任网络安全架构下，传统的网络边界已经不再重要，无论在何种网络状态下，每一次对资源的请求，都需要经过信任关系的校验。

在零信任网络安全架构下，用户资源访问模式的零信任实现方案涉及的核心元素有以下几个。

第一，用户：访问的主体，即真实自然人在网络中的身份映射。

第二，终端：发起访问用的设备，系统环境软硬件、发起访问的可执行程序代码。

第三，资源：最终要访问的和获取的客体，通常为内部应用系统。

第四，链路：终端访问服务器的网络通道、网络链路。

目前主流的零信任安全管理系统是基于 4T 可信（身份可信、设备可信、应用可信、链路可信）的安全原则，对业务访问的整个过程进行持续权限控制与安全检查，实现了 4A（Anywhere、Anytime、Anydevice、Anywork）的零信任办公安全体系，能够在保证 IT 运行安全的同时提高员工工作效率，提升整体竞争力。

零信任安全管理系统功能示意如图 9-5 所示。

图 9-5 零信任安全管理系统功能示意

（二）数据安全技术迎来发展机遇

国家陆续出台相关法律政策，统筹发展和安全，推动数据安全建设。强化数据安全技术自主创新，加速数据安全标准国际化进程，积极开展数据安全技术创新，提升产品性能，促进数据安全技术的成果转化。另外，数据已成为新生产要素，数据被充分共享流转以产生价值，获得企业关键数据成为各种攻击的首要目标。

围绕数据生命周期的安全体系化建设在金融行业得到广泛认可，强调以数据资产为中心，实现数据资产测绘、敏感数据发现、数据分级分类、数据资产态势分析，以及在数据生命周期过程中采用相关安全技术，对数据资产进行全方位保护。覆盖数据生命周期的安全技术方案如图 9-6 所示。

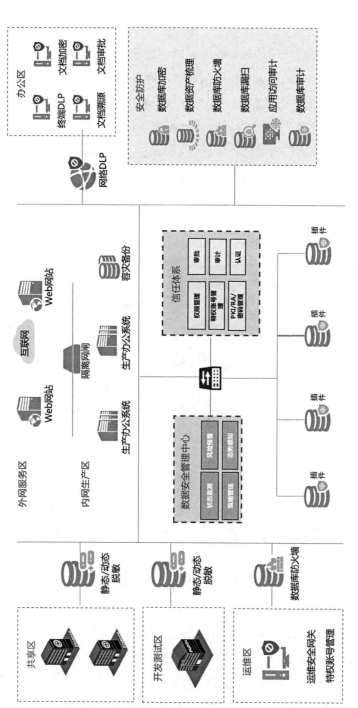

图 9-6　覆盖数据生命周期的安全技术方案

数据安全离不开密码学的应用，密码学应用是指基于密码学与人工智能、区块链等学科技术的融合，实现面向隐私信息全生命周期保护的计算理论和方法，目的是在保障数据本身不对外泄露的前提下实现对数据的分析计算。

隐私计算中有很多融合了密码学的子技术应用，例如多方安全计算、同态加密、零知识证明、联邦学习等技术在金融行业数据安全领域大放异彩。

（三）态势感知为安全运营人员带来福音

态势感知技术的应用是随着安全运营体系而逐渐完善起来的。如今的金融企业面临来自外部的更具针对性的攻击，例如 APT 攻击、商业电子邮件入侵（BEC）等。出于牟利、数据窃取、商业情报竞争等目的，这类攻击通过武器化工具、零日漏洞等以更加隐蔽的攻击手法实施攻击、对抗已有安全防护体系。金融企业需要更快更早识别这些高级威胁，缩短检测周期（TTD），以降低危害和减少损失。另外，金融业现有安全运营产品难以从海量安全事件中识别出无误报、高风险的高价值安全告警，关键事件、重要告警则被大量数据所淹没，安全事件的过载和告警疲劳使得安全运营失效。

态势感知系统围绕安全运营和风险管理，构建了以安全检测为核心、以事件分析和威胁情报为重点、以可视化为特色的安全运营中心，针对金融企业面临的外部攻击和内部潜在风险进行深度检测，为金融企业提供及时的安全告警。态势感知系统通过对海量数据进行多维度分析、及时预警，并且对威胁及时做出智能处置，实现金融企业全网安全态势可知、可见、可控的闭环。态势感知系统如图 9-7 所示。

态势感知系统基于对设备、网络和环境的持续、深层的监控、分析来构建融合了防御、检测、响应和预测的循环迭代式应对机制，建立自适应安全体系，弹性应对来自外部和内部的未知威胁。

态势感知系统针对黑客入侵攻击链的全过程、持续性监测与检测，提供事件排序、关联、狩猎等功能。针对发现的事件进行管理、工单跟进，联动防御设备进行处置封禁。通过编排和执行安全剧本的方式，完成原来需要多

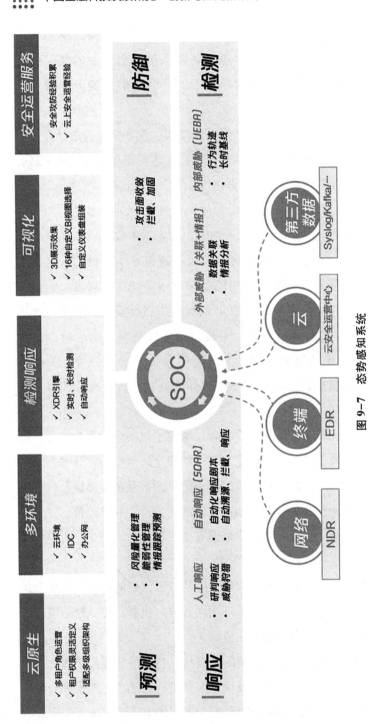

图 9-7 态势感知系统

人多系统多界面在线协同才能处置的安全任务，大幅节约了响应时间，降低了对人员的依赖。

态势感知系统支持对特别重大的事件进行调查，留存证据，在整套机制上循环往复，保障应急处置质量，提升金融企业安全团队整体水平。

（四）隐私计算为数据隐私安全提供更友好的支持

隐私计算（Privacy Computing）是一种由两个或多个参与方联合计算的技术和系统，参与方在不泄露各自数据的前提下通过协作对他们的数据进行联合机器学习和联合分析。

隐私计算平台是以联邦学习、多方安全计算、可信执行环境等隐私数据保护技术为基础的信息系统，针对机器学习算法进行定制化的隐私保护改造，保证原始数据不出本地即可完成联合建模，支持多方安全隐私保护集合求交技术（PSI）、安全隐匿查询、安全统计分析，提供基于硬件的可信执行环境。通过腾讯云安全隐私计算，各合作机构既能保障数据安全，又能发挥数据最大价值，帮助金融业解决业界数据孤岛的难题（见图9-8）。

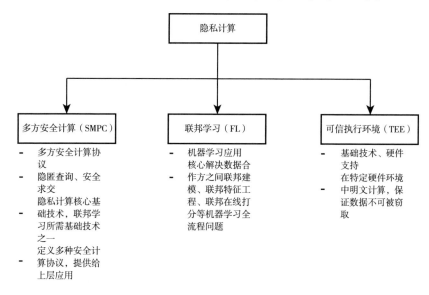

图9-8　隐私计算平台功能示意

隐私计算平台一般包含联邦学习（FL）、多方安全计算（SMPC）、可信执行环境（TEE）3 个部分，平台主要提供节点管理、数据接入、安全求交、特征工程、数据分析、模型训练、模型管理等功能。

银行、保险等金融行业的业务场景，都会涉及跨机构、跨部门的数据合作，但数据隐私泄露问题又是一个长期无法逾越的障碍。隐私计算平台正好完美地解决了这个问题，只需在合作方之间传递加密中间参数即可完成联合建模，最大化保障了合作方之间的数据安全。

第二节　金融网络安全创新应用案例

一　中国建设银行数据共享安全计算平台

中国建设银行秉承数据互联互通和安全合规并重的双重原则，构建"金融无界、数据有界"的护城河，在营造数据"取之有据、用之有道、护之有术"的良性数据生态基础上，高度重视数据安全，在隐私计算这一新兴技术领域有针对性地进行布局，持续耕耘与投入，并落地应用。中国建设银行将联邦学习、多方安全计算等技术有机整合，建设企业级数据共享安全计算平台，基于隐私计算和密码学底层算法，选取成熟可靠的底层算法作为支撑，从技术层面满足数据最小化、完整性和机密性等监管要求，确保数据输入、计算、输出全程加密保护，实现数据的"可用不可见，相逢不相识"。同时，积极探索新的业务模式，扩展外部数据连接，解决数据供给侧和需求侧匹配的问题，推动建设机构间数据交易网络与数据共享生态，促进数据有效融通。

随着信息技术的不断创新与应用，全球已经进入数字化时代，我国也不断深化数据战略的谋篇布局，国家"十四五"规划中提到，要激活数据要素潜能，充分发挥海量数据和丰富应用场景优势，促进数字技术与实体经济深度融合。银行作为金融中介，互通互联，是一个高度数据化的机构。

在数据爆发式增长、海量集聚、不断创造价值的同时，其安全保护、合规应用等问题也成为社会各界关注的焦点。国家相继推出了《数据安全法》《个人信息保护法》等法律法规，规范了数据处理活动，要求数据在开发利用过程中必须保护个人、组织的合法权益，维护国家主权和安全。

另外，联邦学习、多方安全计算等技术逐渐成熟并快速普及，促进了数据要素的安全流通，为激活数据要素流动性提供了安全可靠的解决方案。

（一）待解决的问题

自 2020 年以来，中国建设银行按照"建生态、搭场景、扩用户"的数字化经营理念，全面开启数字化经营探索。数据作为新的生产要素，已成为金融数字化转型的基础性、战略性资源。

作为海量数据的集结地，中国建设银行迫切希望通过一套科学的、系统的技术体系，促进数据流通共享，破除数据孤岛，充分发挥数据价值。

多方的数据协作已经成为数据应用的重要路径，需要在满足监管要求的情况下，实现数据的互联互通。对于数据拥有方，可以保护其原始数据隐私安全，对于数据适用方，可以使其在不掌握加密数据内容的前提下，准确得到所需的数据分析结果，并保护查询条件。在数据共享过程中可以有效保护个人信息，实现数据安全流通的同时，为数据的真实性、数据确权等合规问题提供可行解决方案，实现数据共享全流程可记录、可验证、可追溯、可审计。

隐私计算技术是一套包含密码学、数据科学、人工智能、安全硬件等众多领域的交叉融合的跨学科技术体系，因此可以利用隐私计算技术构建数据共享安全计算平台，以保护数据全生命周期隐私安全为基础，实现对处于加密状态或非透明状态下的数据的计算和分析，在确保各方原始数据隐私安全的同时，完成对多方数据的融合计算，从而为数据流通与业务融合过程，提供了数据安全合规应用的技术路径和解决思路，兼顾数据价值和安全的平衡。

（二）解决方案

1. 概述

中国建设银行将自主建设完成的数据共享安全计算平台作为数据协作过程中履行数据保护义务的关键路径，有效保护数据安全，确保跨机构数据融合应用有序进行。最终完成数据共享安全计算平台的需求调研、功能设计、研发、测试、上线和推广。

在详细梳理了当前隐私计算各条技术路线以及应用模式后，中国建设银行将联邦学习、多方安全计算等技术有机整合，以支持金融行业各类潜在且复杂的应用场景。数据共享安全计算平台总体技术架构由两部分组成，计算子系统和管理子系统。计算子系统可根据客户环境要求进行部署，支持建行公有云及外部私有云等多种跨云服务部署方式，提供数据管理、联合建模、联合查询、联合运算等服务，另一部分是已部署于建行云的管理子系统，与计算子系统信息交互，统筹管理，提供数据交易市场、数据存证审计等服务。

2. 平台主要功能

数据共享安全计算平台体系包含数据层、算法层、服务层、应用层四个层次，体系架构如图9-9所示。平台依托数据层对内外部多方数据进行采集和治理，结合密码学算法、区块链存证等底层算法通过联合查询、联合运算、联合建模等核心能力，在保证金融机构内部数据、外部数据、宏中观数据均不出域且安全的情况下，实现安全高效合规的融合计算，进而结合行业认知应用于业务决策流程中，最大限度地激活数据的业务价值，实现业务需求和数据供给的连接。平台在功能上分为三大方面。

第一，面向企业租户提供核心的数据市场、模型市场、建模和管理控制台等几大功能。

第二，监管功能是指面向监管用户提供的监管服务功能，包括租户、数据、任务的查看功能以及审计功能。

第三，隐私计算任务执行相关的运营、认证中心、存证审计、计算节点等功能。

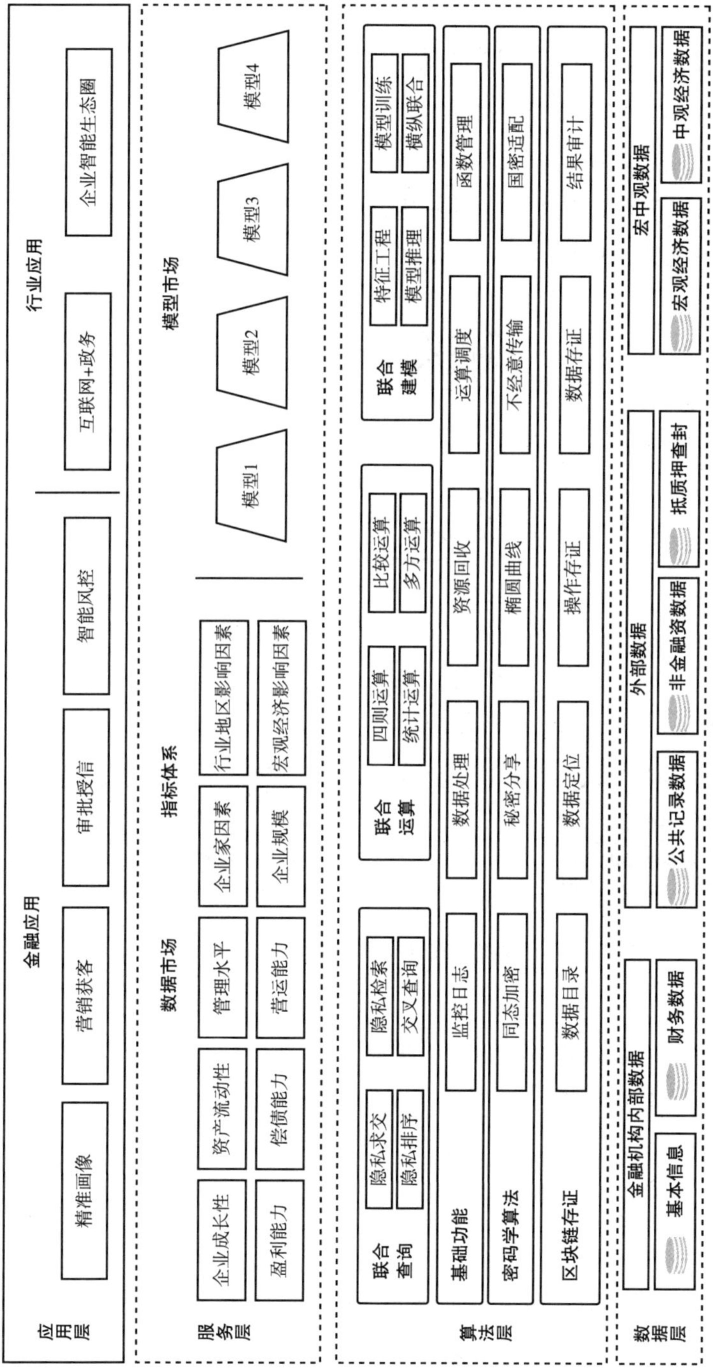

图 9-9 数据共享安全计算平台体系架构

3. 平台部署

数据共享安全计算平台采用容器方式部署，具备"集中管理、分布式计算"的部署架构，确保企业级平台稳定、有序运行，机构可根据计算能力要求灵活投入计算资源，核心功能采取可插拔方式，满足客户定制化需求。平台管理所有客户计算节点，同一客户支持部署多个计算节点。数据共享安全计算平台部署架构如图9-10所示。

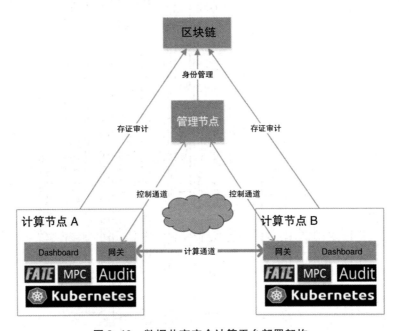

图9-10 数据共享安全计算平台部署架构

第一，平台负责数据市场管理、模型市场管理和任务管理。充分隔离生产数据，保护客户数据安全。

第二，计算节点提供可视化工具，实现任务详情、离线审计等功能。

第三，平台管理所有用户，节点均支持证书认证，可有效保障数据使用安全。

第四，数据计算通道采用点对点直连的方式，可减轻服务器中转压力，提升通信效率。

第五，使用区块链实现存证审计功能。

第六，支持密码算子可插拔、可替换，技术路线灵活。

4. 平台主要特点

数据共享安全计算平台具备中心化管理、分布式计算引擎、完整存证审计和数据与模型市场四个特点。

中心化管理是指平台存在中心管理节点，负责账户和权限管理、节点管理与资源监控，有存证审计职责，能更好地支持商业银行内外部的隐私计算业务需求。

分布式计算引擎是指平台具备可插拔、可配置的自由定义计算引擎，支持算子灵活插拔和复合算子配置，技术路线丰富，支持拖拉拽等可视化配置操作，功能全面。

完整存证审计是指针对当前主流隐私计算算法无法抵抗恶意攻击的缺陷，利用区块链技术，基于其不可篡改的性质，将原始数据、操作记录和运算过程进行哈希存证并上链，以及对计算过程中的作恶行为进行审计。

数据与模型市场是指平台具备发布数据描述和样本信息、发布需求信息匹配合作机构、线上数据申请与审批、线上进行数据和模型服务等能力，为新的数据融通模式提供思路。

平台具备灵活丰富的架构，在详细梳理了当前隐私计算各条技术路线以及应用模式后，将联邦学习、多方安全计算等技术有机整合，使平台同时具备联合查询、联合运算、联合建模、存证审计等多种功能，支持金融行业各类潜在且复杂的应用场景。

（三）案例应用实践及效果

中国建设银行持续探索隐私计算技术在集团内外的实际落地场景，充分发挥数据作为生产要素的价值，赋能 ToB、ToC 和 ToG 等多种场景下的业务创新，覆盖精准营销、风控等业务场景，并在反欺诈、征信、供应链金融、企业财务、运营管理等多个多方数据协作场景开展探索。

首先在集团内发掘隐私计算技术需求场景，先后针对中国建设银行同建信基金、建信人寿等子公司间，不同法人主体下数据共享使用的隐私计算场景进行挖掘和落地。数据共享安全计算平台在集团内部的部署应用见图9-11。在建信基金案例中，使用纵向联邦学习技术，针对客户基金持仓情况，对不同客群进行定制化模型训练，实现多种模型下的用户识别与分类，相比于传统单方建模，联合建模的模型预测准确率提升5%~10%，基金客户营销响应率提升10%~30%。基于该场景完成的"联邦学习及联合建模在隐私保护中的应用"课题，获得中国信通院隐私计算"星河"案例奖。

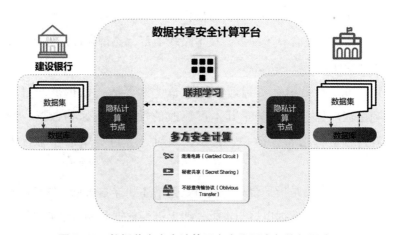

图9-11　数据共享安全计算平台在集团内部的部署应用

　　在集团内挖掘落地场景的同时，中国建设银行积极参与多个省市的政务平台建设工作，在建设过程中积极推动探索政务数据与银行数据的融合应用新场景；积极参与业内隐私计算技术相关的可行性论证、安全性检验、安全标准制定等工作。

　　隐私计算作为新兴技术，面临效率和性能提升、场景探索、生态建设等多重挑战。在应用过程中，关于个人信息主体权利请求的实现，以及参与各方权利义务的边界等，都需要法律进一步明确。与此同时，数字价值与安全保护是一项系统性工程，尚需要进行更多的专业探索，以更好地适应数字时代的发展需要，中国建设银行将与同业共进步。

二 国泰君安证券股份有限公司金融网络安全案例

2018 年国泰君安已完成大数据分析平台的构建，具备全网数据集中采集、分析、处置及响应的流程自动化能力，并通过引入微步情报平台与安全体系以及大数据平台融合，提升威胁检测、分析的基础能力。为了提升威胁发现的全面性，情报能力仍需要进一步提升。

（一）待解决的问题

第一，情报类型较为单一。现阶段存在的情报类型主要为 IP 和域名情报，缺少其他战术及更高级的战略情报，威胁的可预见性需要提升。

第二，被动查询情报。对于情报利用主要为被动查询，并没有基于企业内部信息化数据主动挖掘有价值的情报，缺少主动探测企业风险的能力。

第三，多源情报需整合。对于后续引入的多个情报源需要进行集中管理，统一查询并返回唯一结果，便于威胁的进一步综合分析及研判。

围绕习近平总书记的国家网络安全观，网络安全法律法规体系陆续完善，其中《网络安全法》要求建立网络安全监测预警和信息通报制度，《关键信息基础设施安全保护条例》要求建立监测预警、信息通报、应急处置、网络安全信息共享机制，《网络安全等级保护条例》要求三级以上系统集中管控、集中监测，构建监测发现能力、预警通报能力、应急处置能力、态势感知能力。中国人民银行发布的《金融科技（FinTech）发展规划（2019—2021 年）》也强调需要建设统一的金融风险监控平台，构建风险联防联控机制，强化风险信息披露和共享能力。由此可见，国家和行业监管部门已将事件通报预警与情报协同共享的能力作为网络安全的建设重点和关键能力监管指标。

基于以上现状，国泰君安启动多源情报中心构建项目，借助威胁情报以及共享机制，通过广泛多元的情报整合、自有情报数据挖掘及数据共享机制，将准确、有价值的情报在集团内各业务线共享和消费，最大限度地提升网络安全防御体系能力，提高现有安全体系对于威胁的主动防御能力。

（二）解决方案

1. 多源情报管理与共享中心架构设计

多源情报管理与共享中心架构见图 9-12，包括多源数据采集、数据融合、情报质量评估与管理、情报共享输出等核心模块。多源数据采集模块包括内部情报和外部情报数据采集接口，内部情报采集接口可对接 NDR、EDR、蜜罐蜜网、安全沙箱、态势感知等各类企业信息化告警数据，外部情报数据采集接口对接商业情报、外部风险情报、互联网数据等各类威胁情报数据；数据融合模块将采集的数据进行格式统一、标准化、关键字段提取、去误报等生产、融合处理；依托情报质量评估与管理模块执行自有情报的生产及多源情报的融合集中管理；情报共享输出模块对于多源情报中心集中管理的情报，支持以 API 方式提供每秒处理 30000 次的情报查询请求能力，稳定对接态感、处置平台、CMDB 资产库等各类平台，利用高质量的威胁情报，落地全网实现主机检测、大数据平台威胁关联分析、情报联动处置、资产安全、基于情报的重保自动化攻击阻断等场景。

2. 功能设计（核心能力）

（1）多源数据采集能力

多源数据采集是多源情报中心的关键技术之一，可以接入不同来源的数据，包括网络基础数据、样本基础数据、企业内部数据（告警日志、资产数据、流量日志、漏洞数据）、外部数据（商业情报、开源情报、互联网数据）。一方面，多源数据采集保证了威胁情报数据的全面性；另一方面，可以对多源数据进行交叉验证。另外，多源数据采集可以减低单一来源数据不准确或出现中断影响情报生产的风险。

内部情报数据采集主要是采集现有的相关安全系统、业务系统、网络设备提供的信息化数据，具体如下。

第一，基于设备产生的日志数据，NDR、EDR、安全沙箱、SOC、SIEM 等安全系统数据，以及网络设备、业务系统日志数据。

第二，资产及流量数据，利用探针等技术获取的来自信息资产、网络流量的相关安全信息，如漏洞信息、IP 数据包信息、行为信息、特征信息等。

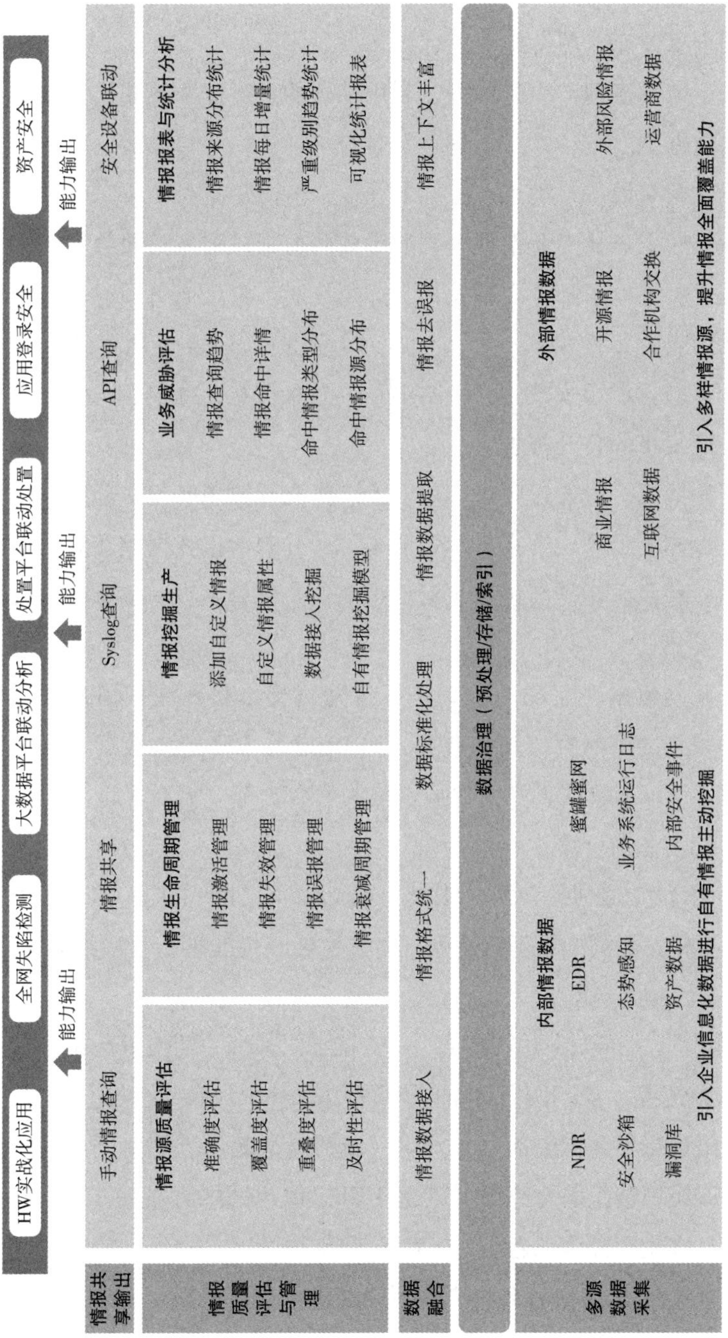

图 9-12　多源情报管理与共享中心架构设计

能力输出

HW实战化应用	全网失陷检测	大数据平台联动分析	处置平台联动处置	应用登录安全	资产安全
手动情报查询	情报共享	Syslog查询		API查询	安全设备联动

情报共享输出

- **情报源质量评估**
  - 准确度评估
  - 覆盖度评估
  - 重叠度评估
  - 及时性评估

- **情报生命周期管理**
  - 情报激活管理
  - 情报失效管理
  - 情报误报管理
  - 情报衰减周期管理

- **情报挖掘生产**
  - 添加自定义情报
  - 自定义情报属性
  - 数据接入挖掘
  - 自有情报挖掘模型

- **业务威胁评估**
  - 情报查询趋势
  - 情报命中详情
  - 命中情报类型分布
  - 命中情报源分布

- **情报报表与统计分析**
  - 情报来源分布统计
  - 情报每日增量统计
  - 严重级别趋势统计
  - 可视化统计报表

情报质量评估与管理

数据融合

情报格式统一	数据标准化处理	情报数据提取	情报去误报	情报上下文丰富

数据治理（预处理/存储/索引）

情报数据接入

多源数据采集

内部情报数据

- NDR
- 安全沙箱
- 漏洞库
- 蜜罐蜜网
- EDR
- 态势感知
- 资产数据
- 业务系统运行日志
- 内部安全事件

引入企业信息化数据进行自有情报主动挖掘

外部情报数据

- 商业情报
- 互联网数据
- 开源情报
- 合作机构交换
- 外部风险情报
- 运营商数据

引入多样情报源，提升情报全面覆盖能力

第三，基于已有的安全知识库产生的数据，安全知识库包括漏洞库、病毒样本库、安全事件库、黑客组织库、设备指纹库等。

第四，基于蜜罐蜜网产生的数据，利用部署的蜜罐蜜网系统，捕捉相关威胁攻击信息数据。

外部情报数据有以下几类。

第一，商业情报。从专业情报公司购买威胁情报，引入情报数据，主要有以下几个模式：①电子邮件定期发送，如每小时、每天或每周；②订阅信息，提供指标列表，各种格式（如 JSON 或 CSV）的列表定期发送；③脚本，利用 API 从数据源（如数据库或网站）提取信息；④特别发布信息，威胁情报提供商发布的公开报告。

第二，开源情报。可通过爬虫、API 接口获取开源 10C、安全社区、新闻媒体、社交媒体的公开安全报告。一般来说，开源情报数据源较多，但是情报质量一般，获取后还需要进一步对情报真伪、信誉度进一步分析，验证后方可入库。

第三，互联网数据。互联网数据是通过网络爬虫和云端扫描探针等方式，从互联网采集的网络资产基础数据，如 IP 指纹、IP 定位数据、Web 指纹、DNS 数据、Whois 数据、社工数据、漏洞库数据等。需要保证各类数据的持续性、准确度和新鲜度。

第四，其他合作方数据。其他合作方数据包括 IP 管理机构、网站备案机构、域名管理机构、漏洞的管理机构等产生的数据，主要通过 API 接口接入。

（2）异构数据融合能力

异构数据融合主要包括两个维度，一是将不同来源的情报进行聚合，对商业情报、开源情报、自产情报等不同来源的情报进行归一化处理；二是将不同内容的情报进行聚合，包括 IP、域名等基础信息情报、漏洞情报、恶意软件情报、黑客组织情报、恶意 IP、恶意 URL、僵尸网络情报等。融合的主要关键技术包括去重、去伪、老化、封装（见图 9-13）。

第一，去重。由于情报有多种来源所以会出现重复情报，而情报的表现形式又具有差异，因此去重的问题就需要解决。去重包括同源去重和多源去

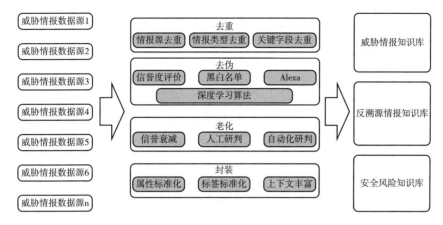

图 9-13 异构数据融合处理流程

重两部分。同源去重是在接入阶段的预处理，基于关键的数据字段，去除重复部分，合并其他的威胁分类等字段。多源去重将多源多类的情报或安全信息按唯一的关键字段（一般来说是 IP、域名等字段）进行去重，合并情报来源、类型、TLP、评分等字段。

第二，去伪。情报中可能掺杂着错误情报，因此去伪工作也是需要关注的。可结合信誉度评价机制对数据进行验证，去除其中的错误、失效、无效、不合理的数据。

第三，老化。针对不同类型的数据定义对应的信誉评分衰减机制，还需要设计输出阈值，通过信誉评价机制持续监控安全情报和基础信息数据，去掉信誉值衰减到低于输出阈值的相关数据，以保证输出质量。

第四，封装。根据定义好的输出数据结构，对分析研判后的安全情报或基础信息数据进行封装打包。

（3）私有情报生产能力

情报生产模块支持汇集 NDR、EDR、安全沙箱、SOC、SIEM 等安全系统数据告警日志以及 VPN、登录口、邮件口等业务异常告警日志，自动提取告警三元素，通过多种基于告警日志的关联分析模型自动提取情报指标项，自动补充丰富情报指标项上下文信息与网络基础信息，生产出符合自身要求的情报，并能够展示情报的生产过程、生产时间与情报标签，允许用户自定义可信度阈值，手动干预生产质量，同时可对生产的情报进行导出、启用或禁用、删除等操作，实现对生产情报的有效管理和控制。

目前情报生产模块会对每日攻击数据以及攻击日志进行模型计算，计算出每个攻击 IP 的威胁值，再向行业机构进行共享。具体包括以下几个维度。

第一，攻击次数。根据攻击的次数来计算威胁值，平均每个资产受到的攻击次数越多，则威胁值越高。具体算法如下：

$$T_a = \frac{\mathrm{SUM}(N_1, \cdots, N_{30})}{M_1} \times W_1 + \cdots + \frac{\mathrm{SUM}(N_1, \cdots, N_{30})}{M_n} \times W_n$$

其中，T_a 为该攻击 IP 的威胁值，SUM（N_1，$\cdots$，N_{30}）表示该攻击 IP 近 30 天内在一家机构的攻击告警总数，M 为每家机构的资产数量，W 为每家机构的权重值，大型机构的告警准确性较高，权重也相对较高。

第二，攻击范围。根据情报中攻击 IP 攻击的机构数量、IP 或域名数量来计算威胁值，一个攻击 IP 攻击的机构和目标系统越多，范围越大，则威胁值越高。具体算法如下：

$$T_b = \log_a(N \times W_1 + S \times W_2 + D \times W_3)$$

其中，T_b 为该攻击 IP 的威胁值，a 为对数算法参数，N 为受攻击的机构数量，S 为受攻击的 IP 数量，D 为受攻击的域名数量，W 为攻击范围权重参数。

第三，攻击行为。根据攻击的类型来计算威胁值。如果攻击 IP 主要是信息收集、扫描探测类行为，则威胁值相对较低；如果有命令执行、木马上传、SQL 注入等攻击行为，则威胁值相对较高。具体算法如下：

$$T_c = B_1 \times W_1 + \cdots + B_n \times W_n$$

其中，T_c 为该攻击 IP 的威胁值，B 代表该攻击 IP 使用的攻击类型，W 为每种攻击行为的权重，攻击行为的风险和危害越大，则权重越高。

（4）多源情报管理能力

随着多源情报的接入，需要将多源情报整合成为唯一且准确的情报。情报的整合主要包括对不同情报源的评估以及对情报数据的整合。对不同情报源的评估除了有助于做出更好的投资决策，采购和使用更高质量的情报源，还可根据评估结果更好地进行情报的标准化处理。情报数据的整合工作则是将情报信息进行归一化，使内部的检测及响应工作能够从统一的数据源获取威胁检测能力。多源情报管理系统见图9-14。

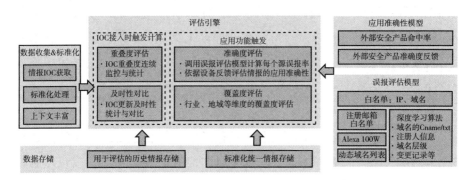

图9-14　多源情报管理系统

第一，威胁情报数据融合。

格式冲突的解决措施。多源异构数据的融合是首先要解决的重要难题，不同系统不同数据源承载的数据内容、格式存在较大差异，而威胁情报具备统一的数据标准与格式（如业内统一的STIX）。应用威胁情报对多源数据进行统一的处理，可实现事件的归一化处理，且能够提取更加丰富的事件上下文信息。例如IPS和防火墙产生的报警信息，均能够通过威胁情报的匹配，得到事件对应的统一的风险级别、可信度、所处地域、对应团伙等信息。

情报数据互斥的解决措施。情报的互斥即A情报说某IP是无害地址，B情报说同一个IP是恶意地址，通过长期实际应用以及评估，目前平台主要是依托权重法进行解决。了解多个情报源的特点，并针对每个情报源进行不同的权重分级。例如根据长期工作判定A情报源非常准确，则可以调高A情报源权重，当发生情报互斥时，A情报源可以一票否决。

字段差异化的解决措施。情报的字段差异化即 A 情报源有 a、b、c 三个字段，B 情报源有 w、x、y、z 四个字段，然而其实 A 情报源的 a 字段和 B 情报源的 w 字段是一个类型，情报的字段差异化最终由情报源厂商提供具体信息后，由多源情报管理系统进行统一管理。

第二，威胁情报数据关系抽取。

将大量的威胁情报进行关联，能够帮助安全人员更好地掌握整体的外部威胁状态。例如按照情报的地区进行关联，可以掌握不同地区的威胁现状；按照基础数据将多个威胁情报组织起来，可以掌握黑客组织掌握的相关资产，如不同的域名、IP 以及对应常用的黑客工具。引入维度数据，利用关联分析技术，可以实现多个情报的关联。同时，系统应用可视化技术，将情报之间的关联关系以易于理解的方式进行展示，并提供分析下钻功能，最大范围挖掘情报之间的关联关系。

系统中可用于关联分析的关联关系包括以下几个。①IP、域名、IP 与域名的对应关系，恶意样本集、样本与域名、IP 之间的关系，以及注册人信息。期望提供的数据包括每日百万级新增的域名数据、Passive DNS 数据以及域名 Whois 信息。②情报管理系统的本地关联关系。该关联关系可通过情报自身的属性自动获取，系统同时提供手工配置不同情报之间关联关系的功能。

（5）多源情报质量评估能力

该模块对不同情报源提供四个方面的评估。

第一，准确度评估。该模块提供了基于多维度考虑的误报评估模型，其中包括从外部收集的 IP 与域名的白名单和动态域名列表、注册邮箱白名单、Alexa 前 100 万的域名列表，并基于域名的基础信息、注册人信息以及域名的一些基础信息和历史变更记录，训练了深度学习模型，可准确在海量的情报中发现误报的情报。该功能需要在系统上通过用户触发或定期自动触发生成报表。利用外部安全设备的情报命中情况来判断该情报的准确度。同时，对于部分可以标记命中结果的产品，如 SOC 可对命中结果标记是真正告警还是误报，则将对应的标记结果反馈给情报管理平台，该反馈可作为准确度的评估标准之一。

第二，覆盖度评估。对各来源的有效情报，针对情报在行业、地域、威胁类型等方面的覆盖度进行判定。该功能需要在系统上通过用户触发。

第三，重叠度评估。每次情报更新时，对情报源之间的相互重叠度进行评估，并依据系统配置的监控周期，定期计算一定时间段内的情报重叠度均值作为对应情报源的评估结果。该功能在每次情报源数据进行更新时自动触发。

第四，及时性对比。在每次情报更新时，对比每个情报的及时性，对于其他已经更新的情报数据，认定为及时性较差，且相隔时间越长，其及时性分值越低。依据系统配置的监控周期，定期计算一段时间内各情报的及时性分值作为对应情报源的评估结果。该功能在每次情报源数据进行更新时自动触发。此外，系统将结合误报率和基础数据等多个方面，对情报源的及时性进行对比分析。

（6）情报共享输出能力

该模块不仅提供情报数据，还支持根据该用户已命中的情报进行内部关联分析，从海量告警到威胁情报，再到对情报进行聚类分析，得到针对该用户的、制造告警的背后团伙情报，包括团伙资产、团伙报告、处置建议和专杀工具等附加信息。

除此以外，该模块还能提供分支节点共享能力，即主节点可以分发情报给多个下级从节点，下级从节点具备完整情报管理能力，除消费情报外，对于从节点自行生产的情报也支持上交给主节点，并由主节点进行二次分发，最终达到"单点感知、整体防御"的效果（见图9-15）。

3. 情报应用场景落地实践

证券行业关键基础设施承载着高价值业务数据和个人敏感信息，安全合规和实战化建设需走在各行业前列。面对海量告警精准研判、自动化智能处置、未知威胁发现预警等高阶安全需求，国泰君安将多源情报中心的威胁情报融入自身的安全运营体系中，并赋能给各业务线，通过丰富的威胁情报数据，整体提升了高级威胁检测、事件研判分析、自动化联动封禁等方面的能力。

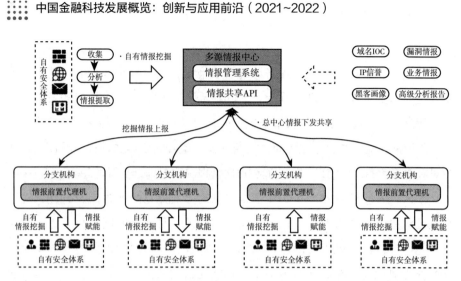

图 9-15　多源威胁情报共享

威胁情报落地实践如图 9-16 所示。

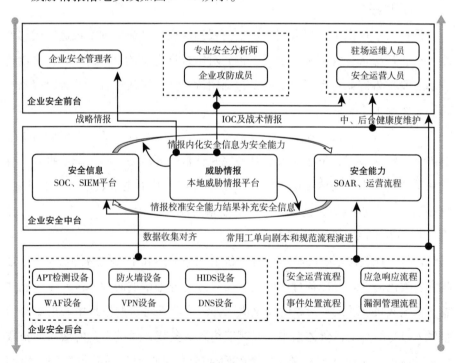

图 9-16　威胁情报落地实践

基于威胁情报平台内置的丰富情报数据，目前已聚焦 5 种场景的落地，具体如下。

（1）构建威胁情报知识库、关联安全日志，形成攻击者画像、情报档案，融合多方情报，形成漏洞情报知识库、高级报告等

第一，攻击者画像。通过现网实时的信息化数据提取攻击情报数据，并结合威胁情报平台的情报进一步丰富攻击的上下文信息数据，生产出攻击者画像，内容包括攻击手法、活跃度、是否为针对性攻击、攻击样本等。基于攻击者画像，可指导安全团队评估攻击 IP 的威胁值，针对不同威胁值的攻击 IP，结合业务情况，有设置拦截、区域访问、外联等不同的处置策略。

第二，情报档案。对于当前命中的 IOC，多源威胁情报融合和共享平台将自动关联并创建黑客组织、病毒家族和安全事件类型的情报档案，内容包括档案描述、目标地区、目标行业、处置建议、专杀工具、相关信息来源等。情报中心将从业务角度持续对档案中的恶意资产进行监控，并进行攻击事件聚合统计，帮助安全人员快速确定风险范围以及黑客组织、病毒家族的活跃趋势。

第三，漏洞情报知识库。漏洞情报包含详细的漏洞信息，如漏洞名称、公布时间、CNNVD 编号、CVE 编号、漏洞类型、威胁类型、威胁级别以及当前漏洞是否包含 Exp 信息。用户可对漏洞名称、CNNVD 编号、CVE 编号、设备名称、应用名称、设备型号、应用版本等信息进行搜索，同时点击漏洞名称可查看当前漏洞的详细信息，如漏洞描述、解决方案和相关信息。漏洞情报知识库帮助企业及时掌握最新的漏洞信息，提供 Web 和 API 两种查询方式，以便安全人员及时针对内部资产开展安全排查工作。

第四，高级报告。高级报告是针对全球突发的重大事件和特定行业安全事件整理的分析报告，内容包括攻击者最新的攻击行业、攻击方式、攻击意图、攻击工具、攻击木马等，是战略情报的重要形式，能够帮助安全人员全面了解外部威胁现状。

（2）汇聚全网 DNS 日志、对接 IOC 失陷指标情报，对全网内部失陷主机进行精准识别

对于一个完整的攻击，黑客会与远控端建立通信发布后续的攻击指令，而为了躲避防火墙防护策略和审计，91.3%的黑客会采用DNS隧道的方式与远控端连接，将加密的C&C指令放在DNS数据包中。因此通过威胁情报高可信失陷检测指标与全网DNS流量的碰撞查询，能够实现精准检测黑客通过DNS进行攻击的安全事件及定位内网失陷主机，自动形成病毒家族、黑客组织及木马攻击安全事件等类型情报档案，档案中包括攻击手段、团队资产、攻击报告、影响业务及详细处置建议，以便后续持续关注和跟踪，处置建议将展示需处置的进程、文件、注册表等。

对接DNS日志进行情报查询的过程见图9-17。

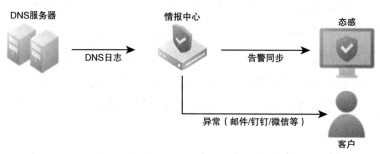

图 9-17　对接 DNS 日志进行情报查询

（3）赋能自动化安全运营平台，精细化恶意IP封禁策略，降低误封率和投诉率

为了提升安全响应效率，对接自动化安全运营平台，将安全事件响应涉及的大量设备和系统的联动与人、流程制度串联在一起，实现平均修复时间（MTTR）的减少，通过情报赋能，减少因前端设备规则不准而导致的误封问题。

第一，对IP攻击分析规则进行细化，从大量的原始告警中主动捞取威胁，并基于不同的场景执行不同的封禁策略。

第二，基于情报的威胁类型、威胁级别、置信度及IP类型基础标签，精细化攻击封禁策略。

（4）构建重保期间攻击情报的自动化共享渠道，形成联防联控

重保期间，基于多源威胁情报融合和共享平台构建攻击情报的自动化接

收和共享通道：一是基于 API 从厂商的威胁情报云实时拉取高可信的攻击情报，针对攻击 IP 进行碰撞，对于命中的重保攻击 IP 查同 C 端所有 IP，主动捕获其他重保攻击 IP；二是与同行业机构本地的情报平台基于 API 接口构建重保情报共享圈，在重保期间进行攻击的实时同步共享；三是依托多源威胁情报融合和共享平台的攻击情报主动挖掘能力，利用本地大数据观测能力，基于独有的模型算法进行数据的分析、处理和提取，进行私有情报生产，提升外网定向攻击的捕获能力，现已积累高质量外网自有情报 2 万条。

对于需要封禁的 IP，为了降低自动化封禁对于业务的影响，封禁策略也将充分参考 IP 信誉返回的字段（置信度、威胁级别、威胁类型），并结合攻击的系统类型、攻击频次等数据执行不同的阶梯性封禁策略，然后联动边界防火墙进行封禁。基于重保情报的自动化封禁逻辑见图 9-18。

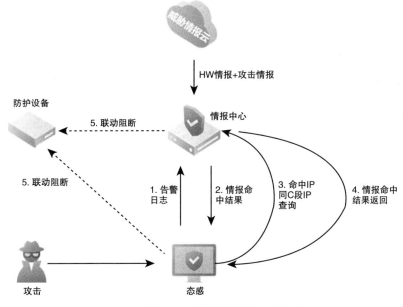

图 9-18 基于重保情报的自动化封禁逻辑

（5）基于外部登录 IP 的信誉进行审查，对于应用异常登录风险进行识别

暴露在外或者允许远程访问/登录的关键应用，例如官网专区、邮箱登

录、网上业务专区、内部云桌面（OA），存在被非法访问/攻击（例如爆破）的风险，除了现网提供的实时攻击监测，还需要结合情报对外来访问IP进行信誉风险审查。特别是针对具备一定登录失败次数的IP，只要是命中情报恶意标签的，且判定不属于特定IP类型的，建议进行二次验证/拒绝登录，降低攻击风险（见图9-19）。

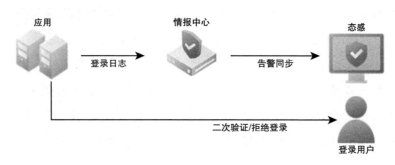

图 9-19　应用登录日志对接示意

（三）案例价值

1. 解决告警疲劳问题，提高勒索、数据窃取等威胁的可视化程度，有效减少恶意威胁潜伏事件

应用情报前：态势感知平台中存在大量的错报误报，安全运营人员告警疲劳、无从下手。

应用情报后：高质量的威胁情报，可以帮助企业对海量的告警、误报进行筛选、过滤、优先级排列，提高告警信息丰富度，提高安全设备和人员的检测分析能力，有效从海量的攻击告警中发现恶意软件及数据窃取等真实威胁。

2. 弥补高级威胁发现能力，准确高效发现针对性攻击、定制化恶意软件等，缩短威胁事件发现、定位时间

应用情报前：针对态势感知平台中出站方向的DNS、HTTP等重要日志缺少有效威胁检测手段，无法有效发现主机是否被控制感染。

应用情报后：企业往往忽视DNS和出站HTTP日志等重要的数据源，很多数据窃取和远控通信通过DNS协议进行，一般安全设备对该类协议直

接放过，而通过威胁情报碰撞查询方式，可有效检测黑客通过 DNS 进行攻击活动的安全事件，而且能极大提高检测的准确性。

3. 极大丰富攻击者背景信息，指导企业对攻击者入侵路径、特征和身份进行分析和溯源，缩短威胁事件分析及处置时间

应用情报前：态势感知平台和传统安全设备发现的告警缺少丰富的上下文信息（攻击者是谁、攻击意图、攻击手段、攻击特征、未来趋势、攻击可能造成的影响等）。

应用情报后：威胁情报可以通过零星的告警线索（IP、域名）快速关联安全事件攻击者所属团伙、攻击意图、攻击手段、攻击特征，进一步清晰还原攻击者画像，帮助应急响应人员进行威胁隔离和消除，并对未来黑客可能采取的攻击手段进行预防。

4. 帮助企业从被动挨打向主动预测攻击方向转变，提前预防安全事件的发生

应用情报前：企业利用态势感知平台能够做到事中和事后的防护和检测，但是对于事前预警预防缺少情报信息支撑。

应用情报后：高质量的威胁情报包含攻击者最新的技术趋势和资产变动情况，并可进行实时更新，企业可以根据这些信息调整自己的安全策略，防患于未然。

5. 提高情报管理、挖掘、共享能力，对持续对企业进行攻击的情报进行重点关注，实现对可疑事件的持续跟踪

应用情报前：企业缺少平台对外部情报、自身挖掘的情报进行系统化的管理，事件处理完毕无法形成知识情报积累。

应用情报后：情报管理平台可以对外部情报和自身挖掘情报进行积累，用于安全体系能力提升；另外，可利用情报的共享能力，第一时间对同行业遭受攻击的事件及情报进行共享，防患于未然。

6. 增强整体安全态势感知能力，为传统安全产品、安全运维人员、安全管理者提供情报支撑

应用情报前：安全设备、日志审计平台、安全运营人员缺少情报支撑，

在检测发现、深入分析和提前预测方面的能力很难提升。

应用情报后：通过情报数据弥补黑客与企业安全人员信息能力不对等的态势，为企业传统安全设备、日志审计平台、安全运营人员、安全管理人员提供丰富的数据支持，帮助企业提升安全防御、检测、响应、预防等各阶段能力。

7. 化单点防御为行业整体协同防御

威胁情报联防联控体系通过建立行业威胁情报共享中心，实现自动化的情报上报、评估、共享，在少数机构遭受攻击时，为全行业提供真实可靠的威胁情报，帮助其他机构快速布局，化被动防护为主动防御。国泰君安将在实战中继续探索完善行业联防联控体系，保障国家关键信息基础设施安全。

三　北京神州绿盟科技有限公司金融行业数据安全解决方案

近年来的数据安全事件频繁发生，且呈现持续上升趋势。其中数据泄露和数据贩卖是主要形式，此类事件给商业银行带来了巨大的经济损失和负面信誉影响。为此，数据安全建设势在必行。

（一）核心成果

绿盟科技金融行业数据安全解决方案进一步完善了银行数据安全防护能力，提升了银行数据安全防护意识，对外满足了法律法规和监管行业相关要求，对内满足了安全管理需要。核心成果包括以下几点。

一是明确数据安全管理目标，建立数据安全管理组织并明确相关部室、分支机构职责，设立数据安全岗位，制定数据安全管理制度。

二是建立数据定级规则，分步完成并动态更新银行数据分级清单，制定覆盖数据全生命周期的管理规范并推动落实。

三是建立闭环管理的数据安全运营管控机制，明确数据安全的数字化指标，以数字化指标衡量和体现银行数据安全的管理过程和结果，提出数据安全运营管理平台建设需求。

四是推动银行各部室、分支机构积极参与数据安全相关工作，提高全员数据安全意识，逐步建立银行数据安全文化。

（二）具体内容

随着云计算、大数据、物联网、移动互联网、人工智能等新技术的发展，网络边界被不断打破，社会和企业都在面临数字化转型带来的数据安全风险。金融行业作为关键信息基础设施行业，在数字化转型背景下，数据集聚是必行趋势，集聚的数据增加了数据的价值，进而引来了更多的安全风险。政策性银行的数据安全更是关系国家安全、社会秩序、公众利益、金融市场稳定和经济发展等各个层面。如何搭建数据安全防护体系、加强数据安全管理水平和提升数据安全保障能力，已成为当前银行业加快数字化转型、提升精细化管理水平和数据支持决策的重要基础之一，数据安全治理也成为银行业核心竞争力的重要组成部分。

在绿盟科技金融行业数据安全解决方案中，中国农业发展银行存在数据安全的管理体系缺漏、管理思路模糊、管控措施不到位等问题，需制定数据安全项目整体工作方案，包括数据安全治理工作所涉及的组织架构、建设方法、工作及管理机制、详细工作计划、规划里程碑、成果审议等内容。北京神州绿盟科技有限公司通过访谈等多种方式收集材料，对数据安全现状进行分析评估，在参考同业领先实践的基础上，给出调研及分析评估报告。

1. 待解决的问题

（1）建立数据安全管理组织

根据农发行数据治理的组织架构及职责相关要求，建立农发行数据安全管理组织，明确相应的岗位职责和工作流程，推动数据安全管理小组的落地。

（2）制定数据安全管理制度

制定符合农发行实际情况的数据安全管理制度，明确数据安全相关岗位的承担处室和岗位职责，指导推动数据安全领域相关工作。

（3）明确数据安全原则和分级标准

结合农发行实际，通过数据安全管理方法论，给出数据分类、安全分级方案实施的总体原则；制定符合农发行实际的数据分级标准及数据安全原则。

（4）开展数据全生命周期风险管控

根据数据采集、传输、存储、处理、交换、销毁等环节风险评估方法论，进行分析和评估，提出整改意见，确保各阶段均有明确的管理要求和规章制度，防范由于管理制度的缺失而导致的数据保护疏漏。

（5）明确个人信息敏感分级原则

识别个人信息及敏感数据，进行元数据拆解，识别个人信息数据全生命周期安全风险，进行敏感数据专项定级，并明确农发行敏感数据分级管理原则。

（6）建立数据安全能力评估指标

以数字化指标衡量和体现农发行数据安全的管理过程和结果，具体包括对定义的制度流程进行客观的评估、在制度流程中制定收集和测量数据的方法等。

（7）完善数据安全技术体系

对标先进同业，以数据安全为核心，通过各类技术工具将数据安全渗透于数据生命周期的各个阶段，涵盖重要敏感数据保护、数据资产安全管理等。

2. 解决方案

在数据安全建设体系上提出"一个中心，四个领域，五个阶段"的顶层设计。一个中心是指以数据安全防护为中心。四个领域是指数据安全建设的四个领域：组织建设、制度流程、技术工具和人员能力。五个阶段是指数据安全建设的五个阶段：业务梳理、分级分类、策略制定、技术管控、优化改进。

在数据安全建设体系中，组织建设、制度流程、技术工具、人员能力四个领域需要同步开展建设工作。在组织建设层面，决策层、管理层、执行层必须在数据安全建设领域达成一致，数据安全建设工作必须得到组织高层的支持。组织高层在数据安全领域的战略目标应该能够被管理层和执行层实现。管理是技术的运营依据、技术是管理的落地保障，所以两者要相辅相成，缺一不可（见图9-20）。

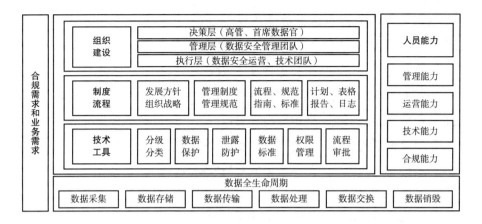

图 9-20　数据安全建设体系

在这里，我们借鉴了 Gartner 的数据安全治理框架，定义了数据安全建设的五个阶段，形成了绿盟科技的数据安全方法论。总结起来就是五个字"知""识""控""察""行"（见图 9-21）。

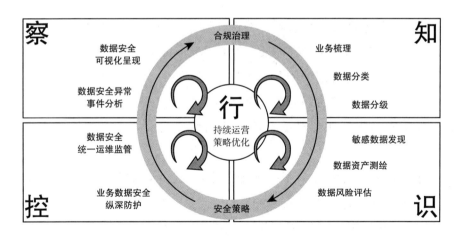

图 9-21　数据安全建设的五个阶段

知：分析政策法规、梳理业务人员对数据的使用规范，定义敏感数据。首先需要自上而下形成高层牵头、横跨业务部门与安全部门的组织架构，由信息安全管理团队和数据业务管理团队共同商讨建立数据安全制度流程体系。然后基于业务特点进行数据梳理、数据分类、数据分级，建议根据《网络安全法》的要求对个人信息和重要数据分开进行评估与定级，再按照就高不就低的原则对数据条目进行整体定级。

识：根据定义好的敏感数据，利用工具对全网进行敏感数据扫描，对发现的数据进行数据定位、数据分类、数据分级；完成敏感数据分类分级后，就到了风险识别的步骤。风险识别主要是发现哪里有敏感数据，并对敏感数据进行梳理与风险评估。敏感数据发现与数据风险评估的工作要结合人工服务和专业工具完成。

控：根据敏感数据的级别，设定数据在全生命周期中的可用范围，用户侧、终端侧、网络侧、业务侧以及数据中心，都要做好安全防护措施。外向内：防攻击、防入侵、防篡改。内向外：防滥用、防伪造、防泄露。最关键的是，要对全部纵深防护环节进行整体控制，实现环境感知、可信控制和全面审计。整合多层次的纵深防御，及时发现问题，及时阻止安全问题。

察：对数据进行监督监察，在保证数据在可控范围内正常使用的同时，对非法的数据行为进行记录，为事后取证留下清晰准确的日志信息；还可以基于历史的可信访问行为提取访问规则，利用各类算法进行行为聚类，形成可划分的访问行为簇并进行可视化呈现。通过这种图谱分析与可视化展示让管理者对敏感数据访问情况，由一无所知转变为可视可管。

行：对不断变化的数据做持续性的跟踪，提供策略优化与持续运营的服务。业务是在变的，数据也是在变的，因此我们的安全也是要不断变化的。为了应对变化，我们在"知""识""控""察"的基础上提出了"行"，这是一个动词，代表着对数据安全的优化改进与持续运营。

3. 案例应用实践及效果

方案进一步完善了银行数据安全防护能力，提升了全行数据安全防护意识，对外满足法律法规和监管行业相关要求，对内满足安全管理需要。建立数据安全管理组织，明确不同层级的数据安全岗位职责；制定数据安全分类分级标准梳理重要数据保护名录，根据数据的不同级别、数据应用场景、数据行为进行数据安全风险分析；制定覆盖数据全生命周期的安全规范并分步推动落实，保障全行数据资产安全。同时在绿盟科技"知""识""控""察""行"数据安全建设下，贴合客户的建制度强需求，着力进行"知""识""控"阶段的建设。完成客户对制度流程建设的需求，同时理清了后续数据安全建设方向，为数据安全二期治理建设做好准备。

该方案标准高、要求严，方案的成功交付标志着绿盟科技数据安全咨询服务在原有能力的基础上更进一步，也为绿盟科技数据安全建设治理提供了宝贵经验，同时为仍考虑如何实现数据安全治理落地的客户树立了榜样。

四　北京源堡科技有限公司"防+保"主动型风险管理解决方案

源堡科技依托智能安全评级、量化分析威胁建模、场景构建、开源情报分析、风险量化评估等关键原创技术，以网络安全风险量化管理技术为核心，协同保险公司打通网络安全、金融保险领域资源，推出"防+保"主动型风险管理解决方案，为保险公司提供"承保前、承保中、出险后"全链条一站式闭环服务，帮助保险公司解决了网安险可保性、定价核保、风险管控、定损困难等问题，全面支撑保险公司网安险业务开展及客户安全体系构建。

2021年7月，《网络安全产业高质量发展三年行动计划（2021—2023年）（征求意见稿）》明确指出，到2023年电信等重点行业网络安全投入比例达10%，同时首次提出"面向电信和互联网、工业互联网、车联网等领域开展网络安全保险服务试点"。瑞士再保险瑞再研究院预计，2020~2025年网络安全保险市场规模将保持年平均30%以上的增速。

（一）待解决的问题

对于保险公司而言，网络安全保险不同于普通的财产保险，其承保难度大、技术要求高，在缺乏足够的安全和理赔数据的背景下，保险公司很难通过与其他保险产品一样的方式来判断风险是否可保、解决不同风险如何定价及承保风险如何进行管理等问题，这就需要保险公司联合专业的第三方风险量化管理科技公司在核保技术、量化风险评估和定价建模方面进行创新，帮助保险公司解决定价、承保、核保等网络安全保险全价值链问题。

（二）解决方案

针对保险公司开展网安险业务的痛点，源堡科技"防+保"主动型风险管理解决方案基于公司自主研发的网络风险自动化评估与管理平台，集成风险评估、安全评级、量化评估、核保支持、风险监测、智能响应等全流程保险业务（见图9-22），帮助保险公司全方位评估企业风险、全天候管理企业安全动态，为保险公司提供"承保前、承保中、出险后"全链条一站式闭环服务，解决了网安险可保性、定价核保、风险管控、定损困难等问题，全面支撑保险公司网安险业务开展及客户安全体系构建。

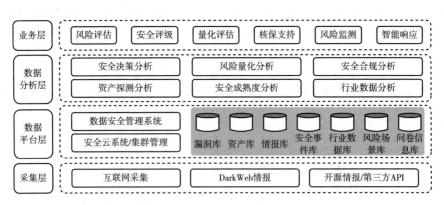

图9-22 源堡科技"防+保"主动型风险管理解决方案架构

同时，源堡科技以独立第三方视角，为金融行业等企业客户提供网络安全服务、量化分析服务、持续安全监测服务，从帮助客户发现系统的安全漏洞到评估安全态势变化，从深入挖掘攻击链到企业攻防能力的验证与提升，源堡科技致力于将漏洞、APT、脆弱性、风险暴露等风险因子转化为经营性信息，搭建起安全与业务的桥梁。

1. 为客户经理匹配全方位数字化武装

快速建立客户信任并获取业务着力点。网络安全保险需要销售人员具备非常强的专业能力，以及网络安全相关背景知识，但目前保险公司的销售团队并不具备这样的能力。这就导致了在销售端保险公司销售人员无法同客户的 IT 人员进行有效的沟通，对此源堡科技开发了专门为网络安全保险销售人员打造的网络安全保险销售支持系统。该系统通过可视化大数据，有力提升保险销售人员专业性、降低沟通成本，通过全面的网络安全健康体检，实现客户的网络安全风险等级分钟级快速评估，帮助客户针对不同场景的风险进行货币化展现，让客户清晰地了解网络安全风险带来的预期总损失，并定制化推送保险方案、一键生成网安险销售报告，助力销售轻松展业，提高成单率。

2. 智能化精准核保，赋能核保效率指数级提升

对于保险公司而言，网络安全保险无论是承保经验还是承保数据和理赔数据都相对比较缺乏，核保人员在进行承保决策时往往缺乏客观依据，而网络安全厂商提供的安全评估报告也无法转化为保险公司所惯用的风险评估报告。对此源堡科技网络安全保险核保评估系统，从企业外部的安全风险、内部的安全能力和基于场景的量化风险评估三个维度，对企业的网络安全风险进行全面评估，为企业提供精准的风险画像分析、场景化风险敞口量化分析，为保险公司提供直观核保决策建议，为保险承保提供定量的技术依据。

3. 全方位全天候风险动态管理，让潜在风险先一步被发现

源堡科技通过为保险公司提供 7×24 小时自动化安全风险实时分析，9大维度 200 多个指标的高危险分钟级预警服务，渗透测试、钓鱼邮件测试等安全服务，帮助保险公司实现全方位、全天候风险动态管理，既可以随时了解承保过程中的风险动态变化情况，帮助保险公司先一步发现风险，降低出险率、减少事故损失；又以增值服务的形式增加客户的黏性，解决保险

销售过于低频的问题。

4. 分钟级出险响应，理赔定损极速高效

源堡科技通过"专家级"安全团队提供分钟级出险响应，能够更好地为保险公司提供事故发生原因、损失评估和应急响应支持等方面的专业服务，妥善解决保险公司在理赔过程中的各种问题，最大限度地减少保险公司损失，最短时间恢复保险公司运营。

（三）应用效果

目前，源堡科技"防+保"主动型风险管理解决方案已涉及医疗、基础建设、制造、信息技术、金融、专业服务等多个重点行业。客户包括国寿、人保、平安、太保、中再、瑞再、国家电网、中信集团、中核凯利、汽车之家等上百家国内外知名企业，并成功入选国家工业信息安全发展研究中心"2021年网络安全保险新业态新模式典型案例"，获得行业专家与用户的一致认可。

第三节　金融网络安全发展趋势

2022年，全球网络空间局部冲突仍将接连不断，现实冲突与网络空间冲突可能会相互交织，国家级网络攻击与私营企业技术进一步融合，全球网络空间对抗会走向新的阶段。

2022年，我国实战化的护网行动继续深入，可能会进一步深入金融行业，推动金融行业网络安全由被动防御向主动防守转变。

2022年，新冠肺炎疫情仍旧存在，世卫组织总干事谭德赛表示，从目前的整体疫情局势来看，最具可能出现的局面或将在疫情仍在持续发展的情况下，出现新的变异病毒，但因人类接种新冠疫苗促使人体的免疫力不断提升，新冠病毒对人体的威胁也会不断下降。混合办公模式仍将是2022年的主流办公模式。

在以上的背景下，在未来的一年，金融行业网络安全将呈现以下趋势。

一 全面提升金融安全创新能力，驱动新兴技术赋能网络安全

2021年众多金融企业开始接触零信任，并进行小范围的使用。2021年美国国防部已将零信任实施列为最高优先事项，并通过发布《拥抱零信任安全模型》《国防部零信任参考架构》标准指南，进一步加速零信任架构的实施，促进网络安全转型。2022年，金融机构作为关键基础设施应用的践行者，需要全面拥抱、推行零信任安全架构。

（一）加快推动隐私计算应用

2021年，开启了隐私计算规模化应用。隐私计算能够实现数据在流通与融合过程中的"可用不可见"。金融业迫切需要数据的互联互通，是隐私计算技术落地实施的领先者。隐私计算在金融业的信贷风控、广告RTA、精准营销、反欺诈、移动支付人脸识别、跨机构数据合作等场景中均有用武之地。2022年，隐私计算将在金融数据生态建设方面发挥更大作用。

（二）提升5G金融场景应用的安全性

5G应用场景不断扩容，已经开始赋能金融业。2021年，人工智能物联网（AIoT）在金融业的应用已初见成效，5G是开启物联网规模化发展的催化剂。金融机构借助智能物联网技术实现智能运维和产品服务创新，智能物联网技术在抵质押物管理、仓储管理、融资租赁、保险定价等多个场景落地，应用规模不断扩大。物联网设备通信协议缺乏加密措施，攻击者能够轻易监听物联网设备流量。普遍在IT系统上得以解决的安全漏洞在IoT设备上仍被广泛利用。过去一年多，针对IoT设备的攻击增长迅猛，众多物联网设备被攻击成为巨大僵尸网络中的节点，并被用来当作跳板攻击其他机器，如挖矿、勒索、劫持网络流量等。金融业进行5G应用时，需要及时提升5G各种场景应用的安全性。

（三）云原生技术生态进一步扩展

随着金融行业数字化转型的深入，众多金融应用开始上云，越来越多的应用基于云原生的技术、架构和服务来构建。云原生应用可弹性扩展、可伸

缩，通过云原生改造，可最大化地利用服务器资源，有效节约服务器成本。同时，云原生应用平台能够提升业务应用的迭代速度，能够灵活应对各种场景需求。当下，一些金融科技领域的创新者不断在技术架构、产品迭代速度、用户体验提升及客户画像精准度等方面基于云原生架构进行创新。根据Gartner预测，2022年将有75%的全球化企业在生产中使用云原生的容器化应用。

（四）积极合作探索前沿网络安全技术

金融网络安全技术滞后于新兴科技在金融行业的应用，但为了能够在业务拓展中抢占先机，金融机构遵照决策业务先行从而带来巨大的安全风险。在企业自身安全能力不足的情况下，企业应积极参与或与社会上的先进安全企业联合组建网络安全相关实验室，尽快孵化适合自身特点的网络安全技术。

二　持续优化安全战略，建立精通网络安全的董事会

（一）持续优化安全战略

企业安全战略始终要与企业的科技战略、业务战略保持一致。由于自身内外环境的影响、业务战略的调整、信息科技的快速迭代、安全技术更新等原因，企业的网络安全战略需要及时优化更新。2021年，美、英、日、俄持续发布的国家战略中，明确未来将进一步提升网络安全在国家安全、军事安全中的地位，积极应对网络威胁重大挑战。2021年是金融业进入下一个五年规划的时间，应当在战略规划中高度突出网络安全的重要地位。

2022年是"十四五"规划实施的关键之年，金融行业应紧跟国家战略，遵循法律法规，落实安全规划目标。

（二）建立精通网络安全的董事会

Gartner在"2022年网络安全的八大趋势"中提到，随着勒索软件导致的业务中断的损失日益严重，董事会越来越关注网络安全。他们认识到这对企业来说是一个巨大的风险，并正在组建专注于网络安全事务的专门委员

会，委员会通常由具有安全经验的董事会成员（例如前首席信息安全官CISO）或第三方顾问领导。这意味着CISO的工作将被更多关注和审查，同时意味着更多的支持和资源。众多金融行业已经成立或正准备成立信息安全委员会，信息安全委员会的主管领导一般有分管科技的领导担任，精通网络安全的人员一般是中下层人员。一般的金融机构尚缺乏真正精通网络安全的董事会成员。

三 扩充网络安全团队，积极开展网络安全实战演练

（一）扩充网络安全团队

为适应网络安全新需求，要积极培养网络安全人才，制定人才培养机制，扩充网络安全团队规模，强化战略战术层次梯队力量建设，推动网络作战力量全面、深度发展。在2021年国家网络安全宣传周"网络空间安全学科专业建设与人才培养论坛"上，由工业和信息化部、西北工业大学、西安电子科技大学、猎聘网和安恒信息联合编写的《网络信息安全产业人才发展报告》(2021年版）发布，报告显示网络安全产业人才需求高速增长。受疫情影响，2020年网络安全人才需求下降，2021年上半年人才需求总量增长39.87%，远超2019年的16.11%，网络人才队伍不断扩大。每年高校安全专业培养人才仅有3万余人，而网络安全岗位缺口已达70万，缺口已高达96%。所以金融行业要未雨绸缪，持续优化组织管理机构和人才培养机制，通过调整工作重心强化安全防御能力，建立高效的管理体系。

（二）积极开展网络安全实战演练

网络安全实战演练主要以攻防演练为手段，它是不限制手段、路径，进行权限获取并以攻陷指定靶机为目的实战攻防演练。通过真实网络中的攻防演练，可以全面评估目标所在网络的整体安全防护能力，检验防守方安全监测、防护和应急响应机制及措施的有效性，锻炼应急响应队伍，提升其安全事件处置的能力。2021年，美国积极立足攻防实践提升安全等级，举办网络攻防竞赛活动，组织人员在仿真场景中开展攻防演练，以达到发现安全漏洞、培养网络人才、提升实战经验的目的。我国金融行业需要在企业内、同

业内积极开展实战演练，在日常网络安全工作中组织开展攻防演练工作，以发现自身安全漏洞，培训实战型人才。

参考文献

《欧盟网络安全局发布〈供应链攻击威胁全景图〉报告（上）》，CSDN，2021 年 9 月 27 日，https：//blog. csdn. net/smellycat000/article/details/120520678。

第十章　金融科技监管[*]

金融科技由规制到监管，其监管思想发生了显著变化。规制侧重于金融宏观政策、法律及规范条款的制定，是金融机构所要遵循的规定；监管是金融监管部门的行为，是对规制政策的具体实施。随着大数据、云计算及区块链技术的成熟发展，金融科技发展已成定势，探究高质量金融科技监管体系迫在眉睫。

第一节　全球金融科技的监管模式

一　全球主要金融科技监管模式

目前来看，全球主要有三种监管模式。

（一）限制性监管（Restricted Regulation）

此类监管模式以美国为代表，其金融科技业态主要以技术创新为驱动力。因此根据其所涉及的金融业务，直接由现有金融监管体系开展业务监管。

（二）被动型监管（Passive Regulation）

此类监管模式以中国为代表，中国有着巨大的金融市场需求，而金融服务体系还有待完善，金融科技业态主要以市场和商业模式为驱动力。

（三）主动型监管（Active Regulation）

此类监管模式以英国和新加坡为代表，其金融科技业态主要以政府引导为驱动力。英国伦敦和新加坡都将打造世界金融中心作为建设目标，它们在金融科技监管上主要采用"监管沙盒"模式。

---

* 统稿：亚太未来金融研究院刘元龙；课题组成员：亚太未来金融研究院杨玉明。

二 我国金融科技监管发展现状

目前，我国针对金融科技领域的现代化监管理念逐渐成熟，摆脱了传统的监管理念僵化问题，但理论转化为现实有一定难度，现代化监管体系的构建仍是一大难题，需要进一步探索。如图 10-1 的流程所示，制定完善的法律法规、实行有效的监管政策才能对技术创新和金融发展起促进作用，反之将形成阻碍。

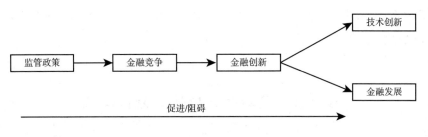

图 10-1 金融监管与金融科技关系

第二节 金融科技的监管原则

金融科技新型监管机制如何制定的问题仍处于讨论和博弈过程中，从以往的发展情况来看，宽松的金融科技监管方式容易造成金融市场乱象，而过度的监管也会带来负面效果，形成金融创新压制，降低金融服务水平，阻碍金融业的发展。

一 坚持"全覆盖、穿透式"监管原则

在金融科技和金融创新快速发展的时代背景下，要坚持处理金融发展与金融安全的关系。我国的监管模式处在机构监管向功能监管的转型过程中，一些崛起的新业态和建立的新金融公司，打着金融创新和金融科技的幌子，躲避监管，存在监管套利行为，增加了金融风险。"全覆盖"原则，要求监

管部门将所有从事金融业务和金融活动的主体纳入监管体系，指导各类金融部门更好地服务实体经济，脱虚向实，最大化降低系统性风险。无论是传统金融中介机构还是金融科技培育的新型金融公司都应积极进行风险管理，受行业监督。

"穿透式"原则，要求监管部门具有洞察事物本质的能力，及时辨别"伪创新""乱创新"。金融科技结合了金融和科技两大行业，兼具技术创新和金融服务两大功能，模糊了行业边界，形成了跨业经营和交互融合的特征，存在监管盲点。这不仅要求金融科技创新机构强化内部风险管控，还要求监管部门加强行业穿透式监管能力。

新金融和传统金融的背后都包含"金融"属性，其实质是有效的资金配置和风险管理，应鼓励金融科技发展、完善金融监管框架，在金融科技创新发展中同步建立一套相对简单、透明的可监测可评估系统，同时接受政策引导和行业监管，为其未来的健康发展奠定基础。

二　坚持金融科技监管的前瞻性原则

随着金融科技的持续创新，为应对变革带来的不确定性，监管部门也采取了前瞻性思维。提前规划监管目标、制定相关的监管措施，以应对金融行业变化，引导金融科技为金融业带来金融便利性和高效性的同时，保障金融服务的安全性。从实际行动来看，2021年，金融监管部门及各行业组织稳步推进金融科技标准体系的完善，发布了数十项金融科技标准及规范性要求（见附录表3）。各地方政府出台了多项金融科技相关政策（见附录表4），在引导金融科技产业发展的同时，也对金融科技监管做出了相应的规定。

第三节　金融科技监管创新应用案例

一　中钞信用卡产业发展有限公司杭州区块链技术研究院浙江省股权交易中心地方链服务平台

当前，中国证监会已先后公示了34家区域性股权市场运营机构。中国证券业协会统计数据显示，截至 2020 年 2 月，全国 34 家区域性股权市场运营机构共有挂牌企业 3 万余家，展示企业 10 万余家，纯托管企业 7600 余家，累计为企业实现各类融资 1 万多亿元，对促进中小微企业直接融资发挥了一定作用。

随着多层次资本市场的建设和完善，不同发展阶段的中小微企业也能够借助资本市场获得更好的融资服务。近年来，中国证监会利用金融科技，尤其是区块链技术，在区域性股权市场打造新一代金融基础设施，为中小微企业股权融资提供更优质的服务。

根据工作部署，2020 年 7 月，中国证监会正式启动区域性股权市场区块链基建试点。中国证监会首批在北京、上海、江苏、浙江、深圳 5 个地区先行先试。此次试点采用区块链双重架构，上一层为中国证监会监管主链，主要承担监管责任，下一层是地方业务链，承担具体的业务工作，双链之间将形成跨链互通，监管链实现穿透监管。

区域性股权市场是资本市场的初级形态，是我国多层次资本市场的塔基，理论上应与主板、中小板、创业板和新三板等市场错位发展、功能互补，拓展资本市场的覆盖广度和深度。但在实际业务开展过程中，真正能发挥资本市场功能的区域性股权市场是极少的。虽然挂牌企业数量看起来不少，但参与交易的投资者有限，实际交易并不活跃，大部分区域性股权市场甚至没有交易发生。没有交易的区域性股权市场，始终游走在资本市场的边缘，若即若离。中小企业、投资者以及金融中介等参与主体的实际需求难以得到满足，愿意挂牌和托管的企业也多是因为政策和补贴资助的推动。

（一）待解决的问题

在资本市场中，区域性股权市场无疑最适合进行区块链实践试点。一方面，区域性股权市场虽然存在吞吐量低、跨链协作难、存储消耗大等诸多不足，但区块链技术的优势在于多方协作性强、透明度高、链上数据真实防篡改，可依靠技术手段实现业务流程标准化、简捷化，并且通过智能合约可自动执行交易，提高交易效率，与证券市场的交易、支付、清结算等场景都较为匹配。

另一方面，虽被正式纳入多层次资本市场，但当前区域性股权市场本身并不成熟，仍处于早期发展阶段，普遍采用场外交易模式。场外交易相对分散，缺乏统一的组织和章程，不易管理和监督，对降低成本、减少风险、活跃交易和加强区域间协调有强烈需求，是区块链技术在资本市场发展应用的首选领域。

（二）解决方案

方案采用开放许可链作为整体系统的底层区块链，支持合作方或其他区域性股权市场加入。区块链可提供定制化业务接口，区域性股权市场业务系统可进行简要对接实现业务上链，通过智能合约实现相关业务逻辑（见图10-2）。

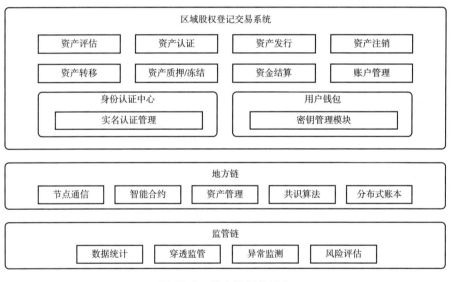

图 10-2　地方链服务平台

1. 用户钱包

在该系统中主要的用户包括融资方、投资方、区域性股权市场管理人员，具体定义如下。

第一，融资方。融资方必定为法人（即企业），当一个法人出于融资目的发行股票或者债券时，其会通过承诺未来给予一定的投资回报，吸引投资方购买其发行的证券。

第二，投资方。投资方是购买融资方发行的股票或者债券等资产的主体。投资方可能是个人，也可能是法人（即企业）。

第三，区域性股权市场管理人员。该用户负责审核融资方和投资方在系统内的相关操作，负有区域性股权市场的管理职责。

以上各用户需要在链上完成业务操作，所以方案建议利用单独用户钱包软件协助用户进行密钥管理，并完成相关签名和交易上链动作，以此实现用户在链上的自主意愿的表达，进一步保障用户权益，也借此减少因用户声称不知情、非本人操作等而产生的法律纠纷。

实际开发过程中，鉴于开发周期要求，可先行采用用户密钥托管方式，由区域性股权市场代替用户管理密钥，协助用户完成签名和交易上链，但需支持后期用户密钥移出方案。

2. 身份认证中心

身份认证中心是指拥有实名认证能力的机构主体，协助区域性股权市场完成用户 KYC 过程校验，确认用户主体信息一致性。

目前系统中，一般企业用户由区域性股权市场对接工商局相关查询接口对企业营业执照、法人等相关信息进行验证，而个人用户则通过公安或公安授权机构进行人脸识别等相关验证。

方案支持身份认证机构（如工商局或公安）加入区块链生态，作为区块链上独立主体，在链上进行用户实名认证的结果公示并为用户创建链上身份，以更贴合区块链分布式网联架构。

3. 区域股权登记交易系统

该系统是目前区域性股权市场的业务系统，主要包括注册、登录、投资方实名认证、初始登记、份额登记、非交易过户、股权质押、司法冻结、资产交易等功能。

在相关业务流程中通过调用杭州区块链技术研究院封装完成的区块链智能合约接口进行链上业务操作，实现业务流程链上化。

4. 地方链

方案中的地方链为杭州区块链技术研究院完全自主研发，具有完全自主的知识产权。

区域性股权市场的地方链主要实现两项职能。第一，实现业务系统相关业务逻辑判断的智能合约化，通过智能合约在链上完成业务逻辑。第二，与中国证监会监管主链对接进行数据查询验证，通过 getProof 方法获取给定的合约地址和 Storage Key 对应的 Merkle 证明。

5. 监管链

监管链即为中国证监会监管主链，在方案中，监管链作为外部系统与该系统对接，实现数据查询、验证等穿透监管，并制定统一的数据规范，形成标准化业务流程和数据格式。

（三）案例应用实践及效果

1. 跨链数据查询验证

方案实现了地方链和监管链的跨链数据查询验证，在技术方案上支持中国证监会多个监管场景，并兼顾了数据隐私和穿透监管的平衡。

2. 分布式数字身份

方案试图采用分布式数字身份钱包，实现区域性股权市场用户的区块链上的自主意愿表达，保障用户自主权益。同时，采用该方案，用户将在区块链上形成不可抵赖的操作记录，借此减少因用户声称不知情、非本人操作等而产生的不必要法律纠纷。

3. 区块链凭证设计

方案参照国际标准设计链上资产对象，并结合区域性股权市场的实际情况，实现了一套监管友好的区块链数字资产发行方案，支持以链上数字资产凭证的形式登记、确权和交割公司股份、债券等资产。

在基于区块链的区域股权登记交易系统中，登记资产将以区块链凭证作为资产本身的表达，其产生于区块链网络。在未来，结合法定数字货币，交易将在链上实现券款对付（DVP），能够实现交易的原子性。

（四）业务逻辑智能合约化

基于区块链的区域股权登记交易系统采用智能合约构建数字业务体系，目前已经将主体登记、账户开立、产品创建、份额登记、非交易过户、冻结、质押等一系列核心业务通过区块链智能合约实现，所有业务逻辑在区块链上完成判断和验证，业务处理结果以区块链上结果为准，保证数据无法篡改、交易过程透明。同时，监管机构或主管部门可以通过区块链智能合约对存疑的、非法的登记或交易进行紧急干预，保证整体业务安全可控，实现事中事后监管。

（五）专区账本隔离技术

方案底层区块链采用了杭州区块链技术研究院提供的络谱区块链专区技术，专区技术可实现在一条区块链上进行账本隔离，形成多套账本体系。未来地方链可通过区块链的专区管理实现横向扩展，为进一步扩大试点提供技术便利，避免多链互通过程中因底层技术不一致而导致交互失败。

专区账本还可用于引入外部合作方，如工商、税务、中证登等机构，在多方需要协作但又需要保证数据隐私性的场景下，专区账本可实现数据隔离机制下的多方协作。

二　工银科技有限公司反洗钱系统 BRAINS

工银 BRAINS 反洗钱系统是中国工商银行运用先进的大数据和人工智能技术打造的反洗钱工作平台，工银 BRAINS 反洗钱系统是首个由银行机构面向市场推出的反洗钱系统，该系统在管理方式、业务模式、技术手段上具备行业先进性和创新性。

（一）管理方式的先进性

工银 BRAINS 反洗钱系统实现了"案例特征化、特征指标化、指标模型化"的先进模型设计理念，有利于金融机构提升可疑模型设计、优化能力。

（二）业务模式的先进性

工银 BRAINS 反洗钱系统在输出模式上形成"系统+咨询"一体化解决方案，在系统输出平台的基础上，将工行反洗钱业务的领先实践以咨询服务的方式同步输出。工银 BRAINS 通过制度咨询服务帮助金融机构优化或健全反洗钱制度，将反洗钱管控"嵌入"业务操作流程，全面落实"风险为本"的防控；通过风险评估咨询服务持续全面评估反洗钱风险，提升风险量化水平，驱动制度及管控体系、系统平台持续优化；通过数据治理咨询服务对数据进行一致性、连续性、二义性、重复性等全面质量检查，针对有问题的数据进行分析并修复，全面提升数据质量，从而提升反洗钱效果。

（三）技术手段的先进性

工银 BRAINS 反洗钱输出智能化模型是行业内唯一能开箱即用的成熟且有效的智能模型。该智能模型是工行凭借数字实验室等强大的科技力量，使用机器学习自主研发涉恐、涉毒等洗钱场景的有监督模型，同时工行使用知识图谱技术自主研发了团伙化模型，每个模型使用真实洗钱数据进行训练，能够大大提升可疑交易筛查、团伙犯罪抓取的精准性。

工银 BRAINS 反洗钱系统基于模块化思想构建，将系统核心能力进行模块化封装，使得反洗钱输出模式非常灵活，既能够整个系统输出，又能够将核心能力（例如专家模型能力、智能模型能力、可疑甄别能力）单独输出，这种多样化的输出模式在行业内也属首创。

另外为解决数据质量问题，在项目实施过程中使用数据质量分析工具识别客户重复、交易数据覆盖度问题，并且内置各种反洗钱数据要素的校验规则以及业务数据之间的逻辑关系核验规则，发现数据质量问题，并将问题数据提供给数据源系统进行相应的更正处理。项目的实施帮助中国工商银行大大提升了可疑上报率和可疑上报质量。

第四节　我国金融科技的监管试点工作

一　金融科技监管试点工作

为应对金融科技监管过程中面临的监管技术相对滞后、风险管控难度较大等问题，2019 年 12 月，中国人民银行支持在北京率先开展金融科技创新监管试点，随后试点范围拓展到上海、成都、广州、深圳、重庆、雄安、杭州、苏州等 8 市（区）。从创新与风险的角度来看，当前我国金融科技创新具有两面性。一方面，有利于增强我国金融体系的普惠性和综合竞争力；另一方面，模糊了传统金融业务的监管边界，扩大了金融风险的传导范围，导致金融风险结构更加复杂，对我国金融治理提出了新的挑战。在此背景下，在促进金融创新的同时，为了加强金融风险防范，我国开始实行金融科技创新监管试点，通过制定试点项目的申请条件、测试期限、退出机制，以及试点项目参与者的权利保护等方面的准则，让监管者与金融科技企业在合作的基础上保护金融消费者的权益；通过试错的方式，给予容错空间，检验金融科技运营模式的可行性，提升金融科技风险监管和防范的有效性。

二 金融科技监管试点主要历程

2019 年 12 月 23 日，北京市正式开展金融科技创新监管试点，开始探索中国版"监管沙盒"机制。2020 年 1 月 14 日，北京市首批金融科技创新监管试点应用正式征求社会公众意见，共有 11 家企业单独申报或联合申报 6 个试点应用项目。

2020 年 4 月 27 日，中国人民银行批复重庆市、深圳市、上海市、苏州市、杭州市、河北雄安新区等 6 市（区）开展金融科技创新监管试点，6 市（区）共有 32 个试点应用项目通过评审。与此同时，北京也公布了第二批 11 个"监管沙盒"项目。

2020 年 7 月 23 日，中国人民银行正式批复同意广州市、成都市开展金融科技创新监管试点，两市共有 11 个项目开展"监管沙盒"试验。

截至 2020 年 11 月，全国九大金融科技创新监管试点城市均已公示创新应用项目，数量高达 60 个。

截至 2021 年 6 月，全国 9 个地区共有 90 个项目开展创新试点工作。

2021 年 12 月 31 日，中国人民银行印发《金融科技发展规划（2022—2025 年）》，明确了到 2025 年金融科技发展的愿景、原则和重点任务。近年来，中国人民银行会同各方出台一系列监管基本规则，多措并举引导金融业运用数字技术赋能，有效规避互联网金融风险，推动金融科技规范有序发展。

另外，2021 年 11 月 19 日，中国证监会北京监管局、北京市地方金融监督管理局公布了首批拟纳入资本市场金融科技创新试点的 16 个项目名单，向社会公开征求意见。通知显示，首批拟纳入试点的 16 个项目中，牵头申报单位包括了 4 家市场核心机构、4 家证券公司、5 家基金管理公司、1 家信用评级机构以及 1 家区域性股权市场运营机构，联合申报单位包括多家市场核心机构、证券期货经营机构、银行以及科技企业。

三 金融科技监管试点具体发展情况

截至 2021 年 6 月，中国人民银行三批金融科技创新监管试点，在全国共计 90 个应用项目。在地域分布上，北京共 22 个（24%），上海共 16 个（18%），成都 9 个（10%），杭州 9 个（10%），苏州 9 个（10%），深圳 8 个（9%），雄安 7 个（8%），重庆 5 个（6%），广州 5 个（6%）。其中，四大一线城市共有 51 个试点，占 57%，而北京和上海试点总和就有 38 个，占 42%，其余拥有试点的城市除雄安外都为新一线城市。三批金融科技创新监管试点项目，第一批 49 项，第二批 33 项，第三批 8 项。

三批属于金融服务的金融科技创新监管试点中，主要针对的领域有信贷、运营管理、支付、多场景、智能交互等，偏向于提高金融机构或企业的经营效率、增强客户黏性等。属于科技产品的金融科技创新监管试点中，主要针对的领域有信贷、风险监控、多场景、溯源、支付等，偏向于提升金融机构或者企业的风险防控能力、保障资金或者数据的安全。科技创新监管试点应用中，有 47 个属于金融服务，43 个属于科技产品。

三批金融科技创新监管试点应用的核心技术中，使用次数最多的是大数据，共有 57 项试点涉及该技术，其次是区块链、人工智能和 OCR 等。同时，试点应用普遍拥有三种以上的核心技术，经零壹智库不完全统计，截至 2021 年 6 月，三批试点应用共涉及不同种类核心技术 288 次，可见试点应用拥有创新技术，符合金融科技发展要求，能够有力推动传统金融业信息化、安全化。

三批金融科技创新监管试点的参与机构共计 109 家，其中银行有 41 家，占 38%，科技公司有 33 家，占 30%，其余有支付机构、征信机构、通信企业等。前四大参与机构类型合计有 92 家，占 84%，可见试点应用的参与机构虽然种类众多，但类型集中度很高，主要都是金融机构或者科技公司。其中，银行参与者包含国有六大行以及除浙商银行和恒丰银行外的股份制银行，中国工商银行和中国农业银行参与的试点项目最多，都为 8 项，参与 5 项及以上的还有浦发银行（6 项）和中国民生银行（5 项），参与机构分布较为集中。相比之下，科技公司、支付机构等其他企业分布分散得多，如科技公司中，参与两个及以上试点项目的企业只有腾讯云（4 项）、北京中科金财科技（2 项）和京东数科（2 项）三家。其中，腾讯云参与试点总数在所有机构中排名与交通银行一同并列第七，超越一众银行和同类型企业。

四　金融科技创新监管试点总结

（一）优化创新监管模式

中国人民银行营业管理部（北京）秉承"共建共治"的顶层设计理念，会同北京市金融监管局、北京银保监局、北京证监局、中关村管委会、西城区政府、海淀区政府等相关部门成立试点领导小组，并组建专业化的金融科技监管队伍，形成"一个框架、两条原则、三个支撑和四项机制"的工作机制。北京试点秉持"寓管于服"的理念，通过加强政策宣贯、开展试点工作专题交流，积极辅导企业申报，着力解决监管部门与市场主体之间的信息交流问题，促进激发创新能力与提升监管效能的良性互动。

同时，北京试点引入更多外部力量参与监督，优化创新监管模式。一是纳入监管协调机制范围，提升跨部门协调监管合力。将北京金融科技创新监管试点工作纳入北京市金融监管协调和金融风险处置协调机制范围内，发挥中国人民银行营管部与北京市金融监管局、北京银保监局、北京证监局的金融监管合力，确保各项监管举措落地实施。二是成立北京金融科技研究院，引入专业"外脑"提升专业把关审核力。从在京的科研院所、金融机构、行业协会中挑选出从业经验丰富、专业素养过硬、身份中立的行业领军人物，构建金融科技专家库参与事前把关，全面评估创新项目的安全性、可靠性和有效性。三是发挥多领域专业优势提升跨专业复合监管力。组建科技牵头，汇集金融、法律、业务等各方面人才骨干的试点工作队伍，参与事前审核和事中监测，形成多维度复合型监管。四是依托公示平台提升社会公众监督力。依托金融电子化公司打造公开透明、流程化的北京试点公示平台，让社会公众有渠道有途径参与监督试点工作。

（二）建设专业服务平台

2020 年 5 月 17 日，上海金融科技产业联盟正式成立，联盟形成了"8+44"结构，即由中国人民银行上海总部、上海证监局、上海银保监局、上海市地方金融监管局、上海市国资委、上海市经信委、上海市科委、虹口区人民政府 8 家管理部门出任联盟指导单位，由金融机构、新金融和金融科技子公司、科技企业、高校、功能性机构等 44 家单位共同构成联合发起单位。上海金融科技产业联盟承担服务金融科技创新监管试点工作的职能，主动对接和服务金融科技创新监管试点机制，积极参与创新监管试点工作小组，并委派专人承担试点工作的部分日常工作，为课题申报等提供全过程的管理和服务，保证试点的常态化有序开展。此外，联盟调动联盟成员单位的积极性，组织征集年度创新课题，举办专题研讨会，建立金融科技创新课题的资源库，为监管部门开展金融科技创新监管试点做好课题储备。

专　栏

中国巨灾保险科技发展专题

中国自然灾害发生广泛、灾种多样、灾情严重。近 20 年来，地震、台风、洪涝、干旱、高温冷冻害等各类自然灾害年平均直接经济损失约 3500 亿元，最高达万亿元。为充分发挥自然灾害的市场补偿机制，2013 年，党的十八届三中全会审议通过《中共中央关于全面深化改革若干重大问题的决定》，明确提出"建立巨灾保险制度"；2016 年，中共中央国务院进一步颁布《关于推进防灾减灾救灾体制机制改革的意见》，提出"坚持政府推动、市场运作原则，强化保险等市场机制在风险防范、损失补偿、恢复重建等方面的积极作用，不断扩大保险覆盖面，完善应对灾害的金融支持体系"；2020 年，《中共中央关于制定国民经济和社会发展第十四个五年规划和二〇三五年远景目标的建议》再次明确巨灾保险对于国家应急管理和灾害风险管理的重要战略作用，指出"要发展巨灾保险，提高防灾、减灾、抗灾、救灾能力"。然而，经过十余载的发展，我国巨灾保险的市场补偿常年不到 5%；仅 2021 年，河南"7·20"重大洪涝灾害，因大量车险赔付，保险业市场补偿首次突破 10%，但与全球 30%~40% 的平均补偿水平依旧相距甚远。

巨灾保险科技是巨灾保险发展的重要支撑和第一生产力。为解决保险业灾害风险长期"看不清、算不明、管不住"的难题，国内头部保险公司率先行动，通过自主研发、跨领域合作、行业协同等各种方式，以风险评估、防灾减损、模型精算、风险管理等业务流程为指引，在灾害风险数据库、巨灾模型研发、预警系统、组合风险管理平台、巨灾保险业务平台建设等各方面取得较大突破，科技赋能中国保险业防灾、减灾、抗灾、救灾业务能力提升取得重要进展。

一　巨灾保险科技发展现状

（一）跨界融合灾害基础数据及业务数据，建立灾害风险数据库

为加强保险业务技术支撑，保险公司在建设自然灾害、气象、地理、遥感、社会经济等保险自然灾害时空数据库方面有较大突破。一是保险机构与国家气象、地震、国土部门合作，获取灾害历史和实况数据，用于分析评估自然灾害对公司承保标的影响，安排设计承保方案和防灾减损方案。二是联合科研单位开发全国性公里网格风险地图，实现暴雨、洪水、台风、雷电、冰雹、雪灾、滑坡、泥石流等自然灾害的风险评级，支持保险标的核保、累积风险管理和费率厘定。三是将分散在风险、精算、承保、理赔多个系统的数据整合，实现风险数据深度挖掘，构造风险模型，充分发挥风险大数据在保险公司的应用价值。图1为保险业巨灾风险数据库建设示范，数据库从内容、时效、加工等多个维度展开，面向具体业务需求进行建设。

（二）全链条梳理灾害损失评估科学原理，自主研发巨灾模型

保险行业灾害风险分析和模型定价主要基于历史灾害数据进行。我国历史灾害统计数据记录仅有70余年，数据信息在一定程度上难以反映符合灾害物理机制但低频高险的极端事件信息。因此，基于灾害孕发物理机制，模拟生成灾害事件集，融合各类损失标的易损性和风险暴露，构建巨灾模型是巨灾风险管理的核心量化基础。国际上RMS公司和AIR公司在巨灾模型构建上有较多基础，国内巨灾模型研发始于中再集团2018年的地震巨灾模型。目前，中再集团采用最新数据、最新方法研发了地震巨灾模型和台风巨灾模型，填补了国内保险行业空白；筹划推进的洪水巨灾模型、干旱巨灾模型将进一步扩大灾种范围，支持各条线的风险量化。

依据巨灾保险模型设计框架（见图2），巨灾模型主要包括灾害（致灾因子）模块、工程（易损性）模块和金融模块三个部分。

灾害（致灾因子）模块主要分析灾害发生地点、发生频率和严重程度问题。地震灾害的历史事件数据构成了致灾因子模块的基础，历史数据的时间跨度越长，数据越完整，风险预估则越真实可靠。

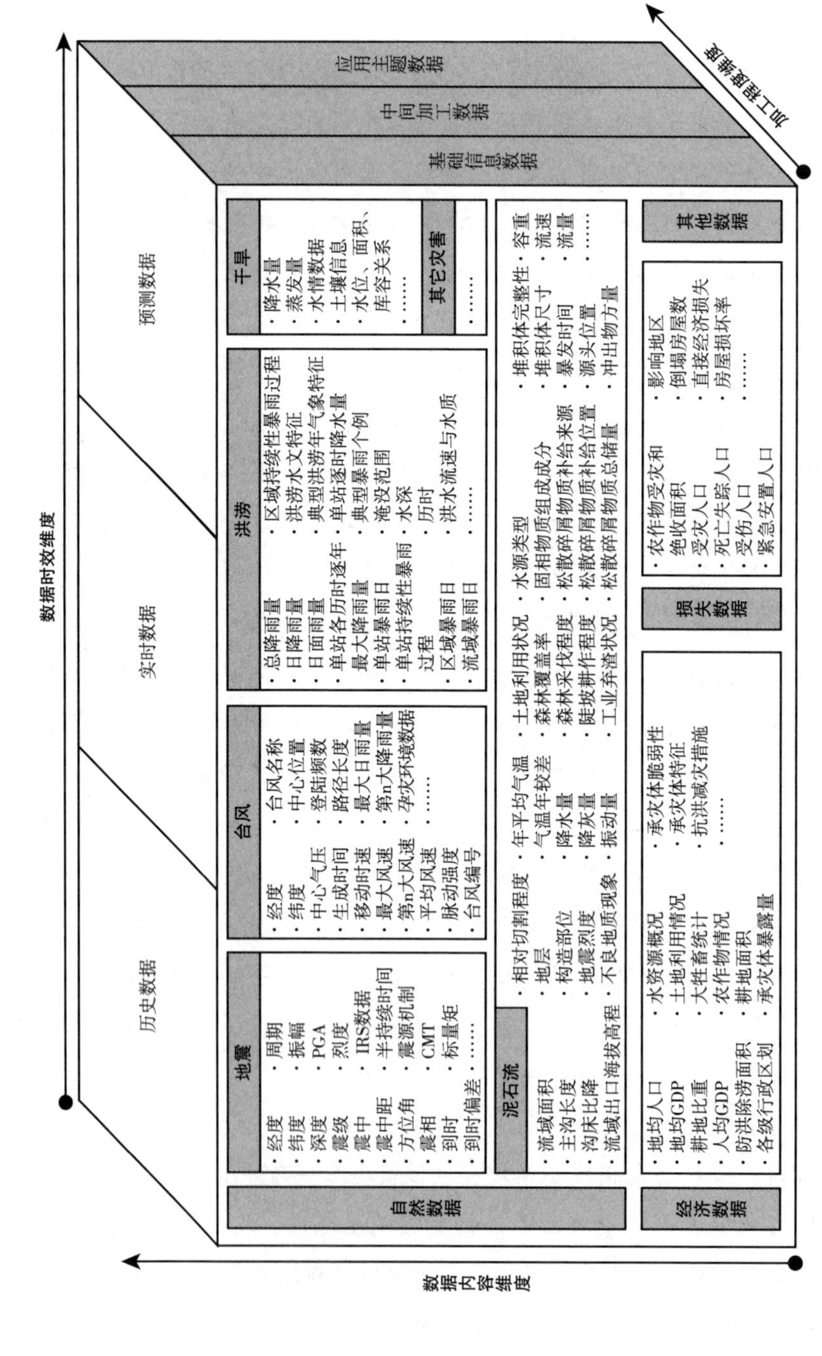

数据时效维度

数据加工层级

应用主题数据

中间加工数据

基础信息数据

历史数据　实时数据　预测数据

地震
- 经度
- 纬度
- 深度
- 震级
- 震中距
- 方位角
- 震相
- 到时
- 到时偏差
- 周期
- 振幅
- PGA
- 烈度
- IRS数据
- 半持续时间
- 震源机制
- CMT
- 标量矩

泥石流
- 流域面积
- 主沟长度
- 沟床比降
- 流域出口海拔高程
- 相对切割程度
- 地层
- 构造部位
- 地震烈度
- 不良地质现象
- 水资源概况
- 土地利用情况
- 大牲畜统计
- 农作物情况
- 耕地面积
- 承灾体暴露量

台风
- 台风名称
- 中心位置
- 登陆频数
- 路径长度
- 移动时速
- 最大风速
- 第n大风速
- 平均风速
- 脉动风速
- 台风编号
- 经度
- 纬度
- 中心气压
- 生成时间
- 年平均气温
- 气温年较差
- 降水量
- 降灰量
- 振动量
- 承灾体脆弱性
- 承灾体特征
- 抗洪减灾措施

洪涝
- 总降雨量
- 日降雨量
- 日面雨量
- 单站各历时逐年
- 最大日雨量
- 第n大降雨量
- 单站持续性暴雨过程
- 区域暴雨
- 区域持续性暴雨过程
- 洪涝水文特征
- 典型洪涝逐年气象特征
- 单站逐时降雨个例
- 典型暴雨
- 淹没范围
- 水深
- 历时
- 洪水流速与水质
- 水源类型
- 固相物质组成成分
- 松散碎屑物质补给来源
- 松散碎屑物质补给位置
- 松散碎屑物质补给储量
- 堆积体完整性
- 堆积体尺寸
- 暴发时间
- 源头位置
- 冲出物方量
- 容重
- 流速
- 流量

干旱
- 降水量
- 蒸发量
- 水情数据
- 土壤信息
- 土位、面积、库容关系

其它灾害

其他数据

自然数据

损失数据
- 农作物受灾面积
- 绝收面积
- 受灾人口
- 死亡失踪人口
- 受伤人口
- 紧急安置人口
- 影响地区
- 倒塌房屋数
- 直接经济损失
- 房屋损坏率

经济数据
- 地均人口
- 地均GDP
- 耕地比重
- 人均GDP
- 防洪除涝面积
- 各级行政区划

数据内容维度

图 1　保险业巨灾风险数据库建设示范

工程（易损性）模块主要分析特定灾害强度下各类标的的毁坏程度。工程模块的目的是建立破坏强度与损失程度之间的关系函数，并用平均损失率来表示。

金融模块主要分析保险价值分布在哪些地点，哪些损失属于保险保障范围，保险费率为多少。依据保险标的位置信息，保险公司通过综合分析计算出预期年损失和极端事件损失，最终通过一条损失频率曲线（LFC）体现损失分析结果，并依此确定保费费率。

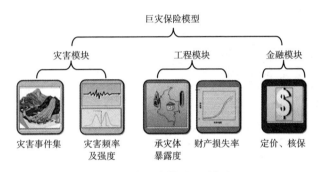

图2 巨灾保险模型设计框架

（三）实时对接灾害预测预警信息，建设风险监测预警系统

随着我国气象预测技术的提升，保险业气象灾害的预警与管理能力不断提升。区域天气风险方面，保险业已开始对接气象部门的实时数据自主研发时空大数据平台；应用风险雷达系统，预判灾害强度等级等。通过利用智能图像识别、大数据、深度学习等技术引入全球定位系统（GPS）、地理信息系统（GIS）、遥感（RS）技术，保险机构开始打造预警—预防—减损的全过程预警风控模型，使用模型估算单个保单的预期损失，电话或微信等精准推送临前风勘任务。例如人保的智慧气象灾害风控服务平台及理赔调度平台，支持以自动推送和人工调度相结合的方式，为重点保险客户及时发送防灾减损信息，向公司防灾减损专员分发应急处置调度任务，针对保险标的实施抢救减损行动；平安好车主、平安企业宝、平安好生活等App精准触达客户，发送国家预警以及风险提醒，并通过易核App等指挥线下队伍联动

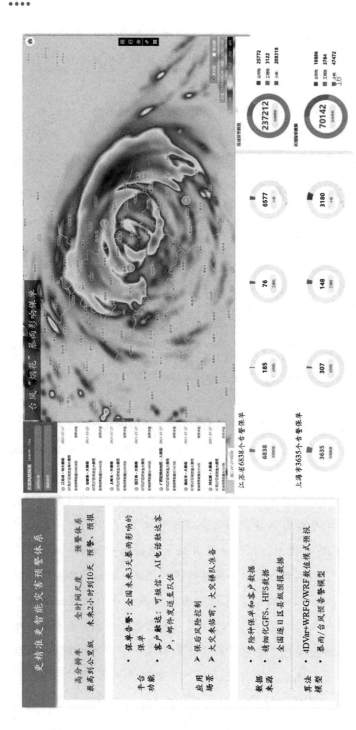

图 3　平安产险智能灾害预警体系示例

快速采取防灾防损措施；国寿的安心防平台可实时推送速报灾害情况，快速完成受影响客户及标的筛查，及时通过企业微信向相关分公司发送高风险标的清单信息，协助快速理赔查勘定损。

图 3 为平安产险智能灾害预警体系示例。系统从算法模型、数据来源、应用场景、平台功能方面给予充分考量，针对客户业务提供高效的灾害监测预警服务。

（四）推进累积风险量化管理，搭建巨灾组合风险管理平台

随着（再）保险业务全球化或跨区域推进，业务风险（含巨灾及非巨灾）不断累积，累积风险量化及有效管理成为保险机构亟待突破的重要内容，直接关系着公司整体业务风险限额的下达和管控。中再产险搭建的国际巨灾组合风险管理平台（CREST）实现了中国保险行业组合风险管理平台建设从 0 到 1 的突破。平台包括风险评估、组合管理、风险管理三大核心模块（见图 4）。

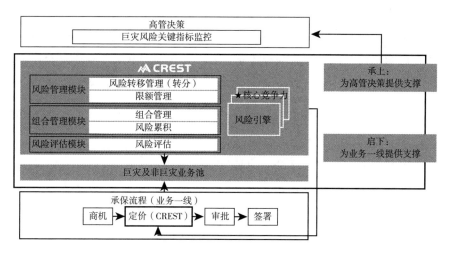

图 4 国际巨灾组合风险管理平台

风险评估模块对单笔再保险业务进行边际定价。对于巨灾风险，通过与巨灾模型对接，实现风险事件的模拟计算、不确定性计算；对于非巨灾风险，通过风险评估和经验费率两种方法实现最大损失和常规损失的模拟分

析。平台同时考虑单笔业务在整个业务组合中的影响，以实现边际定价功能。该模块为业务部门判断业务质量、进行业务决策提供了量化依据。

组合管理模块包括三大主要功能，一是用于组合分析，根据业务实际需要支持将相同维度的业务组合在一起进行风险累积、利润累积分析，实现对业务各板块、各条线、各区域、各灾因的累积状态进行管理；二是进行组合优化，不断调整业务组合结构，实现资本回报率最大化；三是实现特定风险事件的压力测试，在极端情况下了解公司业务组合表现，积极应对"黑天鹅"和"灰犀牛"事件。

风险管理模块主要实现公司关键风险指标同实际风险累积之间的对接。实时监测各维度风险累积状况，准确把握公司国际业务整体风险情况。该模块为公司提供业务组合数据，包括风险累积数据、利润累积数据和资本分配累积数据，为高管层决策提供支撑。

（五）创新"产品+平台+服务"模式，保险业务服务智能高效

灾害风险管理数字化平台是巨灾保险"产品+平台+服务"的智能化数字化业务服务平台，一般为政府主导、保险公司协同参与、科技公司搭建，所有保障对象的信息和保单均线上化管理。人保的智慧气象灾害风控服务平台、国寿的安心防平台、平安的鹰眼系统、太保的风险雷达系统、中再的白灾风险管理平台等，均是新一代以3S技术、AI技术为支撑，与保险业务场景紧密联合的灾害风险管理系统，可为灾害风险识别、防灾减损快、快速理赔等核心保险场景提供全流程闭环自动化服务。

白灾风险管理平台（见图5）是青海省政府搭建的雪灾管理平台，主要针对雪灾期间牛羊采饲、补饲的风险及损失进行风险保障。平台采用云计算和人工智能技术，通过多源融合卫星遥感影像、牧场数据、牧民数据、牲畜数据、气象数据和补饲数据等，设计雪灾保险指数产品，实现养殖险线上承保、自动定损、线上理赔，全业务流程数据区块链存证，赔款条件触发到赔款支付在两天内自动结算，切实提升了保险服务效率。

该平台具有风险评估、灾害监测、保险管理等功能，能够实时对接卫星和气象站数据对雪灾风险进行评估，进而提供高时效业务服务。①无须现场勘察：利用遥感技术监测承保区域的灾情，利用损失模型实时计算损失情况。②智能损失预估：对区域雪灾级别及牲畜损失进行预估，支持理赔及风险管理。③智能核算：根据遥感技术监测的雪情和受灾情况，对牲畜损失进行核算，按照指数型保险产品条款快速赔款。④理赔到户：依据平台核算结果，直接将理赔金额赔付到牧民账户。

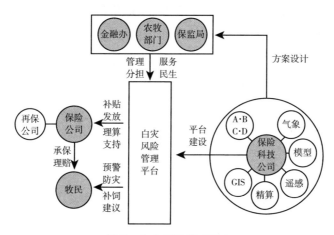

图 5　白灾风险管理平台

二　巨灾保险科技发展面临的挑战

信息技术快速发展，促使社会各领域发生重大变革。我国保险业巨灾风险管理存在较大技术缺口，具体涉及缺少权威数据来源与支撑、灾害风险识别与智能管理能力不足、高精灾害风险预警分析模型亟待优化等问题。

（一）缺少权威数据来源与支撑

对于保险公司而言，无法获取官方权威监测和预警数据是目前其面临的最大问题。保险公司只能通过与第三方公司合作获取国家监测预警数据，数据范围较小、精度有限、可靠性存疑。缺乏商用的精准的预警数据，保险公司难以在灾害响应上实现及时精准响应，辅助防灾减损。

（二）灾害风险识别与智能管理能力不足

空间信息、大数据、云计算、区块链、人工智能、物联网、移动互联、

VR 技术、图片/影像识别等高新科技虽已在保险行业广泛应用，并在不同的业务流程和场景下发挥了关键作用，但全新的智能灾害风险管理应用能力建设，还处于探索和试点阶段。如使用卫星遥感影像识别、判定灾害发生程度与涉及范围，为保险公司理赔提供依据等，依旧依赖大量人力，尚未实现自主学习和智能解译。保险公司的核心系统（包括移动系统）仍以传统人工操作业务核心流程为主，业务的线上化智能化仍有很长的路要走。

（三）高精灾害风险预警分析模型亟待优化

灾害发生时，精确的损失分析与预判，可有效辅助早期预警，及早形成应急调度与防灾减灾方案，减少灾害损失。模型的危险性（灾害强度信息）、具体标的易损性曲线、模型参数、模型算法等都直接影响风险评估与预警的精准度。优质的模型需要大量的实际数据来检验与适配，模型基础科学性和数据验证成为灾害风险预警分析模型亟待解决的难题。

三　巨灾保险科技发展展望

随着数字技术发展，以空间信息、大数据、云计算、区块链、人工智能、物联网、移动互联等为代表的新信息技术日渐成熟。在灾害风险日益显著的今天，紧跟数字技术发展步伐，利用数字技术开展减灾行动，协助决策者进行灾害风险管理、制定减灾策略，降低自然灾害的损失，防患于未然，是未来保险业巨灾风险管理的必由之路。

（一）政府或行业主导推进数据共享

目前官方权威的气象监测和预警数据难以获取，第三方公司提供的数据难以满足保险业务实际使用场景。以保险行业或监管机构为主导，搭建跨部门合作渠道，推进跨部门资源共享与业务合作，实现前端灾害监测预警数据脱敏开放，或是未来解决保险行业巨灾数据问题的关键路径。基于时空灾害数据，综合历史保赔数据、风险数据，面向具体业务进行二次分析和保险风险预判，将全面提升保险业务质量及保险业防灾减损应急响应能力。

（二）研发面向业务应用的风险评估模型

在获取到气候变化监测数据的前提下，保险公司应充分地、有目的性地运用好数据，并与公司积累的历史保赔数据、客户数据、标的数据相结合，开发灾害风险评估和风险定价模型，通过风险模型运算评估，将灾害监测数据与保险公司内部数据转化为风险评估预警、损失评估、定价评估结果，为保险公司业务开展、灾害响应提供准确、及时的判定依据。

（三）增强科技工具在风险预警和防灾减损中的应用

增强空间信息技术、大数据分析技术、图片/影像识别技术等在灾害管理中的应用。利用空间信息技术和大数据分析技术，进行灾害图集绘制与灾害区划分，为承保、定价提供技术支撑；根据灾后卫星遥感实时影像识别分析技术，迅速判定灾害损失，为快速理赔、灾后快速恢复提供支撑，实现灾前及时防范、灾中有效处置和灾后精准恢复全过程管理。增强物联网技术在环境、灾害方面的智能监测应用，如利用物联网技术对农业进行温度、湿度、气敏、光照等作物生长环境方面的监控，对重大工程进行位移监控。增强人工智能、移动互联等技术在服务前端的应用，通过 App、PC 等即时通信手段，将灾害风险预警智能、高效、及时地传达到相关方，保证风险预警"千人千种，快速及时"。

（四）建立完善的公司内部灾害风险管理系统

建立公司级灾害风险管理系统，支持风险预警、提供防范建议、安排灾害救援、协助灾后重建等。灾害风险管理系统结合灾害智能研判、预测预警、信息共享、应急联动和辅助决策等需求，后台联通海量保险保单系统数据，融合风险评估模型，针对承保、定价、救援、理赔等进行结果展示，并提供指导建议。风险管理系统可连接 PC、移动等多端使用，可为政府、保险机构、救援团队、人民群众等各关系方提供预警和救助服务，在决策指挥、现场应对、灾害援助、灾后理赔等方面提供高效的信息传输和指导。

附　录

表 1　物联网重点产业政策

发布单位	发布日期	政策或规范	主要内容
全国人大	2021 年 3 月 12 日	《中华人民共和国国民经济和社会发展第十四个五年规划和 2035 年远景目标纲要》	加快数字发展，建设数字中国，进一步发展云计算、大数据、物联网、工业互联网、区块链、人工智能、虚拟现实和增强现实等七大数字经济重点产业
工信部	2021 年 11 月 15 日	《"十四五"大数据产业发展规划》	加快培育数据要素市场，将大数据特性优势转化为产业高质量发展的重要驱动力，激发产业链各环节潜能、夯实产业发展基础和打造繁荣有序产业生态
工信部	2020 年 5 月 7 日	《关于深入推进移动物联网全面发展的通知》	加快移动物联网网络建设、加强移动物联网标准和技术研究、提升移动物联网应用广度和深度、构建高质量产业发展体系和建立健全移动物联网安全保障体系
工信部等八部门	2021 年 9 月 27 日	《物联网新型基础设施建设三年行动计划（2021—2023年)》	到 2023 年底，在国内主要城市初步建成物联网新型基础设施，社会现代化治理、产业数字化转型和民生消费升级的基础更加稳固
中国银保监会	2019 年 7 月 6 日	《关于推动供应链金融服务实体经济的指导意见》	鼓励银行保险机构将物联网、区块链等新技术嵌入交易环节

表 2　地方物联网重点产业政策

发布单位	发布日期	政策或规范	主要内容
北京市人民政府	2020 年 6 月 10 日	《北京市加快新型基础设施建设行动方案（2020—2022年)》	建设区块链服务平台数据智能基础设施，推动物联网等新兴技术与传统基建运营实景的跨界融合

发布单位	发布日期	政策或规范	主要内容
北京市经济和信息化局	2020 年 9 月 22 日	《北京市促进数字经济创新发展行动纲要（2020—2022 年）》	加强云计算、边缘计算、大数据、人工智能、区块链、物联网等核心数字技术和网络技术的引领能力；建设支撑跨境数据流动、数据交易等领域的完善的安全防护基础设施，探索应用区块链、多方安全计算等技术提升数据流通安全保障能力
上海市人民政府	2020 年 4 月 29 日	《上海市推进新型基础设施建设行动方案（2020—2022 年）》	将 5G、人工智能、工业互联网、物联网、数字孪生等新技术全面融入城市生活，让新型基础设施成为上海经济高质量发展和城市高效治理的重要支撑
浙江省人民政府办公厅	2020 年 7 月 7 日	《浙江省新型基础设施建设三年行动计划（2020—2022 年）》	加快推进物联网基础设施建设；加快区块链和物联网、工业互联网、云计算、5G 等前沿信息技术的深度融合、集成创新，基本形成通用的区块链技术平台
浙江省经济和信息化厅	2020 年 12 月 24 日	《浙江省数字经济促进条例》	培育发展区块链、量子信息、柔性电子、虚拟现实等产业。鼓励有关部门依托物联网、区块链等技术，在教育、医疗、交通、邮政、生态环境保护、药品监管、工程建设、公共安全等重点领域推行监管智能化应用
广东省人民政府	2021 年 4 月 23 日	《广东省人民政府关于加快数字化发展的意见》	建设泛在智能的数据感知、传输一体化网络。加快物联网建设，将泛在感知设施纳入公共基础设施统一规划部署，提升各类传感器接口兼容性，在交通、能源、通信、环保等公共设施中建设低成本、低功耗、高精度、高可靠的智能感知终端，实现跨区域、跨终端、跨应用无缝连接，形成泛在互联的"万物智联"网络

表3　2021年发布的金融科技各项标准及规范性要求

发布单位	文件名称	发布日期
中国人民银行	《金融数据安全 数据生命周期安全规范》	2021年4月8日
中国人民银行	《人工智能算法金融应用评价规范》	2021年3月26日
中国人民银行	《金融业数据能力建设指引》	2021年2月9日
中国人民银行	《金融信息系统多活技术规范 术语》	2021年2月7日
中国人民银行	《金融信息系统多活技术规范 参考架构》	2021年2月7日
中国人民银行	《金融信息系统多活技术规范 应用策略》	2021年2月7日
中国证监会	《证券期货业数据模型 第3部分:证券公司逻辑模型》	2021年11月5日
中国证监会	《证券期货业经营机构内部应用系统日志规范》	2021年11月2日
中国证监会	《证券期货业网络安全等级保护基本要求》	2021年8月30日
中国证监会	《证券期货业网络安全等级保护测评要求》	2021年8月30日
中国证监会	《证券期货业结算参与机构编码》	2021年6月15日
中国证监会	《挂牌公司信息披露电子化规范 第1部分:公告分类及分类标准框架》	2021年6月15日
中国证监会	《挂牌公司信息披露电子化规范 第2部分:定期报告》	2021年6月15日
中国证监会	《挂牌公司信息披露电子化规范 第3部分:临时报告》	2021年6月15日
中国证监会	《证券期货业大数据平台性能测试指引》	2021年6月15日
中国支付清算协会	《金融科技产品认证自律管理规则》	2021年11月12日
中国支付清算协会	《多方安全计算金融应用评估规范》	2021年6月29日
中国支付清算协会	《移动金融基于声纹识别的安全应用评估规范》	2021年6月29日
中国互联网金融协会	《供应链金融 监管仓业务规范》	2021年7月13日
中国互联网金融协会	《金融行业开源软件服务商评测规范》	2021年4月22日
中国互联网金融协会	《金融行业开源软件评测规范》	2021年4月22日
中国银行业协会	《银行函证服务平台 运营规则》	2021年12月18日
中国银行业协会	《银行函证服务平台 加密体系》	2021年11月10日
中国银行业协会	《远程银行人工智能客服评价指标规范》	2021年9月16日
中国银行业协会	《银行函证服务平台 接入要求》	2021年9月6日
中国银行业协会	《多智能终端互动的服务渠道模式指南》	2021年6月8日
中国计算机用户协会	《金融信息科技审计 基本框架与通则》	2021年9月15日

发布单位	文件名称	发布日期
北京金融科技产业联盟	《金融业数据能力量化评价规范》	2021 年 12 月 2 日
北京金融科技产业联盟	《金融安全芯片中央处理器安全技术规范》	2021 年 12 月 2 日
北京金融科技产业联盟	《"领跑者"标准评价要求商业银行应用程序接口服务》	2021 年 12 月 2 日
北京金融科技产业联盟	《区块链技术金融应用 技术参考架构》	2021 年 4 月 29 日
北京金融科技产业联盟	《分布式数据库技术金融应用 评估规范》	2021 年 4 月 12 日
中关村金融科技产业发展联盟	《联邦学习金融行业应用指南》	2021 年 2 月 24 日
广东省金融科技学会	《商业银行个人理财销售专区录音录像规范第一部分:告示牌设计》	2021 年 11 月 8 日
广东省金融科技学会	《商业银行个人理财销售专区录音录像规范第二部分:拍摄场景》	2021 年 11 月 8 日
四川省支付清算协会	《四川省移动金融客户端应用软件无障碍服务标准》	2021 年 12 月 7 日
四川省大数据产业联合会	《大数据 类金融机构风险评估元数据》	2021 年 10 月 29 日
上海市金融学会、江苏省金融学会、浙江省金融学会、安徽省金融学会	《长三角征信链征信一体化服务规范》	2021 年 12 月 4 日
山西省金融学会	《小额支付系统支票截留业务影像交换技术规范》	2021 年 7 月 27 日
无锡市金融学会	《基于区块链的电子存证应用规范》	2021 年 7 月 26 日
无锡市金融学会	《老年人智能服务应用标准》	2021 年 7 月 26 日
无锡市金融学会	《无锡地区金融科技发展指标》	2021 年 7 月 26 日

表4 2021 年我国部分地区金融科技发展政策汇总表

地区	文件名称	发布日期	具体内容
上海	《外滩金融集聚带关于加快推进金融科技发展的实施意见》	2021 年 10 月 20 日	重点引进培育金融科技基础设施、功能性机构;大力吸引金融科技企业集聚发展;积极支持金融科技创新服务平台建设;推动金融科技关键技术研发;等等

续表

地区	文件名称	发布日期	具体内容
广东	《广州市黄埔区 广州开发区促进金融科技高质量发展十条措施实施细则解读》（黄埔区、广州开发区）	2021年10月15日	对新注册设立或广州市以外新迁入本区的金融科技企业，按规定申请落户扶持资金；对新注册设立或新迁入的金融科技企业在本区内购置办公场地且自用的，按购买总价的10%给予补贴，最高补贴500万元；对促进人工智能、大数据、区块链、云计算等相关技术与金融业深度融合的金融科技特色产业园，在本措施效期内每年给予其运营机构最高100万元运营补贴，补贴期限3年；等等
	《广州市黄埔区、广州开发区促进金融科技高质量发展十条措施》（黄浦区、广州开发区）	2021年7月2日	支持多方协同合作，共建金融科技特色产业园，并给予产业园运营机构每年最高100万元运营补贴，对金融科技高管人才和业务骨干人才，每人每年最高补贴50万元；对举办金融科技峰会、论坛等活动最高补贴100万元；等等
	《关于推动金融业服务新发展格局的指导意见》（深圳）	2021年9月16日	加强互联网平台金融活动监管。牢牢树立"金融是特许行业，必须持牌经营"的理念，杜绝一切非法金融活动。审慎支持金融科技类企业发展，严防以科技服务为名变相从事金融活动。严格划定不能逾越的基本红线，对互联网企业平台投资入股金融机构实行总量控制。加强银行保险机构与互联网平台合作开展金融活动的自律管理，进一步规范联合贷、助贷业务，规范互联网保险、网络小额贷款等业务。强化机构主体责任，坚持谁出资、谁管理，督促机构审慎选择交易对手、审慎开展合作业务，明确界定双方权利义务和风险分担方式，稳妥应对声誉风险，防范外部风险传染

续表

地区		文件名称	发布日期	具体内容
河北		中国人民银行石家庄中心支行制定《金融科技赋能乡村振兴·冀兴行动工作方案》	2021年7月14日	推动河北省各银行业金融机构利用农村居民消费以及农业经营主体信息等数据,探索建立农业农村大数据平台,搭建农村信用信息服务平台,为农村地区信贷融资提供可信任、可追溯的大数据支撑。结合农村金融服务场景,探索数据自签名、多方安全计算等技术应用,提高身份鉴别安全性与交易可追溯性
福建	厦门	《厦门金融科技发展规划(2021—2025年)》	2021年9月9日	厦门首个金融细分领域的专项规划,规划指出要打造厦门金融科技产业集群,到2025年,力争形成10家以上具有国际水平、国内一流的金融科技领军企业,培育一批技术型、创新型金融科技新锐企业和细分领域龙头企业。争取设立依托数字化资源布局,具有金融科技特色的民营银行或直销银行,引进具有创新性的非银行支付机构、支付清算组织、征信类组织及其设立的科技公司
	三明	《三明市金融科技特派员试点工作方案(试行)》	2021年7月29日	从银行、基金、融资担保、保险、证券等各类金融机构中遴选工作人员担任科技特派员,建设一支专业化、体系化、网络化的金融科技特派员队伍,为全市企业提供融资对接、金融咨询辅导等专业服务,为企业主体创新发展提供资本保障
山西		中国人民银行太原中心支行印发《关于积极稳步推进山西省金融科技创新发展的指导意见》	2021年8月27日	从加强金融科技战略部署、深化金融科技创新应用、赋能金融服务提质增效、重视金融数据能力建设、提升金融风险防控能力等五方面的重点任务提出22条指导意见,具体包括优化体制机制、推动产学研一体化发展、加强人才队伍建设、推动新技术在金融领域广泛应用、发展普惠金融、赋能乡村振兴、支持绿色金融发展、开展数据治理、加强数据融合应用、加强网络安全风险管控、做好新技术金融应用风险防范、遵循创新监管规则等

续表

地区	文件名称	发布日期	具体内容
天津	《天津市金融业发展"十四五"规划》	2021年9月9日	发挥金融科技在完善风险治理方面的作用。积极培育金融科技产品、金融风险防控平台和应用等金融科技实践项目，争取纳入金融科技创新监管试点。积极推进数字金融治理能力和数字金融基础设施建设，不断满足金融科技多元化创新的需求，鼓励自贸试验区建立金融科技监管沙盒，开发建设金融科技监管系统，完善安全管理、创新服务、信息披露、权益保护机制，审慎包容甄选入盒项目，在强化金融科技监管的同时，促进创新成果转化。基于监管科技手段，依托现有各类金融风险监测预警系统，建立多层次、立体化金融科技风控体系，对创新风险实现多渠道态势感知、综合性评估分析和差异化预警处置
海南	《海南省金融业"十四五"发展规划》	2021年11月23日	加大监管科技手段应用。创新金融监管科技手段，综合运用大数据、区块链、人工智能等技术手段，优化监管数据采集机制，持续扩大金融监管科技的应用范围和广度，进一步强化行为监管与功能监管。鼓励金融机构运用先进信息技术完善合规运营和风险识别防范体系，提升数字化、智能化合规能力和水平，全面执行金融监管要求。扩大金融科技在金融风险管理中的应用，提高海南自由贸易港金融风险识别能力和系统风险防范能力。利用科技手段强化信用监管，加强金融监管部门信息共享、金融机构信用披露与信用分类评价工作，建立健全失信主体惩戒机制，发挥信用在金融风险识别、监测、管理、处置等环节的基础作用

合作伙伴

上海跬智信息技术有限公司

Kyligence 公司（上海跬智信息技术有限公司）由 Apache Kylin 创始团队于 2016 年创办，致力于打造下一代企业级智能多维数据库，为企业简化数据湖上的多维数据分析（OLAP）。通过 AI 增强的高性能分析引擎、统一的 SQL 服务接口、业务语义层等，Kyligence 提供成本最优的多维数据分析能力，支撑企业商务智能（BI）分析、灵活查询和互联网级数据服务等多类应用场景，助力企业构建更可靠的指标体系，释放业务自助分析潜力（见图 1、图 2）。

图 1 智能多维数据库

指标中台　　　　BI 自助分析　　　　Cognos 升级　　　　客户旅程分析

传统数仓升级　　　数据即服务　　　　数据湖 OLAP　　　　数据即产品

图 2　多场景释放大数据无限潜力

Kyligence 已服务中国、美国、欧洲及亚太的多个银行、证券、保险、制造、零售等行业的客户，包括中国建设银行、浦发银行、招商银行、平安银行、宁波银行、太平洋保险、中国银联、上汽、Costa、UBS、MetLife 等全球知名企业，并和微软、亚马逊、华为、Tableau 等技术领导者达成全球合作伙伴关系。目前公司已经在上海、北京、深圳、厦门、武汉及美国的硅谷、纽约、西雅图等地开设分公司或办事机构。

企业荣誉（部分）

2019 年 7 月　获选 36 氪"2019 WISE 新商业企业榜单"

2019 年 10 月　获选清科集团"2019 Venture 50 风云榜"

2020 年 3 月　成功通过 ISO 信息安全管理体系认证及质量管理体系认证

2020 年 8 月　入选 Gartner 增强数据分析 2020 代表厂商

2020 年 9 月　荣获第四届"浦发银行国际金融科技创新大赛"银奖

2020 年 11 月　入评 IDC MarketScape：中国大数据管理平台厂商

2021 年 2 月　荣获 Business Intelligence Group（BIG）2021 创新奖

2021 年 6 月　入选 2020 年度上海市大数据服务供应商推荐目录

2021 年 7 月　入选 Gartner 增强数据分析 2021 代表厂商

2021 年 8 月　Kyligence 产品通过 SOC2 Type I 审计，数据安全保障达国际标准

2021 年 11 月　荣获 CRN 2021 年度技术创新奖

2021 年 11 月　入选德勤 2021 北美高科技高成长 500 强

2021 年 11 月　获评福布斯中国企业科技 50 强

2021 年 11 月　入选创业黑马 2021 数字经济产业 TOP100

2021 年 12 月　荣获 SegmentFault 思否社区年度中国技术品牌影响力企业

2022 年 1 月　"AI 中国"机器之心 2021 年度最具商业价值解决方案 TOP 30

2022 年 1 月　荣获 2021 中国金融科技领军企业奖

2022 年 3 月　Apache Kylin 入选 2021 "科创中国"开源创新榜优秀开源产品

2022 年 5 月　入选 2021 年度上海市"专精特新"企业名单

2022 年 7 月　Kyligence 产品通过 SOC2 Type II 审计，信息安全管理体系得到认证

图书在版编目（CIP）数据

中国金融科技发展概览：创新与应用前沿.2021~
2022／陈静主编；中国金融科技发展概览编写组编著
. --北京：社会科学文献出版社，2022.9
ISBN 978-7-5228-0563-4

Ⅰ.①中…　Ⅱ.①陈…②中…　Ⅲ.①金融-科技发
展-概况-中国-2021-2022　Ⅳ.①F832

中国版本图书馆 CIP 数据核字（2022）第 147135 号

中国金融科技发展概览：创新与应用前沿（2021~2022）

主　　编／陈　静
编　　著／中国金融科技发展概览编写组

出 版 人／王利民
组稿编辑／邓泳红
责任编辑／陈　雪
文稿编辑／赵亚汝
责任印制／王京美

出　　版／社会科学文献出版社·皮书出版分社（010）59367127
　　　　　 地址：北京市北三环中路甲 29 号院华龙大厦　邮编：100029
　　　　　 网址：www.ssap.com.cn
发　　行／社会科学文献出版社（010）59367028
印　　装／天津千鹤文化传播有限公司

规　　格／开　本：787mm×1092mm　1/16
　　　　　 印　张：23.5　字　数：361 千字
版　　次／2022 年 9 月第 1 版　2022 年 9 月第 1 次印刷
书　　号／ISBN 978-7-5228-0563-4
定　　价／168.00 元

读者服务电话：4008918866